세 상 의  이 치 를  담 은

한
비
자

韓非子

세 상 의   이 치 를   담 은

한비자
韓非子

변원종 지음

이담
Books

## 머리말

**옛날** 사람들은 자기의 눈으로 남의 얼굴을 볼 수는 있었지만 자신의 얼굴을 볼 수 없었기 때문에 거울이라는 것을 만들어 그것으로 자기 얼굴을 보았다. 또 지혜가 있어 그것으로 남을 평가할 수 있었지만 자신의 지혜는 잘 알 수가 없었기 때문에 도라는 것으로 자기를 바르게 파악했다.

그러므로 거울에 얼굴을 비쳐 보고 얼굴에 흉터가 있다는 것을 알았다 하더라도 거울에 죄가 있는 것이 아니며, 옛 성현의 도에 비쳐 보고 자기의 과실을 알았다 하더라도 도를 원망할 수 없는 것이다.

만약 눈이 있어도 거울이라는 것이 없다면 얼굴에 숯검정이 묻어 있다 하더라도 바로 다듬을 수가 없는 것처럼, 세상에 옛 성현의 도가 없게 되면 언행의 과실이 있어도 이것을 알 수 있는 정확한 방법이 없다.

그래서 향긋하고 맛있는 좋은 술과 살찐 고기를 지나치게 탐하면 입에는 달지만 몸에는 반드시 해롭다. 아름다운 살결과 가지런한 흰이를 가지고 있는 미녀를 옆에 두고 있을 때면 현재는 유쾌한 것이지만 상대적으로 정력이나 정신이 소모된다. 따라서 항상 심한 것을 그만두고 지나친 것을 억제하면 몸에는 곧 해가 없게 된다.

학문도 이와 마찬가지이다. 지금 당장은 입맛에 맞고 눈으로 아름다움을 추구하지만 진정 우리 삶에 필요한 자양분은 마음의 양식인 옛 성현의 경서이다.

삶의 정체성을 확보하고 내가 누구인지에 대한 주인의식을 한비자의 사상을 통해서 찾았으면 하는 바람이다.

변원종 씀

# 목차

# 01
# 법가를 집대성한 한비자

옛날 미자하라는 잘생긴 청년이 위나라 영공의 총애를 한 몸에 받고 있었다. 위나라 법률에는 남몰래 군주의 수레를 탄 자는 발뒤꿈치를 자르는 월刖이라는 형벌을 받게 되어 있었다. 어느 날 한밤중에, 미자하의 모친이 병이 나자 이웃주민들이 그를 찾아가 알려 주었다. 놀란 미자하는 임금의 명이라 속여 군주의 수레를 몰래 타고 고향으로 내려가 모친을 문병하고 왔다. 다음 날 이 소식을 들은 신하들은 이제 미자하의 다리가 성치 못할 것이라고 생각했다.

그러나 뜻밖에도 영공은 그의 효심이 극진함을 가상히 여겨 문책도 하지 않았고 오히려 칭찬하였다.

"정말로 보기 드문 효자로구나! 어머니를 생각하느라 자기 다리가 잘리는 형벌도 각오하다니!"

그 후 한번은 미자하가 영공을 모시고 후궁의 과수원에서 산책을 할 때였다. 영공을 수행하던 미자하는 복숭아나무 위로 올라가 잘 익은 복숭아를 따서 그것을 먹다 말고 아주 달고 맛있다고 하면서 반쯤 남은 복숭아를 왕에게 건네주었다. 신하들은 놀라 어쩔 줄 몰랐지만 왕은 도리어 웃으며 말했다.

"미자하는 정말로 나를 아끼는구나! 맛있는 것을 맛보일 생각만 하느라 자신의 침이 묻은 것도 잊어버리다니!"

세월이 지나 미자하도 나이가 들자 늙고 보기 흉해져서 점점 영공의 총애를 잃게 되었다. 그러던 어느 날 영공은 미자하를 궁궐에서 쫓아내려고 탁자를 두드리며 죄를 엄중하게 따져 묻기 시작했다.

"애초에 너는 무엄하게도 임금의 명이라 속이고 나의 수레를 몰래 타고 네 모친을 문병하였고, 또 언젠가는 나에게 먹다 남은 복숭아에 침이 묻어 있는 것을 먹게 하였다. 이처럼 너는 나를 심하게 모욕하였으니 죽어 마땅하다."

본래 미자하의 행동은 처음과 조금도 변한 것이 없었음에도 불구하고, 전에는 군주로부터 총애를 받았는데 나중에는 처벌을 받게 된 이유는 미자하가 늙어 보기 흉해지자 군주의 총애가 식었기 때문이었다. 미소년일 때는 군주에게 지극한 총애를 받았지만, 늙어 보기 흉해지자 군주에게 미움을 받게 된 것이다.

이와 같이 똑같은 말이나 행동이라 할지라도 임금이 좋아할 때와 싫어할 때의 기분에 따라 칭찬을 듣기도 하고 벌을 받기도 한다. 이런 이유로 임금을 상대로 유세하는 신하는 임금의 기분을 정확히 파악해야 한다.

한비자는 왕의 사랑과 미움, 기쁨과 분노가 결국 법의 기준이 되어 미자하는 마침내 처벌을 받게 되었다고 보았다. 이처럼 권력을 지니고 있는 군주의 의지나 기호에 의해 옳고 그름이 판단되고, 또 군주의 말에 의해 모든 아름다움과 추함, 선호와 혐오, 향과 독이 결정된다면 삶에 마땅한 법률의 기준이 어디에 있겠는가 반문한다.

한비자는 제자백가諸子百家 중에서도 법가를 대표하고, 현실적이고 구체적인 이론을 제시한 사상가다. 제자백가란 B.C. 700~200여 년 춘추전국시대에 활약했던 수많은 사상가를 말한다. 춘추시대 주나라 황실이 쇠약해지자 강력한 제후들은 천자의 권위를 능가하였고, 제후의 나라 안에서도 실권을 가진 신하들이 제후들을 업신여기게 되고, 또 신하를 보좌하던 가신들이 그 상전을 무시하는 이른바 하극상의 풍조가 생겨났다.

또 제후국 상호 간에 실력 다툼이 격심해지고 강한 제후국들은 이웃의 작은 제후국들을 병합시킴으로써 자신의 영토를 확장하는 사업에 몰두하였다. 이 제후들은 병합시킨 영토를 직접 통치하려고 하였을 뿐만 아니라 그 제후국 안에서 터줏대감 노릇을 하던 종래의 소토지 소유인 귀족들의 세력도 약화시키려고 하였다. 그에 따라 천자와 제후 간의 알력, 제후 상호 간의 세력 다툼, 제후와 귀족의 갈등으로 사회 혼란은 극에 달했다.

제자백가들은 이런 어지러운 세상을 구하려는, 자기 나름의 해결 방법인 경륜을 지녔던 사상가들이다. 공자와 맹자가 대표하는 유가들은 인의로 사회적 혼란을 바로잡으려 하였고, 노자와 장자가 대표하는 도가들은 무위자연을 통하여 어지러운 세상을 바로잡으려 하였고, 묵자가 대표하는 묵가들은 겸애와 교리를 주장하여 검소하고 부지런히 일함으로써 잘살 수 있는 세상을 건설하려 하였고, 명가·음양가·병가·종횡가·농가·잡가 등 무수한 학파가 번거롭게 자기들의 주장을 내세웠다. 제자백가들은 어지러운 현실을 외면하고 오로지 자기들의 이상에 치우친 나머지 실제로 자기들의 주장을 실현하여 성공을 거둘 수 없었다.

한비자는 당시 제자백가의 사상가들을 역사와 문화가 발전하는데도 객관적인 상황의 변화를 보지 못하고 새 시대에 적응하려 하지 않고, 오히려 옛 선왕들의 업적을 교훈으로 삼고 있는 어리석은 사람이거나 사기꾼으로 비유하였다. 즉 제자백가의 사상가들은 역사가 발전하고 시대와 상황이 변했는데도 불구하고 새로운 시대에도 적응하지 않고 오직 군주의 선호에 따라 이론을 제시하고 있다고 보았다.

한비자는 이러한 전국시대의 혼란을 해결하기 위해서는 제자백가들의 이론이 필요한 것이 아니라 엄격한 법에 의한 통치가 더 절실하다고 생각하였다. 춘추전국시대의 제자백가 가운데 현실적이고 실천성이 강한 이론을 제시한 한비자의 법가사상은 일곱 나라로 갈라져 서로 전쟁을 일삼던 상황에서 진나라가 중국을 통일하고 전국시대를 마감하는 데 크게 기여를 하게 된다.

전국시대란 춘추시대를 뒤이어 진시황이 천하를 통일하기까지(B.C. 402~B.C. 221)의 약 200년간을 말한다. '춘추'란 명칭은 공자가 지은 『춘추春秋』라는 역사책에서 나온 말이고, '전국'이란 명칭은 한나라 유향이 편찬한 『전국책戰國策』이란 역사책에서 유래한 것이다.

주나라 왕실의 세력은 이미 춘추시대부터 서서히 내리막길을 걷고 있었다. 춘추시대엔 170여 국에 달하는 제후국들이 있었고, 또 이들을 주도하는 패자들이 차례로 나타나 주나라 왕실을 중심으로 하여 천하의 질서를 유지했다. 그러나 전국시대로 접어들면서 그러한 질서를 유지하는 중심축이 없어져 버리고 오로지 약육강식의 혼란시대로 빠져들었다. 오랫동안 대국으로 군림해 오던 중원의 진晉나라와 산동의 제나라가 그들의 신하들에게 군주 자리를 빼앗기고, 오랜 전통을 지닌 작은 나라들은 모두 그보다 큰 나라에 복속되었다. 진晉나라가 한韓·조趙·위魏 세 나라로 분리되고, 나머지 중국 땅은 진秦·초楚·연燕·제齊 네 나라가 차지하여 이른바 전국칠웅이 나타났다.

진나라 효공은 죄의 연좌제도 등을 포함한 상앙의 변법을 채용하여 이들 칠웅 중 가장 부강한 나라가 되었다. 진나라가 점점 부강해지자 그동안 유지되어 오던 세력균형이 급속히 무너지기 시작했다. 이러한 시세에 부응하여 나타난 것이 종횡가이다. 소진이란 사람은 진나라를 제외한 여섯 나라를 돌아다니면서 군주들을 설득하여 여섯 나라가 힘을 합쳐 진나라에 대항함으로써 국가의 명맥을 유지해 나가도록 했다. 이것을 합종책이라 한다.

그러자 장의란 사람은 여섯 나라의 연합을 이간질로 무너뜨리며 강한 진나라와 강화를 맺어야만 국가를 지탱해 나갈 수 있다고 설득하였다. 이것이 이른바 연횡책이다. 장의의 외교에 힘입어 진나라는 원교근공책遠交近攻策을 써서 서서히 주위에 있는 나라를 하나하나 멸망시켜 마침내는 천하를 통일할 수 있었다.

# 02
# 천하통일에 기여한 한비자

법가는 주나라의 예악과 형정을 부정하는 것으로부터 출발한다. 중국 고대의 정치 제도 중에는 분봉<sub>分封</sub>제도가 있는데, 중앙에 천자가 있고 그 주위에 제후들이 있어 천자는 각 지방의 제후들에게 영토를 나눠 주고 그 대신 제후를 다스리며, 제후는 자신의 영역에 속한 영토와 백성을 다스리는 제도이다.

분봉제도는 주나라 때 가장 잘 갖추어졌는데, 그 핵심은 혈연으로 맺어진 가족적 유대 관계였기 때문이다. 주나라의 천자와 제후, 각 제후국의 대부들은 대부분 친척으로 구성된 주종관계를 맺고 있었으나 자신의 영지에서는 일정한 통치권을 인정받는 반독립 상태를 유지한 분봉제도는 그 구조가 단순해서 예와 형 두 규범만으로도 질서가 유지되었다. 이들 지배층의 기본적인 관계는 윤리 규범인 '예<sub>禮</sub>'

위에서 형성되었으며, 그 아래 대부들은 자신의 영역에 속하는 백성들을 복종시키기 위해 '형刑'이라는 형벌의 도구를 사용했다. 그러나 200~300년이 지나 더 이상 친족관계가 아닌 주나라 말기부터 이러한 신분관계의 종속이 무너지자 제후국들은 서로 자신의 세력과 영토를 넓히려고 약한 제후국을 공격하고 정벌하기 시작했다.

천자국인 주나라가 제후들을 통솔할 힘을 상실하자 제후들 가운데 강성한 힘을 가진 자가 나타나 패자라 일컬었다. 패자는 제후들의 맹주로 자처하며 힘으로 지배하려 했고, 제후들은 저마다 패자가 되기 위해 치열한 각축전을 벌였다. 바로 이 시대를 동주시대東周時代 혹은 춘추전국시대라고 하는데, 주나라가 수도를 낙양으로 옮긴 뒤부터 진秦나라의 시황제가 황제의 자리에 오르기까지의 900년 정도를 말한다.

이 시대의 패자들은 힘으로 지배하려 했기 때문에 많은 문제점이 일어났다. 그 당시의 제자백가들은 이 문제를 해결하기 위해 다양한 방법을 제시했으나, 그것은 현실적이고 구체적인 대안이라기보다는 지나치게 이상적인 이론뿐이어서 제후들로부터 대부분 외면을 당했다. 이러한 시대적 상황에 부응하여 현실을 똑바로 직시하여 구체적이고 효과적인 대안을 제시한 사상가가 법가를 집대성한 한비자이다.

법가사상이 정치 사회적으로 결실을 맺게 된 것은 진시황이 천하 통일이라는 대업을 이룩하는 데 결정적인 역할을 했기 때문이다. 전국시대 말기에 천하를 통일하여 대제국을 건설했던 진나라는 이사와 한비자를 중심으로 한 법가사상을 토대로 큰 성과를 거둘 수 있었다. 법가야말로 분열과 상쟁이 계속되어 전국시대를 매듭짓고 천하를 통일하는 데 가장 적절했던 이론이었다.

법가는 제자백가 중에서 당시 문제 상황에 대한 지적과 그 대처 방법이 가장 적절했다고 할 수 있다. 한비자는 이전의 법가사상을 체계적으로 집대성하였다. 그는 법치로써 핵심을 삼으면서 법法·술術·세勢가 서로 결합하는 법치사상 체계를 확립하였다.

한비자 이전에도 법에 의한 통치를 주장하는 많은 사상가들이 있었는데, 그 가운데 법가사상을 처음으로 정립한 사람은 기원전 7세기경 제나라의 유명한 재상인 관중이었다. '관포지교管鮑之交'[1]라는 고사로 잘 알려진 관중은 소금과 철에 세금을 부과하는 등 여러 가지 개혁적인 제도를 시행하여 제나라를 춘추시대에 가장 부유하고 막강한 나라로 만들었다. 관중 이후 법가를 주장한 사람은 정나라의 재상 자산이다. 자산은 법령의 조문을 동 그릇에 새겨 백성에게 널리 알리고 법에 따른 엄격한 통치와 개혁을 실시함으로써 백성으로부터 많은 신임을 받았다.

춘추시대에 관중과 자산은 법을 통하여 국가의 번영과 통치를 실천하는 데 주력한 반면에 전국시대 조나라의 신도, 한나라의 신불해, 위나라의 상앙 등은 법을 현실정치에 실현하였을 뿐만 아니라 사상

---

1) 춘추시대 제나라의 관중은 제나라 군주인 양공의 공자 규의 보좌관이 되었고, 포숙아는 규의 이복동생 소백을 섬기게 되었다. 그 무렵 양공의 사촌동생 공손무지가 양공을 시해하자 목숨이 위태롭게 된 규는 관중의 도움을 받아 함께 이웃 노나라로 달아났고, 소백은 포숙아와 함께 거나라로 달아났다. 그러나 이듬해 공손무지가 살해되자, 규와 소백이 임금 자리로 다투자, 관중과 포숙아는 본의 아니게 정적이 되고 말았다. 관중이 선수를 써서 소백을 죽이려 했으나, 소백이 포숙아와 함께 재빨리 먼저 귀국하여 임금이 되었는데, 그가 곧 환공이다. 환공은 노나라의 규를 죽이고 관중을 압송하여 죽이려고 하자, 포숙아가 엎드려 간곡히 말렸다. 환공은 관중의 능력을 인정하고 있었으므로 포숙아의 건의대로 관중에게 대부의 벼슬을 주어 정사를 맡겼다. 과연 관중은 환공과 포숙아의 기대를 저버리지 않고, 선정을 베풀어 국력을 축적해 나가 환공은 마침내 여러 제후들을 굴복시키고 춘추시대의 패자가 되었다. 관중은 그런 포숙아가 더없이 고마워 곧잘 이런 소리를 했다. "나를 낳아 준 분은 부모님이지만, 나를 알아 준 사람은 포숙아다"라고 했다. 즉 형편이나 이해관계에 상관없이 친구를 무조건 위하는 두터운 우정을 일컫는다.

적으로 크게 발전시킨 인물이다.

법을 중시한 사람은 상앙이고, 술을 중시한 사람은 신불해이고, 세를 중시한 사람은 신도이다. 세는 군주의 통치 권력을 의미하는 권세와 지위로 군주만이 가지는 배타적이고 유일한 권세를 말한다. 술은 군주가 신하를 통솔하는 용인술用人術로 군주가 신하를 제압하기 위해 군주 자신에게 유리하게 만드는 정치술 또는 책략을 의미한다. 즉 신하가 내세우는 이론과 비판을 그들의 행동과 일치하게 하는 기술로써, 신하들을 잘 조정해 군주의 자리를 더욱 굳건히 하는 인사정책이다. 그리고 법은 백성들의 사사로운 이익 추구를 막고 나라의 이익을 우선으로 하는 정책으로 성문화되어 공포된 법령을 가리킨다.

한비자는 성문법만 중시하여 신하에 대한 용인술이 모자라면 대신들의 농간을 막을 수가 없으므로, 세·법·술 세 가지 모두 '제왕의 도구'로써 어느 하나도 폐기할 수 없다고 여겼다. 이러한 주장은 법에 의한 통치로 왕권을 강화하여 절대 군주적 정치제도를 확립하는 데그 궁극적인 목적이 있었으며, 그것은 한비자에 의해 체계화되었다.

한비자가 군주의 권세를 무엇보다 중요하다고 생각한 이유는 백성들의 행동을 살펴, 법을 준수한 자에게는 상을 주고 어긴 자에게는 벌을 주기 위해서는 권세가 필요하기 때문이다. 군주에게 권세가 있다는 것은 마치 한 자밖에 안 되는 나무라도 높은 산 위에 서 있으면 천 길 계곡을 내려다볼 수 있는 것과 같은 이치이다. 권세가 있으면 설령 재능이 부족하고 현명하지 못할지라도 현명한 사람들까지 굴복시킬 수 있다고 보았다.

그렇다고 법과 권세만으로 나라를 다스릴 수 있는 것은 아니다. 실질적으로 나라를 다스릴 수 있는 방법이 필요하다. 그래서 한비자는 신불해의 '술'개념을 받아들여, 법으로 나라를 다스리는 방법이라는 의미의 '법술'을 사용한다.

새로운 법을 실행하기 위해서는 무엇보다도 백성들의 신뢰를 얻어야 한다. 상앙은 나무막대기 하나를 진나라 도성의 남문에 세워두고 사람을 불러 모아서 그것을 북문으로 옮기는 사람에게는 10금을 주겠다고 하였다. 그러나 백성들은 그깟 일에 10금을 줄 까닭이 없다고 생각하여 아무도 나서지 않았다. 다시 상금을 올려서 "이 나무를 북문에다 옮기는 사람에게는 50금을 준다"고 하자, 어떤 할 일 없는 사람이 이것을 옮기자 바로 50금을 주었다. 상앙은 이렇게 백성으로 하여금 속이지 않는다는 것을 믿게 한 다음 새로운 법을 정식으로 공포하였다. 백성은 그때까지 잘 시행되지 않았던 진나라 법령을 하루아침에 따르게 되었다. 한비자도 새로운 법을 시행하기 위한 방법을 다음과 같이 제시하였다. 이회는 위나라 문후에게 벼슬하여 태수가 되었다. 그는 백성들에게 활을 보급시킬 생각으로 이런 포고령을 내렸다.

"소송에서 판결을 내리기 어려울 때는 쌍방에게 활로 과녁을 쏘게 해서 맞힌 사람을 이긴 것으로 하고, 못 맞힌 사람을 진 것으로 한다."

포고령이 나붙자 사람들은 너나없이 활쏘는 것을 배우기 시작하여 밤낮을 쉬지 않게 되었다. 이윽고 진나라와 전쟁이 일어났을 때, 적을 여지없이 쳐부수고 승리하였다. 모든 사람이 다 활을 잘 쏘았기 때문이다.

한비자는 전국시대 말인 기원전 280년경에 한나라에서 태어나 기원전 233년에 죽었다. 사마천의 『사기』에서 한비자는 한나라 제후의 공자로 기록되어 있다. 한비자는 본래 한자韓子라고 불렸다. 그런데 송나라 이후부터 당나라 때의 사상가 한유를 '한자'로 부르면서 이 두 사람을 구별하기 위해 한비자로 바꿔 부르게 되었다. 그가 태어난 한나라는 아주 작고 힘이 없는 나라였다. 그는 어려서부터 형명刑名과 법술의 학문을 좋아했기 때문에 법가사상을 집대성할 수 있었다. 한비자는 본래 말더듬이어서 말로 자신의 이론을 잘 표현할 수는 없었으나 대신 논리적인 문장을 갈고 닦는 데 힘써 매우 탁월한 문장력의 소유자가 되었다. 진시황을 도와 천하통일에 기여한 이사와 함께 순자의 문하에서 학문을 배웠는데, 이사는 자신이 항상 한비자만 못하다는 열등감을 가지고 있었다.

한나라는 전국칠웅 중에서 가장 작고 약한 나라였다. 영토는 사방 천 리도 안 되는 데다가 서쪽에 이웃한 진나라와 남쪽의 초나라로부터 여러 차례 침략을 받았으며 특히 진나라의 침략이 빈번해지면서 한나라 국토의 반 이상을 빼앗겨 위험한 지경에 있었다. 한비자는 계속되는 전쟁 속에서 약소국이 겪어야 하는 비애와 굴욕을 몸소 느끼며 살았다.

그런데도 한나라 왕은 법률과 제도를 정비하고 권력을 장악해 나라를 부강하게 만들고 어진 인재를 등용하는 데 힘쓰기는커녕, 도리어 실속 없는 소인배들에게 놀아나 그늘에게 높은 벼슬을 주는 잘못을 저질렀다. 한비자는 한나라 영토가 줄어들고 국력이 약해지는 것을 보고서 군주가 법으로써 나라를 편안하게 다스리는 방법을 한나라 왕에게 진심으로 간하였다.

초나라가 오기를 등용하지 않은 결과 영토를 빼앗기고 나라가 혼란스럽게 된 예를 들었지만 왕이 끝내 그의 상소를 수용하지 않자 『한비자』라는 저술을 남겼는데, 특히 「고분」 편에서 당시 사문私門의 권세가 도를 지나쳐 국가질서가 어지러워지고 있음을 개탄하였으며, 「오두」 편에서는 나라를 좀먹는 네 부류의 권력계층과 사익만 추구하는 상인을 신랄하게 비판하였다. 「고분」과 「오두」 편을 우연히 읽은 진시황은 크게 감동하여 "과인이 이 사람을 만나 함께 이야기를 나눌 수 있다면 죽어도 여한이 없겠구나!"라고 말할 정도로 그를 칭찬하였다. 진시황이 한비자의 사상에 깊이 공감했던 것이다.

한비자의 상소는 끝내 받아들여지지 않고 한나라는 점점 국력이 쇠약해져 마침내 기원전 234년에 진나라로부터 침공을 받게 되었다. 한나라 왕은 마침내 위기의식을 느끼자 진시황이 흠모하는 한비자를 강화 사절로 보내 위기를 모면하려고 하였다. 진시황은 강화 사절로 온 한비자를 보고 기뻐했으나 기용하지는 못했다. 오히려 객경客卿 벼슬에 오른 이사는 동문수학한 친구 한비자가 진시황의 총애를 받는 것을 꺼려 그를 모함했다. 이사는 한비자가 한나라의 공자이기 때문에 진나라를 위해 일하지는 않을 것이며, 그를 등용하지 않고 억류했다가 돌려보낸다면 후환이 될 것이니 죽여야 한다고 주장했다. 진시황은 이사의 말이 옳다고 생각해 한비자를 옥에 가두고 사약을 내려 스스로 목숨을 끊게 했다. 진시황은 뒤늦게 자신이 저지른 일을 후회하고 그를 용서해 주려 했지만, 이미 한비자가 죽은 뒤였다. 한비자는 본래 신하가 군주에게 유세하기 어렵다는 점을 터득하고 「난언」과 「세난」 등 여러 편에서 진언의 방법을 자세히 설명했지만, 결국 자신의 죽음은 막지 못했다.

한비자는 비록 이사의 모함에 의해 생을 마감했지만 그를 죽인 이사는 한비자의 사상을 계승하여 진나라의 법체계를 완성하였다. 따라서 그의 이론은 진나라의 지도적 사상이 되었으며, 진시황이 여러 제후국을 병합하여 전국시대를 마감하는 데 크게 기여를 했다.

　그러나 유가사상이 사회윤리의 강상이 되어 온 전통 중국사회에서 한비자의 법가 사상이 그대로 용납되기는 어려웠다. 진나라가 망하고 한나라가 천하를 지배하자 유가의 이론이 확산되고, 『한비자』는 금서가 되었다. 그렇지만 세상이 언제나 반목과 투쟁으로 현실적 어려움이 내재하고 있다면, 한비자의 법가는 외적으로 유가의 이론은 내적으로 형평을 유지하기 위해 공존할 수밖에 없다.

# 03
## 시대가 변하면 생각과
## 행동도 따라서 변해야 한다

한비자는 제자백가 중에서 가장 현실적이고 실천성이 강한 이론을 주장하였다. 일곱 나라가 서로 나누어져 전쟁을 일삼던 상황에서 진나라가 중국을 통일하여 전국시대를 마감한 것도 법가의 이론에 영향을 입었기 때문이다. 전국칠웅戰國七雄[2]이 서로 전쟁을 일삼던 시대의 사상가들은 정치적 경향이 다르고, 사회의 변화에 대한 생각과 행동도 달리하였지만, 유가와 도가 그리고 묵가는 한결같이 과거시대를 찬미하였다.

그러나 한비자는 당시의 모순矛盾을 이해하고 해결하는 데 비교적 현실적이고 과학적인 인식을 가지고 있었다. 따라서 그 경향에 동조

---

2) 당시는 이미 주나라의 왕실이 유명무실한 시기였으며, 진秦·연燕·조趙·위魏(혹은 양梁)·한韓·제齊 등 전국칠웅이라고 하는 나라들이 무력으로 천하를 통일하려고 각축전을 벌이던 약육강식의 시대였다.

하지 않았고, 순자의 영향을 받아 역사의 변화를 자연의 진화과정으로 해석하였다. 그리고 당시 구체적인 현실 상황에 근거하여 나라를 다스리는 방안을 고안하였다.

한비자는 당시에 잘 알려진 학파로 유가와 묵가를 예로 들어, 유가의 시조를 공자로, 묵가의 시조는 묵자로 보았다. 이들은 서로 말하기를 자신들이 공자나 묵자의 학문이라고 하지만, 공자와 묵자가 다시 살아날 수 없는 이상, 이 학파 중 어떤 학파가 정통인지 알 수 없다는 결론을 내리고 있다.

"공자와 묵자는 모두 요·순임금을 본받고 있다. 그들은 해설에서 취사선택을 달리하여 서로 자신이 요·순임금의 정통파라고 주장한다. 그런데 요·순임금이 다시 살아날 수 없으니, 누가 유가·묵가 학문의 진위를 가릴 수 있겠는가? 은나라와 주나라는 칠백여 년, 우나라와 하나라는 이천여 년이 지났는데, 유가와 묵가 어느 편이 진짜인지 결정할 수 없으면서 지금은 또한 삼천 년 전으로 거슬러 올라가서 요·순임금의 도를 밝히려고 하고 있다. 생각하건대 그것은 절대로 불가능한 일이다. 사실의 검증 없이 꼭 그렇다고 주장하는 자는 어리석은 자이다. 꼭 그러할 수가 없는데도 그것을 근거로 삼는 자는 사기꾼이다. 그러므로 분명히 옛 임금을 근거로 삼고서 요·순임금에 대하여 꼭 그렇다고 단정하는 자들은 어리석은 자가 아니면 사기꾼이다. 어리석은 자와 사기꾼의 학문과 잡되고 모순된 행동은 명철한 임금이라면 받아들이지 않는다."

즉 유가와 묵가는 옛날에 성왕들을 근거로 삼고 있지만, 그들의 학문은 사실의 검증인 참험參驗에 의존할 수 없기 때문에 현실적이고 구체적일 수 없는데, 꼭 그렇다고 단정하는 그들은 어리석은 자가 아니면 사기꾼이라는 결론이다. 그래서 반드시 현실적이고 구체적으로 인증할 수 있는 사실인 참험에 의존할 수 있을 때, 그 진위를 알 수 있다.

'참'은 여러 사건을 비교 검토하는 것을 의미하고, '험'은 실질적인 경험이나 검증을 의미하는 것으로, 참험을 통해 여러 사건을 비교 검토하여 사실적이고 현실적인 정확한 결론을 이끌어 내야 한다.

유가와 묵가, 그리고 도가는 여러 가지 면에서 서로 상반되는 의견과 주장을 하고 있다. 만약 그들의 주장이 서로 정반대라면, 어느 한편이 옳으면 어느 한편은 잘못이다. 그런데도 세상의 임금들은 이들의 주장을 사실의 검증인 참험에 의존하지 않고 받아들이는 것이 문제이다.

그러면 이러한 혼란을 미연에 방지하려면 어떻게 해야 할까? 단련된 쇠를 보고 그 서슬 푸른 빛만 살펴 가지고는 명도공名刀工인 구야도 칼의 좋고 나쁨을 판정할 수 없다. 물에서 따오기나 기러기를 칼로 시험해 보고 뭍에서는 망아지나 말을 직접 시험해 보면 곧 어리석은 노예라도 칼이 둔한지 날카로운지 의심 없이 알게 된다. 그리고 말의 입을 벌려 그 형용을 살피기만 한다면 백락 같은 명인이라도 훌륭한 말인지 아닌지 감정할 수 없다. 말을 수레에 매어 몰고 달려 그 결과를 보면 노예라 하더라도 천리마인지 아닌지 알 수 있다.

또 모장과 서시의 아름다움을 아무리 칭찬해 보았자 자기 얼굴에는 아무런 이익이 없다. 차라리 그것보다는 얼굴에 화장을 하면 아름다워질 수 있다. 옛 임금의 어짊과 의로움을 설명하는 것은 정치에 아무런 도움이 되지 못한다. 자기의 법도를 밝히고 자기의 상벌을 엄하게 하는 것이 나라를 화장하는 것이 된다. 그러므로 명철한 임금은 그의 도움이 되는 것을 서둘러 하고 남의 칭송 같은 것은 늦춘다.

옛 임금의 훌륭한 정치를 이상으로 삼는 것은 가능하지만, 구체적으로 전혀 도움이 되지 않는다. 어짊과 의로움 같은 이론보다는 현실적으로 정치에 상벌을 엄하게 하는 것이 유리할 수 있다. 유가와 묵가처럼 현실을 외면한 복고주의 또는 이상주의보다는 사실적 판단 기준인 법치가 더욱 유용하다는 것이 한비자의 주장이다.

그렇기 때문에 현명한 임금은 확신이 없는 일은 하나도 실행하지 않으며, 평소에 먹어 오던 음식이 아니면 먹지 않는다. 또 멀리 나라 안의 일을 잘 조사하고 또 가까이는 자기의 집안일까지 잘 주시해야 하고, 궁정 안팎의 과실도 역시 잘 살펴야 한다. 사람의 의견이란 같을 수도 있으나 다를 수도 있기 때문에 곧 같고 다른 말을 성찰하면 붕당과 분파의 상황을 알게 되어 참오參伍로써 여러 가지 사실을 증거로 진술된 말을 살피고 그 실적을 따져 책임을 추궁해야 한다. 또 결과에 따라 상과 벌을 주고 법을 근본으로 하여 법에 맞는 일을 하고 있는가? 그렇지 않은가를 잘 살펴야 한다. 백성을 다스리되 많은 사람들이 한 일을 일일이 비교하여 신하 된 자의 사사로운 경영이 없도록 주의해야 한다.

한비자는 '여러 가지 사실을 증거로 진술된 말을 살피고 그 실적을 따져 책임을 추궁한다'는 방법을 제시하여 개인이 말한 내용이 실제 상황과 맞는가? 맞지 않는가는 참오의 방법을 통해 확인될 수 있다고 보았다. '참'은 많은 방면의 정황을 수집하여 비교·연구하는 것이고, '오'는 각 방면의 많은 의견을 비교하고 실험하여 실행 여부를 정하는 것이다. 따라서 참오의 검증방법은 관련된 여러 방면의 사실과 증거들을 수집하고 정리하여 비교 연구함으로써 개인이 말한 내용이 사실과 부합하는지를 따지는 것이다.

한비자는 실천의 효과에 근거하여 언행의 정확성을 검토해야 하며, 거기에 대한 기준과 표준을 미리 정해야 한다고 주장한다. 그 예로, 사람의 말이라든가 행동하는 것이 아무리 고상하더라도 실제 소용이 없으면 안 되기 때문에 소용이 있나 없나를 바탕으로 삼아 그 선악의 기준을 정하지 않으면 안 된다.

인간의 행위에는 소가 뒷걸음치다가 쥐를 밟아 죽이는 경우도 있다. 화살을 날카롭게 하여 계속 아무렇게나 쏘다 보면 어쩌다가 그 화살의 하나가 짐승의 잔털에 적중되는 경우도 생기는데, 그러나 그 것은 어쩌다가 적중한 것이므로 명궁이라고는 할 수 없다. 즉 일정한 과녁이 없이 아무렇게나 쏜 것이므로 이에 대해 상을 줄 수는 없는 일이다.

그러나 직경 다섯 치의 과녁을 두고 열 걸음 떨어진 곳에서 활을 쏘게 하면 옛날의 예나 봉몽과 같은 명궁이 아닌 이상 반드시 명중시키리라는 보장은 없다. 그것은 곧 과녁이라는 일정한 표적이 있기 때문이다. 그러므로 일정한 표적이 있으면 예나 봉몽이 다섯 치의 과녁을 맞혀도 명궁이라고 하지만, 일정한 표적이 없으면 설사 짐승의 잔털을 명중시켰다 하더라도 명궁이라고 말하지 않는다.

세상 사람의 언행을 검토하는 것도 그와 같은 것으로써, 나라의 보탬이 되는가, 그렇지 않은가를 표적으로 삼는다면, 소용이 있는 자는 채용되고 소용되지 않는 자는 배척된다. 설사 그 의론이 아무리 교묘하고 고상하더라도, 또 그 행동에 강한 의지가 있더라도 그것이 세상을 위해 소용이 없는 것이라면 활을 함부로 쏜 것과 마찬가지로 전혀 가치가 없는 것이며, 그러한 자는 반드시 배척하지 않으면 안된다.

실제로 유복儒服을 입고 입으로만 옛 성현의 도를 가르치는 자나, 아니면 허리에 검을 차고 무예에 뛰어났다고 우쭐대는 협객은 많아지고, 농사를 지어 나라에 보탬을 주는 농부나 전시에 목숨을 버릴 각오로 싸우는 병사는 적어진다. 또 억지를 써서 옳은 것을 그르다 하고 그른 것을 옳다고 하며 같은 것을 다르다고 하는 궤변이 유행하여 법령은 타락하고 만다. 그래서 임금이 밝지 못하면 논쟁이 일어나게 된다.

예컨대, 창의 날카로움과 무딤도 그 색깔에만 의존하여 판단한다면 창의 전문가일지라도 그것이 기준에 맞는지 알 수 없다. 그러나 창을 사용하여 찔러 본다면 일반사람도 그것이 날카로운지 무딘지 곧 분별할 수 있다. 또한 사람들이 만약 모두 깊이 잠든 상태에서는 누가 장님인지 알 수 없고, 말을 하지 않고 입을 다물고 있으면 누가 벙어리인지 알 수 없다. 한비자는 사람들을 잠에서 깨어나게 하여 눈을 뜨고 사물을 보게 하고, 질문하여 대답하게 했을 때에만 누가 장님이고 누가 벙어리인지 금방 판단해 낼 수가 있다고 보았다.

현실적 사고는 바로 그런 것이다. 옛 성인의 권위를 빌리거나 어떤 교조적인 학설에 의해 현실의 문제를 해결하려는 것은 모두 어리석고 사기꾼이라는 것이 한비자의 이론이다.

"시대에 따라서 법률이 바뀌지 않으면 혼란하게 되고, 백성이 다스려지더라도 금하는 제도를 바꾸지 않으면 영토가 줄어든다. 따라서 성인이 백성을 다스릴 때는 법률이 시대에 따라서 바뀌고 금하는 제도가 다스림에 따라서 변하였다."

현실적인 문제 상황을 해결하는 조건으로는 옳고 그름을 판단할 수 있는 가치기준이 있어야 하고, 그 기준은 반드시 사실의 검증인 참험을 거쳐서 그 타당성을 결정해야 한다. 만일 그 조건이 불충분하거나 사실의 검증인 참험의 분석을 거치지 않았다면 그것의 정확성을 보장할 수가 없다. 그래서 한비자는 '선왕의 도'를 일컫는 학자를 인과 의를 빙자하는 '오두五蠹'의 한 부류로서 열거하기에 이른다. 또 그는 "시대가 다르면 일도 다르고 그에 대한 대비도 다르기 마련이다"라는 논리를 견지하고 있다.

## 시대가 변하면 대응방법도 달라져야 한다

옛날 주나라 문왕이 풍과 호 지방 사이에 자리 잡고 있었을 때는 국토가 사방 백 리밖에 되지 않았다. 그는 인의 정치를 시행하여 서융을 회유하고 마침내 천하의 임금이 되었다.

서나라의 언왕은 한수의 동쪽에 자리하여 지방이 사방 5백 리나 되었다. 인의의 정치를 시행하니 자기 나라의 국토를 떼어 바치면서 조공하는 나라가 36개국이나 되었다. 그런데 형의 문왕은 장차 자기 나라를 해칠까 두려워하여 군대를 동원해서 서나라를 쳐 멸망시켰다.

주나라 문왕은 인의의 정치를 시행하여 천하를 통일했는데, 언왕은 인의 정치를 시행했으나 나라를 잃었다. 이것은 인의의 정치가 옛날에는 쓸 만한 것이었으나 지금에는 쓸모가 없다는 이유이다. 그렇기 때문에 시대가 달라지면 일도 반드시 달라진다.

순임금 때 유묘라는 만주족이 반란을 일으켰다. 우가 이를 정벌하려 하자 순임금이 이렇게 말했다.

"그것은 옳지 않다. 위에서 덕화가 두텁지 않기 때문에 배반하는 자가 생기게 된 것인데 무력을 행사함은 바른 도리가 아니다."

이에 3년 동안 교화에 힘썼다. 그런 후에 방패와 도끼를 잡고 춤을 추니 유묘가 드디어 굴복하였다.

그런데 그 뒤 공공이라는 만주족과 싸울 때에는 쇠로 만든 날카로운 갈고리가 적에게 부딪쳐 투구와 갑옷이 견고하지 않은 자가 몸에 상처를 입게 되었다. 이는 방패와 도끼가 옛날에는 쓸모가 있었으나 지금에는 소용이 없기 때문이다. 그러므로 사정이 달라지면 대비하는 방법도 변한다.

대체로 옛날과 지금은 풍속도 다르고, 새로운 일과 옛일에는 각각 대비책도 달리한다. 만약 관대하고 느슨한 정치로써 급박한 세상의 백성을 다스리려고 한다면, 그것은 마치 고삐와 채찍 없이 사나운 말을 타려고 하는 것과 같다. 이는 사리를 알지 못하는 데서 오는 환난이다.

법으로써 형을 집행하는데 임금이 죄인을 위하여 눈물을 흘리는 것은 어진 마음을 드러낼 수는 있으나 잘 다스리는 것은 아니다. 대체로 눈물을 흘리면서 형을 집행하고 싶어 하지 않는 것은 어진 마음이다. 그러나 형을 집행하지 않을 수 없음은 법이 있기 때문이다. 선왕은 법을 우위에 두어 자기의 울음에 따르지 않았으므로 인의 정치가 이상적일 수 없다는 것이 또한 명백하다.

백성은 위세에 굴복하는 것이지, 의에 감복하는 자는 적다. 공자는 천하가 다 아는 성인이다. 덕행을 닦고 도를 밝혀 천하를 돌아다니면서 유세하였다. 온 천하가 그의 인을 좋아하고 그의 의를 아름답게 여겼다. 그러나 감복하여 그를 섬긴 자는 70명의 제자뿐이었다.

대개 인을 귀히 여기고, 의를 잘 지키는 자는 적기 마련이다. 천하는 넓되 인의에 감복하여 그를 섬긴 자는 70인뿐이었고, 인의를 실천한 이는 공자 한 사람뿐이었다.

노나라 애공은 욕을 먹는 임금이었으나, 임금으로서 나라에 군림하는데 나라 안의 백성들이 감히 복종하지 않은 자가 없었음은, 진실로 위세에 굴복해서였다. 위세라는 것은 진실로 사람을 쉽게 굴복시킨다.

그러므로 공자는 오히려 신하가 되고 애공은 임금이 되었던 것이다. 공자가 신하가 된 것은 애공의 의에 감복한 것이 아니라 그의 위세에 굴복했기 때문이다. 그러므로 의를 가지고 말한다면 공자가 애공에게 굴복하지 않을 것이지만, 위세를 가지고 애공은 공자를 신하로 부릴 수 있었다.

지금의 학자들이 임금을 유세할 때에, 반드시 이길 수 있는 위세를 이용하라고 하지 않고 힘써 인의를 행하면 왕자가 될 수 있다고 하니, 이것은 임금 된 자는 반드시 공자 같은 인물이 되고 세상의 모든 백성들은 다 공자의 70인의 제자처럼 되기를 요구한 것이다. 이는 반드시 이루어질 수 없는 일의 추세이다.

상고시대에는 백성의 수가 적었으며 짐승과 벌레, 독사의 수가 많았기 때문에 백성이 그것들과 싸워 물리칠 수가 없었다. 그때에 한 성인이 나타나 나뭇가지를 얽어 새둥지 같은 집을 짓게 하여 갖가지 위험을 피하게 하였다. 백성은 기뻐하여 그를 세상을 다스리는 왕으로 받들어 유소씨有巢氏라 불렀다.

또한 백성이 나무열매와 풀의 열매, 생선과 조개류 같은 비린내가 나는 날고기를 먹고 있었기 때문에 위장이 탈이 나서 질병에 걸리는 경우가 많이 있었다. 이때 한 성인이 나타나 나무를 비벼 불을 일으켜서 날고기를 구워 먹게 하였다. 그래서 백성들은 이를 기뻐하여 그로 하여금 천하를 다스리게 하고 그를 수인씨燧人氏라 불렀다.

중고시대에는 천하에 큰 홍수로 인한 재화가 잦았다. 그러자 곤(鯀: 우임금의 아버지)과 우임금이 하천에 제방을 쌓고 물길을 열어서 물을 바다로 소통시켜 큰 피해를 막았다.

근고시대에는 하나라 걸왕과 상나라 주왕이 포악무도하고 음란한 행위를 서슴지 않았다. 그래서 상나라 탕왕과 주나라 무왕이 그들을 정벌하고 세상을 통치하여 평안하게 하였다.

상고시대에는 주로 짐승들로부터 피해를 입지 않는 것과 음식을 익혀 먹는 일이 주요한 문제였으나, 그와 같은 문제는 이미 과거의 일이 되어 버렸다. 중고시대에도 여전히 나뭇가지를 얽어 새둥지 같은 집을 짓고 나무를 비벼서 불을 일으킨다면 그것은 웃음거리가 될 것이다. 마찬가지로 오늘날 요임금·순임금·우임금·탕임금·무왕이 그 나라 다스리던 방법을 지금의 세상에 합당하다고 칭찬하는 사람이 있다면 반드시 새로운 성인에게 비웃음을 받게 될 것이다. 그래서 성인은 굳이 옛 도를 닦아 지키려고 하지 않으며, 항상 옳다는 것을 법으로 삼지 않는다. 성인은 당시 세상의 일을 문제로 삼아 그것에 대한 적절한 대비책을 세운다.

한비자는 역사를 끊임없이 진화하는 발전단계로 보아 인류사회의 발전사를 '상고지세', '중고지세', '근고지세', '당금지세' 네 단계로 구분했다. 그리고 사회발전 단계마다 그 시대의 고유한 사회적 특징이 있어서, 그 시대의 역사 발전에서 성공적이었던 정치형태도 다른 역사 발전에 적용했을 때 반드시 성공한다는 확신은 없다. 한비자는 역사의 발전 단계에서 유소씨, 수인씨 같은 성인의 역할이 중요했지만, 시대가 변하면 성인의 역할 역시 변해야 한다고 강조했다. 왜냐하면 역사는 끊임없이 진화하기 때문에 참고를 할 뿐이지 결코 과거로 되돌아갈 수 없는 없다.

옛날 송나라에 어떤 한 농부가 있었다. 하루는 그 농부가 밭을 갈고 있었다. 그 농부의 밭 가운데에 나무 그루터기가 하나 있었는데, 어느 날 토끼 한 마리가 쏜살같이 뛰어가다 그 그루터기에 부딪쳐 죽었다. 그러자 그 농부는 힘들이지 않고 토끼 한 마리를 얻었다는 것에 만족하여 밭을 갈던 쟁기를 버리고 기분 좋게 집으로 돌아와 맛있는 식사를 하였다.

그 후 농부는 더 이상 일할 생각은 하지 않고 날마다 그 나무 아래 앉아서 토끼가 뛰어나와 죽기를 기다렸다. 밭은 이미 묵어갔지만 두 번 다시 토끼가 나무에 부딪쳐 죽는 일은 없었고, 온 나라의 웃음거리만 되었다. 만일 옛 임금들의 정치방식으로 지금의 백성들을 다스리고자 한다면 마치 나무 그루터기를 지키고 앉아 토끼가 와서 죽기를 기다리는 사람과 같은 무리이다.

이처럼 각종 문제는 그 시대에 따라 생기는 일인 만큼 문제에 대한 대비책 역시 그 문제에 적합해야 한다. 한비자는 당시 현실에 맞는 정치추세의 이론적인 근거를 어리석은 사람을 비유할 때 많이 사용하는 '수주대토守株待兎'를 인용한 것이다.

세상의 현상 가운데는 언제나 반복해서 주기적으로 일어나는 일도 있고, 딱 한 차례만 일어나는 일시적인 현상도 있다. 전자는 사계절의 변화와 같이 인과관계가 지속적으로 반복되는 일이지만, 후자는 우연적이고 특수한 것이어서 생활 속에 지침으로 삼을 만한 어떤 관계도 없다.

　사람들이 땀 흘려 노력은 하지 않고 우연적이거나 특수한 것에 희망을 걸어 요행을 바란다면, 그런 사람은 기회주의자로 미래지향적인 삶을 기대할 수가 없다. 그래서 한비자는 "우리가 옛날의 통치방법으로 오늘날의 백성을 다스리려 한다면 우리는 이 농부와 똑같은 웃음거리가 될 것이다"라고 한 것이다.

## 04
## 현실의 적합성을 왜곡한
## 어리석은 사람들의 이야기

옛날에 하남의 정현이라는 곳에 복 씨라는 사람이 살고 있었다. 그는 자기 바지가 더 이상 입지 못할 정도로 헤어지자 옷감을 사다가 자기 부인에게 주며 새 바지를 만들어 달라고 부탁을 하였다. 새 바지를 만들기 위해 바지의 치수를 재던 부인이 물었다.

"어떤 모양으로 만들어 드릴까요?"

복 씨는 아무렇지 않게 입에서 나오는 대로 대답하였다.

"지금 입고 있는 헌 바지와 똑같이 만들어 주시오."

부인은 남편의 말을 곧이곧대로 들었다. 정성껏 새 바지를 만든 다음에 헌 바지와 똑같게 하기 위해서 애를 쓰기 시작하였다. 구멍을 내고 기름때를 묻히고 너덜너덜하게 헌 바지와 똑같이 만든 다음 남편에게 갖다 주며 자랑스럽게 말했다.

"맘에 드시지요. 헌 바지와 똑같지요."

한비자는 복 씨 부인의 잘못된 행동을 비유하여,

"학자들이 실제로 소용되지 않는 의론으로 선왕을 빙자하여 논하는 것은 시대에 맞지 않는 말이 되고 만다"

라고 하는 당시의 사상적 경향을 풍자하였다. 바지가 낡거나 헤지면 새 바지로 바꿔 입는 것은 당연한 일이다. 새 바지가 몸에 맞으면 그만이지 그렇다고 헌 바지와 똑같을 필요는 없는 것이다.

한비자가 보기에 그 당시 제자백가는 문명이 발전하고 새로운 생활이 개선되는 데도 불구하고 시대의 객관적인 상황의 변화를 보지도 못하고, 새로운 현실에 적응하려 하지 않고 억지로 새 바지를 낡은 바지로 만들려는 어리석은 사람들로 보였다. 옛 성왕들의 업적을 교훈 삼아 시행착오를 범하지 않을 수는 있지만 그것을 다시 그대로 실천할 수는 없다. 설사 실천한다고 하더라도 시대와 상황이 많이 변했기 때문에 현실의 문제를 해결하는 데는 많은 어려움이 자연히 따라올 수밖에 없다.

또 정나라 시골 사람이 수레의 멍에를 한 번도 보지 못했다. 큰길에서 수레의 멍에를 주운 그는 그것을 손에 들고 한참 들여다보다 매우 이상하게 여긴 나머지 길 가는 사람에게 물었다.

"이것이 뭡니까?"

"수레의 멍에입니다."

또다시 길을 가다가 이번에는 다른 종류의 나무로 만든 멍에를 주었다. 한참 이리저리 생각하다 길 가는 사람을 붙들고 물었다.

"이것이 뭡니까?"

"수레의 멍에입니다"

그 사람은 갑자기 성을 내며 말했다.

"조금 전의 것도 수레의 멍에라더니 이것도 수레의 멍에라니 웬 수레의 멍에가 이렇게 많단 말이오. 당신들이 나를 촌놈이라고 속이려는 거요?"

분을 참지 못한 그는 그 사람의 멱살을 잡고 마구 주먹질을 해댔다.

정현 사람 을자라는 자의 아내가 시장에 갔다가 자라를 사서 돌아오는 중이었다. 그녀는 강가를 지나다가 자라가 몹시 목이 마르리라 생각하여 물속에 집어넣었다. 그러자 자라는 그대로 달아나고 말았다.

송나라에 나이가 어린 사람이 있었는데, 다른 사람의 좋은 점은 무엇이든 본받으려고 했다. 그래서 연장자가 술을 남김없이 마시는 것을 보고는, 술을 감당하지도 못하면서 단숨에 마시느라고 애를 썼다.

옛날 책에 '신지속지紳之束之'라는 구절이 있다. 즉 큰 띠를 허리에 매고 남은 부분을 늘어뜨린다는 뜻이다. 그런데 송나라 사람으로 그 구절을 읽고는 뜻을 잘못 해석하여, 띠를 이중으로 하여 허리에 동여매었다. 어떤 사람이 그 모습을 보고 띠를 왜 그렇게 맸느냐고 묻자 송나라 사람은 태연하게 대답했다.

"옛날 책에 그렇게 쓰여 있으니 그렇게 하는 것이 당연하잖소."

정나라에 차치리라는 별호를 가진 사람이 신발을 사려고 하였다. 그는 신발을 사러 가기 전에 먼저 볏짚에 자기 발의 치수를 재었다. 그는 발의 치수를 잰 볏짚을 깜박 잊고 집에 놓아둔 채 시장에 갔다. 먼 길을 걸어 시장에 도착한 그 사람은 신발가게에서 마음에 드는 신발을 한 켤레 골랐지만 아무리 주머니를 뒤져도 발의 치수를 재어둔 볏짚이 없었다. 그는 신발을 파는 점원에게,

"내가 발의 치수를 재어 놓은 볏짚을 깜박 잊고 가져오지 않았소.

빨리 집에 가서 그것을 가지고 와서 사겠소"

라고 한 후 급히 집으로 달려갔다. 그는 집으로 돌아가 발의 치수를 잰 볏짚을 가지고 다시 시장의 신발가게에 갔지만 이미 가게 문이 닫혀 결국 신발을 살 수가 없었다. 이 말을 들은 어떤 사람이 말하길,

"자기 신발을 사는 것이라면 직접 신어 보면 될 텐데 무슨 치수가 필요하단 말이요"

라고 충고하였다. 그러자 그 사람은,

"나는 발의 치수를 잰 볏짚은 믿을 수 있어도 내 발은 믿을 수 없소"

라고 답했다. 자기 신발을 사는 데 처음부터 발의 치수를 잰 볏짚은 필요가 없었다. 자기가 직접 신을 신어 맞는지 안 맞는지 판단하면 될 일이다.

한비자는 이 이야기를 통해 국사의 적합한 조치가 아닌데도 선왕의 말씀이라고 쓰인 이치는 확고부동하게 그대로 따르려고 하는 것은, 마치 신발을 사러 장에 갔다가 발의 치수를 재어 놓은 볏짚을 두고 왔다고 하여 사지 못하고 돌아가는 형국으로 표현하였다. 차치리를 통하여 글로 쓰인 역사의 이론은 확고부동하게 믿지만 구체적이고 변화무쌍한 현실을 믿지 않는 풍조를 비판한 것이다.

제나라 경공이 소해라는 곳을 유람하는데, 전령이 급히 달려와서 보고했다.

"재상 안영이 병세가 위급해 곧 죽으려고 합니다. 공께서 빨리 궁으로 돌아가시지 않으면 살아서 만나시지 못할 것입니다."

경공이 서둘러 자리에서 일어났을 때, 또 전령이 말을 타고 도착했다. 경공이 말했다.

"급히 번차(煩且: 말 이름)에 수레를 매게 하고 한추(韓樞: 명기수)에게 말을 몰도록 하라."

이윽고 경공이 수레에 올라 수백 보를 달렸는데, 마음이 조급해진 경공은 한추가 말을 빨리 몰지 못한다고 생각해 채찍을 빼앗아 손수 고삐를 잡고 말을 몰았다. 그런데 수레가 수백 보쯤 가서는 또 말이 느리다고 생각해 수레에서 내려 달리기 시작했다. 경공은 번차라는 준마를 한추라는 명기수가 몰고 있다 하더라도 자기 자신이 말에서 내려 달려가는 것이 더 빠르다고 생각했다.

은나라의 주왕은 며칠 밤을 이어 연회를 열어 환락에 빠져 날짜 가는 줄을 잊었다. 그는 주위에 있는 자들에게 날짜를 물었지만, 모두들 알지 못했다. 그래서 사람을 시켜 기자에게 물었다. 기자는 자기 시종에게 이렇게 말했다.

"천하의 주인 된 자로 온 나라 사람들이 모두 날짜 가는 줄을 잊게 만들었으니 천하가 위태롭구나. 온 나라 사람들이 모두 날짜를 모르는데, 나만 홀로 안다면 내가 위태로워질 것이다. 술에 취해 알지 못한다고 일러라."

또 은나라의 주왕이 상아 젓가락을 만들자 기자가 두려워했다. 그가 보기에 상아 젓가락을 사용하려면 반드시 흙으로 만든 그릇에 국을 담을 수 없을 것이고, 그러면 무소뿔이나 옥으로 만든 그릇을 사용해야 할 것으로 생각했다. 또 옥으로 만든 술잔과 상아 젓가락을 사용하면 반드시 콩잎 국을 담을 수 없을 것이고, 그러면 소나 코끼리나 표범의 새끼 고기를 먹을 수밖에 없을 것으로 생각했다. 그리고 소나 코끼리나 표범의 새끼 고기를 먹으면 반드시 짧은 홑옷을 입거나 초가집 아래에 살려고 하지 않을 것이고, 그러면 반드시 비단옷을 입고 높은 누각과 넓은 방에서만 살려고 할 것을 알았다. 성인은 아주 작은 일을 보고도 다가올 일을 알고, 사물의 작은 단서를 보고 그 끝을 안다. 그러므로 기자가 상아 젓가락을 보고 두려워한 것은 천하라도 주왕을 만족시켜 주지 못할 것을 알았기 때문이다.

왕수가 책을 짊어지고 가다가 주나라 땅에서 서풍을 만났다. 서풍이 말했다.

"일이란 실행하는 것이고, 실행 결과는 때에 따라서 나타나는데 그 상황은 항상 같지는 않다. 책은 옛사람의 말을 기록한 것이고, 말은 지혜로부터 생겨난 것이다. 그래서 지혜로운 자는 책을 소장하지 않는다. 지금 그대는 어찌해서 책을 짊어지고 가시오?"

이에 왕수는 그 책을 불사르고 춤을 추었다.

지혜로운 자는 말로써 가르치려 하지 않고, 장서를 소중히 하지 않는다. 책을 불사르고 말로써 가르치려 하지 않는 것을 세상 사람들은 그냥 잘못된 것이라 하지만, 왕수는 그것을 깨닫고 바른 길로 돌아와 배우지 않은 것을 배운 것이다. 그래서 말했다.

"다른 사람들이 배우지 않는 것을 배우면 많은 사람들이 잘못 되었다고 하는 곳으로 되돌아간다."

무릇 만물에는 저마다 일정한 모양이 있으므로 그 모양에 따라 이끌어 가야 한다. 사물의 모양을 따라야 하므로 고요하면 덕을 쌓고, 움직이면 자연의 도리에 순응해야 한다.

옛날 송나라의 왕이 훌륭한 조각가를 불러 매우 귀한 상아로 닥나무 잎사귀를 조각하게 했다. 그는 꼬박 삼 년이 걸려 마침내 조각을 완성시켰다. 아주 정교하게 다듬어진 잎사귀의 줄기, 잎이 연결된 작은 가지, 잎 주위에 난 부드러운 잔털과 윤기까지 닥나무 잎사귀와

분간하기 어려울 정도로 진짜 같았다. 왕은 매우 기뻐하며 공을 치하하고 이 기술자에게 대대로 봉록을 받도록 조치했다.

이 말이 전해지자 백성들 사이에는 의견이 분분했다. 그 말을 들은 열자는 길게 탄식했다.

"자연이 삼 년 만에 겨우 잎사귀 하나를 만들어 낸다면 세상에는 잎사귀를 가진 나무는 하나도 없을 것이다."

그러므로 자연의 조건을 따르지 않고 한 개인의 재능만 믿거나, 자연의 규율에 따르지 않고 한 개인의 잔꾀를 내세우는 일은 삼 년 걸려 겨우 잎사귀 하나 만들어 내는 것과 같은 어리석은 행동인 것이다. 그래서 겨울에 곡식을 심는다면 후직이라도 넉넉하게 결실을 거둘 수 없고, 풍년이 들어 곡식이 여무는 때라면 재능이 없는 노비일지라도 흉작이 들 수 없다. 한 사람의 능력에만 의지하면 후직이라도 부족하지만, 자연에 따르면 재능 없는 노비일지라도 남음이 있을 것이다. 그래서 이렇게 말했다.

"만물은 자연스러움에 의지하고 감히 인위적인 조작을 가하지 않는다."

노나라 서울에 한 부부가 살고 있었는데 남편은 짚신을 아주 잘 만들었고 아내는 길쌈을 잘했다. 게다가 둘 다 부지런했으므로 살아가는 데 별 어려움이 없었다.

그들은 월나라가 사람 살기 좋은 곳이라는 말을 자주 들었다. 어느 날 두 사람이 살림을 챙겨 월나라로 이사 갈 준비를 하고 있었다. 이웃 사람들이 그들에게 말했다.

"월나라로 이사를 가면 당신네는 반드시 솥뚜껑에 거미줄을 치게 될 것이오."

두 사람은 기분이 나빠서 물었다.

"말하는 것 좀 보게. 우리 두 사람은 짚신도 잘 만들고 길쌈도 할 줄 아는데다 검소한 사람이오. 재산을 모으면 모았지 모으지 못한다면 이상하지?"

그러자 이웃 사람이 이렇게 말했다.

"짚신은 어디에 쓰는 것인가? 발에 신는 것인데 월나라는 물이 많은 곳이라 어릴 때부터 사람들이 신을 신지 않고 맨발로 다닌다오. 삼베는 무엇에 쓰는 것인가? 모자를 만들어 머리에 쓰는 것인데 월나라에는 폭우가 자주 쏟아지기 때문에 사람들은 머리카락을 짧게 자르고 생활한다오."

두 사람이 다그쳐 물었다.

"그게 참말인가요?"

이웃 사람이 웃으며 말했다.

"그럼 거짓말일까? 당신네들의 손재주는 정말 대단하지만 손재주가 필요 없는 나라에 간다면 배 두드리며 산다는 게 참 이상할 것이오."

장사를 하려고 준비하는 사람은 반드시 고객의 수요를 알아야 한다. 사람들이 가진 모든 재능이나 기술은 실제 수요에 부합해야 실질적인 효과를 기대할 수 있다. 배우고 연구한 것이 실세로 쓸모가 있게 하려면 지식과 실용이 결합해야 한다. 그렇지 않으면 아무리 지식이 쌓이고 기술이 발전해도 헛수고일 뿐이다.

기원전 538년 정나라를 정벌하러 가던 송나라 양공은 탁하에서 강대한 초나라 정예군을 맞아 전투를 벌인 준비를 하고 있었다. 송나라 군대가 먼저 도착해 전열을 가다듬고 있을 때 초나라 군대는 강을 건너고 있었다. 우사마右司馬인 자어가 급히 양공에게 달려와 말했다.

"초나라 군대와 우리나라 군대의 형세를 비교해 보면 초나라 군대가 우리보다 훨씬 강합니다. 초나라 군대가 전열을 정비하지 못한 틈을 타 허를 찔러 공격하면 틀림없이 초나라 군대를 이길 수 있을 것입니다."

양공은 수염을 쓰다듬으며 천천히 여유 있게 말했다.

"뭐가 그리 급한가? 도덕군자는 부상당한 사람을 죽이지 않으며, 노인을 사로잡지 않으며, 남의 곤경을 틈타 위험에 밀어 넣지 않는다고 했소. 아직 전열을 가다듬지 못한 초나라 군대를 공격하는 것은 인의를 어기는 것이오."

배를 타고 상륙한 초나라 병사들이 기를 흔들며 진을 벌이고 환성을 지르는 소리가 들려오자 우사마는 의를 위반한 것은 염려하지 말고 백성과 나라를 생각하라고 간절히 충고했다. 양공은 더 이상 못 참겠다는 듯이 눈을 부릅뜨고 꾸짖었다.

"대열로 돌아가시오. 한 번만 더 그런 충고를 하면 군벌에 따라 처리하겠소."

그동안 초나라 군대는 전열을 가다듬었다. 양공은 비로소 북을 울려 출격 명령을 내렸다. 초나라 대군이 소리를 지르며 질풍노도와 같이 쳐들어오자 송나라 군대는 혼비백산하여 크게 패하여 달아나고 말았다. 군인들 틈에 섞여 있던 양공은 엉덩이에 화살을 맞고 사흘이 못 가 숨을 거두고 말았다. 이것은 인의를 생각하다 스스로 화를 입은 예이다.

전쟁은 적과 싸우는 일이다. 적에게 인의와 자비를 베풀면 결국 아군에게 해롭게 되므로 전쟁에 패하고 목숨을 잃은 것도 당연하다. 어떤 사람은 유가가 인의를 주장했기 때문에 송나라 양공은 유가의 가르침을 신봉한 사람이라고 말한다. 그러나 유가는 적진에서 적과 대처할 때 적군에게 인의를 지키라고 말하지는 않는다. 인의란 정치적으로 민심을 얻어 안정되었을 때 이야기이지, 전쟁에서는 싸우면 반드시 승리해야 한다는 전술과는 상관이 없는 뜻이다. 그러므로 양공이 전쟁에서 행한 것과 같은 어리숙한 전략 전술을 말하는 것이 아니다.

연나라 사람이 정신적으로 이상이 없는데도 개 똥물에 목욕을 한 이야기가 있다. 그의 아내는 어느 선비와 밀통을 하고 있었다. 어느 날 그 남편이 예정보다 일찍 귀가했는데, 때마침 그 선비가 문밖으로 나오고 있었다. 남편이,

"저 사람이 누구냐?"

고 묻자 그의 아내가 무슨 사람이 있냐고 시치미를 뗐으므로, 그는 다시 주위 사람들에게 물었으나 역시 이구동성으로,

"아무도 없었다."

고 마치 한입에서 나오는 것과 같이 답하였다. 그의 아내가 말하기를,

"당신은 귀신에게 홀려 정신이 좀 이상해진 모양입니다."

라고 했다. 그러고는 귀신을 쫓아 버려야 한다면서 개 똥물에 목욕을 시켰다.

일설에 의하면, 연나라 사람 이계가 본래 멀리 나가는 것을 좋아하자, 그의 아내는 그 사이에 어떤 젊은 남자와 내통하고 있었다. 그런데 어느 날 이계가 갑자기 돌아왔을 때, 젊은 남자는 안방에 있었으므로 아내는 당황하여 어찌할 바를 몰랐다.

그 집의 몸종이,

"그분을 발가벗기고 머리는 산발한 채로 도망치게 하십시오. 저희

들은 모두 그분을 보지 못했다고 잡아떼겠습니다."

라고 알려주었다. 그리하여 젊은 남자는 그 계략대로 발가벗고 머리는 산발한 채, 문밖으로 뛰어나갔다. 이계는 그 괴상한 모습을 보고는 물었다.

"지금 벌거벗고 산발한 채 문밖으로 달아난 사람이 누구냐?"

집 안 사람들이 입을 모아 말했다.

"아무도 보지 못했습니다."

이계가 다시 물었다.

"그렇다면 내가 귀신이라도 보았단 말인가?"

그러자 그의 부인이 말했다.

"아마도 그런 것 같습니다."

어쩌면 좋겠느냐고 묻는 남편에게 그의 아내는,

"이러한 경우에 오생(五牲: 소·양·돼지·개·닭)의 똥물을 뒤집어 써서 귀신을 몰아내야 합니다."

라고 천연덕스럽게 말했다. 이계는 그 말에 따라 오생의 똥물로 목욕을 했다고 한다. 남편이 가장으로서의 권위를 잃어버리면 자기 부인을 남에게 도적맞고도 오히려 부인과 집안 하인에게 망신만 당한다는 이야기이다.

초나라 사람으로 창과 방패를 파는 자가 있었다. 그는 어느 날 창과 방패를 팔러 시장에 나가 먼저 방패를 들고 자랑하였다.

"이 방패는 너무 단단해서 아무리 날카로운 창이라도 뚫지 못합니다."

고 하고, 잠시 후에 이번에는 창을 들고 다시 자랑하였다.

"이 창은 너무 날카로워서 아무리 단단한 방패라도 뚫지 못하는 것이 없습니다."

라고 하자 구경하고 있던 시장사람들이 웃음을 참지 못하고 물었다.

"그럼 당신의 그 창으로 그 방패를 찌르면 어떻게 되겠소?"

그러자 말문이 막힌 그는 아무 대답도 하지 못했다. 원래 어떤 물건에 의해서도 뚫리지 않는 방패와, 어떤 물건이라도 뚫지 못하는 것이 없다는 창은 이 세상에 동시에 있을 수 없다.

# 05
# 사람은 꿈보다는 구체적이고
# 실질적인 것을 원한다

어떤 나그네가 연나라 왕에게 죽지 않는 방법을 가르쳐 줄 수 있다고 했다. 이 소식을 들은 왕은 아주 기뻐하며 급히 사람을 보내 배워 오도록 했다. 그런데 배우러 간 사람이 미처 다 배우기도 전에 그 나그네가 병들어 죽고 말았다. 연나라 왕은 화를 내며 불사의 도를 배우던 사람을 책망하였다. 왕은 그 나그네가 자기를 속인 것을 깨닫지 못하고 도리어 심부름 떠난 사람이 빨리 배우지 못했다고 하여 책망한 것이다.

나그네가 며칠 살지도 못하면서 왕에게 죽지 않는 방법을 가르치려고 한 것은 속임수에 지나지 않는다. 왕은 스스로 속임을 당한 것은 깨닫지 못하고 무고한 사람을 함부로 벌하였다. 자신의 어리석음이나 잘못 때문에 속고 나서 다른 사람에게서 그 원인을 찾으려는 사람은 이 이야기를 통해 거울로 삼아야 할 것이다.

　세상을 살아가는 데는 하늘을 나는 용보다 실제 사용할 수 있는 실용적인 것이 좋다. 어떤 나그네가 주나라 왕을 위하여 젓가락에 그림을 그려 보겠다고 하는 사람이 있어, 그 말대로 일을 시켰더니 3년 만에 완성했다.

　그런데 주나라 왕이 그것을 보니 옻칠한 젓가락과 다를 바가 없었으므로 크게 화를 냈다. 그러자 나그네가 말했다.

　"스무 자의 담을 쌓고 그곳에 여덟 자 폭의 창을 내어 비가 그친 뒤 태양이 비로소 모습을 나타낼 때 이 젓가락을 햇빛에다 비치어 보십시오."

　왕은 그의 말대로 담을 쌓고 창을 만든 다음 젓가락을 들여다보았다. 그러자 용, 뱀, 새, 짐승, 수레, 말 등 만물의 모양이 모조리 갖추어져 있었으므로 왕은 크게 기뻐하였다.

　원래 젓가락에 그림을 그린다는 것은 참으로 미묘하고 어려운 일이지만, 실용적인 면에 있어서는 아무런 장식도 없는, 단순히 칠을 한 것과 사용하는 데는 다를 바가 없는 것이다.

　세상에 가장 그리기 어려운 그림은 실제 사물이다. 어떤 나그네가 제나라 왕을 위해 그림을 그렸다. 제나라 왕이 화가에게 물었다.

　"무엇을 그리는 것이 가장 어려운가?"

　"개와 말을 그리는 것이 가장 어렵습니다."

　"그렇다면 가장 그리기 쉬운 그림은 무엇인가?"

　"귀신을 그리는 것이 가장 쉽습니다."

　대체로 개와 말은 사람들이 날마다 볼 수 있고 눈앞에 있으니 진짜와 똑같이 그려야 하기 때문에 어렵다. 그러나 귀신은 형체가 없고 아무도 본 사람도 없고, 눈앞에 나타나지도 않았으니 제 마음대로 그려도 상관없다. 또 귀신을 닮지 않았다고 증명할 사람도 없다. 그러므로 그리기가 가장 쉽다고 한 것이다.

사람이 상상력을 동원해 마음대로 그려도 되는 한, 머리 셋에 팔이 여섯이든, 동물의 형상에 다리를 가진 사람이든, 그것이 귀신을 닮지 않았다고 증명할 수 있는 사람은 아무도 없다. 이 이야기는 귀신은 본래 사람의 주관적인 환상에 지나지 않으며 결코 객관적인 실재가 아니라는 것을 설명한다.

실제 사용할 수 없는 표주박은 표주박이 아니다. 제나라 전중이라는 은둔지사가 있었다. 송나라 사람 굴곡이 그를 방문해 이렇게 말했다.

"제가 듣기로는 선생께서는 의를 지키며 타인의 신세를 지지 않고 모든 것을 자급자족하신다고 합니다. 그런데 지금 저는 표주박을 심는 방법을 알고 있습니다. 그 방법대로 심어 표주박을 돌처럼 견고하고 겉이 두꺼워 구멍을 뚫을 수가 없으니, 선생님께 하나를 드리겠습니다."

전중이 말했다.

"사람들이 표주박을 심는 이유는 구멍을 뚫어 물건을 담을 수 있기 때문이오. 그런데 지금 그것이 껍질이 단단해 구멍을 뚫을 수 없다고 하니, 그런 표주박을 대체 어디에다 쓰겠소. 나는 그런 표주박은 필요가 없소."

굴곡이 다시 말했다.

"참으로 지당하신 말씀입니다. 사실은 저도 그것을 버릴 생각이었습니다."

말하자면 전중은 다른 사람의 신세를 지지 않고 살아간다고는 말하지만, 그렇다고 나라와 이웃을 위해 이익이 되는 일을 하는 것도 아니다. 따라서 그도 역시 견고한 표주박과 같은 부류라 할 수 있다.

군주의 은혜가 지나치면 신하는 물불을 가리지 않는다. 오기가 위나라의 장수가 되어 중산을 공격할 때, 그 부하 가운데 종기를 앓는 자가 있었다. 오기는 무릎을 꿇고 앉아 입으로 직접 종기를 빨았다. 그런데 그 부하의 어머니가 이 말을 듣고 통곡하자 그것을 본 동네 사람이 그녀에게 물었다.

"장군이 당신의 아들을 사랑함이 이와 같은데, 어찌하여 웁니까?"

그녀가 말했다.

"지난날 오기는 그 아이 아비의 종기도 빨아 준 적이 있소. 그 아비는 장군의 은혜에 감격하여 죽음을 무릅쓰고 싸우다가 싸움터에서 죽었습니다. 이제 우리 아들 역시 장군을 위해 죽을 것입니다. 나는 이 때문에 우는 것입니다."

목수가 많으면 배는 산으로 간다. 조나라 우경이 새로 지은 집을 보고 목수에게 이렇게 말했다.

"집이 높은 것 같소."

목수가 대답했다.

"이것은 새집이므로 벽의 흙이 아직 마르지 않았고, 서까래가 역시 생나무이므로 시간이 지나 충분히 마르면 줄어들 것입니다. 흙이 마르고 나무가 줄어들면 차차 집이 낮아질 것입니다."

우경이 말했다.

"아니다. 그렇지 않다. 오랜 시간이 지나면 벽의 흙은 마르고 서까래 나무는 건조하게 될 것이다. 벽의 흙이 마르면 가벼워지고, 서까래 나무도 건조해지면 곧게 된다. 곧은 서까래 나무로 가벼운 벽의 흙을 받치게 되면, 집은 더욱 높아질 것 아닌가?"

우경의 이론이 그럴듯했으므로 목수는 묵묵히 그가 시키는 대로 집을 다시 손질을 했다. 그러자 얼마 지나지 않아 집은 무너지고 말았다.

일설에 의하면, 우경이 장차 집을 지으려고 하는데 목수가 말했다.

"목재는 생나무이고 흙은 축축합니다. 목재가 생나무면 굽어지고, 흙이 축축하면 무겁습니다. 굽은 것으로 무거운 것을 받치면, 지금 보기에는 집이 잘 지어진 것 같지만 얼마 지나지 않아 반드시 무너질 것입니다."

그러나 우경이 이렇게 말했다.

"목재는 마르면 곧게 되고, 흙은 건조하면 가벼워진다. 만약 집을 지어 마르게 되면, 날이 갈수록 흙은 가벼워지고 나무는 곧아져서 비록 오랜 시간이 지나도 절대로 무너지지 않을 것이오."

목수는 묵묵히 시키는 대로 지었고, 시일이 지나자 집은 끝내 무너졌다.

범저가 말했다.

"활이 잘 부러지는 것은 반드시 그것을 완성함에 있어 끝맺음을 잘못했기 때문이지 시작에 잘못이 있는 것은 아니다. 궁사가 활을 만들 때에는 먼저 나무를 구부려 30일 동안이나 상자 속에 넣어 둔 다음 발로 밟고서 시위를 건다. 그렇게 완성된 활을 하루가 지난 뒤에 곧 활을 쏘아 보는 것이다. 이것은 처음에는 천천히 다루다가 나중에 함부로 다루는 격이니, 어찌 부러지지 않겠는가? 내가 활을 늘리는 방법은 그렇지 않다. 나무를 구부려 상자 속에 두는 것을 하루로 하고 그런 후에 발로 밟아 시위를 걸었다가 30일이 지난 뒤에 화살을 쏘게 하는 것이다. 이것은 앞의 방법과는 반대로 처음에는 함부로 다루되 끝맺음을 조심스레 하는 격이니, 이렇게 하면 활이 부러지지 않을 것이다."

궁사는 그의 웅변에 굴복하여 그 방법대로 활을 만들었는데, 금세 활이 부러졌다.

범저나 우경의 말은 모두 화려한 변론으로 말솜씨가 교묘하지만 실제 상황과는 상반된다. 그런데 군주는 그러한 의론을 좋아해서 금하지 않기 때문에 실패의 원인이 된다. 말하자면 나라를 잘 다스리고 군사를 강하게 할 생각은 하지 않고, 교묘한 변설과 화려한 언사만을 좋아하며 치국의 도를 터득한 인물을 물리치는 것은, 집을 무너뜨리고 활을 부러뜨리는 사람에게 나라를 맡기는 것과 같다.

그러므로 군주는 정치를 함에 있어, 마치 집을 지을 때는 경험이 있는 목수에게 맡기고 활을 만들 때는 익숙한 궁사에게 맡기듯이 해야 한다. 그런데 치국의 도를 터득한 인물이, 궁사가 범저에 의해 배척되고 목수가 우경에게 설득을 당했듯이 곤경에 빠지는 이유는, 공허한 의론이 쓰일 바가 없는 데도 승리하는 경향이 있고 실질적인 말이 그 앞에서 기를 펴지 못하기 때문이다.

군주가 쓸모없는 공론을 찬양하고, 바꿀 수 없는 진리를 용렬하다고 배척하게 되면 곧 망국의 원인이 된다. 지금 세상에는 범저나 우경 같은 무리가 사라지지 않고 끊임없이 나타나고 있으며, 더구나 군주들은 이런 자를 좋아하는 경우가 그치지 않는다. 이것은 집을 무너뜨리고 활을 부러뜨리는 언설을 귀하다 하고, 나라에 반드시 필요한 현자를 목수나 궁사와 같이 취급하는 결과가 된다. 목수나 궁사는 그 솜씨를 발휘할 수 없게 되므로 집은 무너지고 활은 부러지게 된다. 이와 같이 치국의 도를 터득한 자가 그 포부를 펴볼 수 없게 되므로 나라는 어지러워지고 군주는 그 몸이 위태로워지는 것이다.

어린아이들이 함께 소꿉장난을 할 때, 흙으로 밥을 하고 진흙으로 국을 만들며 나무로 고기를 만든다. 그러나 날이 저물면 반드시 집으로 돌아가 밥을 먹는 것은, 흙과 진흙과 나무는 소꿉장난의 도구는 될지언정 실제로 먹을 수 없기 때문이다. 이와 같이 세상에는 요순 이래의 성인에 의해 전해진 도라 하여 찬양하는데, 그 설이 아무리 교묘하다 해도 실제로 아무 소용이 없으며, 선왕의 업적을 아무리 찬양한다 해도 국정을 바로잡지 못하면 이 역시 소꿉장난에 불과할 뿐 진정 나라를 잘 다스리는 자라고는 할 수 없다.

# 06
## 사람의 본성은 이기적이다

법가사상을 이해하기 위해서는 한비자가 인간의 본성을 어떻게 이해하였는지를 먼저 살펴보아야 한다. 순자의 제자였던 한비자는 순자의 성악설에 영향을 받았다. 순자는 악한 본성의 근저에는 인간의 이기적 욕망이 있다고 보았다. 사람이 악한 본성을 가지고 태어났기 때문에 이기적이고, 따라서 예로써 인성을 교화하거나 사법師法의 교화를 통하여 이기적인 욕망을 제한해야 한다고 생각했다.

한비자는 여기서 한 걸음 더 나아가 사람들을 다스리는 데는 예만으로는 불충분하므로 강력한 법을 써야 한다고 주장했다. 인간은 모두 자기의 이익을 위하여 계산하는 이기심을 가지고 있으며, 이 이기심에 의해 인간의 모든 감정과 행위가 결정된다. 순자가 윤리적인 체계를 제창하였다면 한비자는 강력한 법치를 주장하여 중앙집권 체제를 더욱 공고히 하였다. 즉 상과 벌을 군주가 사용하기 위해 법술이 얼마나 중요한지를 역설하였다.

한비자는 자기의 이익을 위하여 계산하는 이기심이 있다는 것을 설명하기 위해 부모와 자식의 관계에도 자비로운 사랑 말고 다른 무엇이 있다고 보았다. 아들이 태어나면 부모는 경축하지만, 딸이 태어나면 죽일지도 모른다. 아들과 딸은 다 같이 어머니의 배 속에서 잉태하여 출생했건만 아들이 경축을 받는 반면 딸이 죽음을 당하는 까닭은 부모가 훗날의 편리를 고려하여 장기적인 잇속을 계산하기 때문이다. 따라서 부모가 자식을 대할 경우에도 오히려 이익을 계산을 하고, 이에 따라 아들과 딸을 다르게 대한다고 생각하였다.

세상 사람들은 모두 자기의 이익을 위하여 계산하는 이기심을 가지고 있기 때문에 상호 계산하는 마음을 써서 상대를 대한다. 당시 산업의 기반이 농경사회였기 때문에 자식은 매우 귀중한 재산이었다. 자식도 아들은 장성하여 일손인 며느리를 맞이하지만 딸은 한창 일할 나이에 다른 집안으로 시집을 가 노동력에 큰 손실을 가져오게 한다. 이처럼 부모와 자식과의 관계에서도 이익을 계산하는 이기심을 가지고 있기 때문에 아들과 딸을 다르게 대할 수밖에 없다는 것이다.

한비자는 인간의 본성이 이기적인 것을 설명하기 위해 왕량과 구천, 의원과 수레를 만들고, 관을 만드는 사람을 예로 든다.

왕량은 말을 사랑하고 월왕 구천은 사람을 사랑하였다. 사람을 사랑한 것은 전쟁에 쓰기 위함이고, 말을 사랑하는 것은 타고 달리기 위한 것이다. 의원이 환자의 상처를 빨아 주기도 하고 그 고름을 입에 담기도 하는데, 그것은 환자와의 사이에 부모형제와 같은 골육의

정이 있어서가 아니라 자신의 이익을 생각하기 때문이다. 다시 말하면 그렇게 하여 병을 고쳐 주면 사례를 받고 많은 환자를 단골로 삼을 수 있기 때문에 싫지만 어쩔 수 없이 하는 것이다.

수레 만드는 기술자는 사람들이 모두 부귀해지기를 바라고, 관을 만드는 기술자는 사람들이 많이 죽기를 바란다. 이것은 수레 만드는 사람이 타고난 성품이 본래 더 인자하고 관을 만드는 사람이 더 잔인하기 때문이 아니라, 그렇게 생각하는 것은 사람들이 부자가 되지 않으면 수레가 팔리지 않을 것이고, 사람들이 죽지 않으면 관이 팔리지 않을 것을 생각하기 때문이다. 관을 만드는 사람이 결코 사람을 미워하는 것은 아니지만, 사람이 죽어야만 관을 팔아 이익이 생길 수 있기 때문에 어쩔 수 없이 사람들이 죽기를 바란다. 그러므로 후궁·정실·태자들이 파당을 만들고 군주의 죽음을 바라는 것은, 군주가 죽지 않으면 그들의 세력을 확장할 수 없다. 결코 군주를 미워해서가 아니라 군주가 죽어야만 이익이 되기 때문이다. 따라서 군주는 자신이 죽었을 때 이익이 돌아가게 될 사람들에게 주의를 기울이지 않을 수 없다.

이처럼 종사하는 일의 업종에 따라 이해타산이 서로 다르다. 이런 이해타산 때문에 결과석으로 사람이 인자해질 수도 있고 잔인해질 수도 있다.

한비자는 군주와 신하, 주인과 하인의 관계도 서로 이해타산을 따지는 이기적인 관계로 보았다. 그에 따르면 어린아이일 때 부모가 양육을 등한시하면 자식이 자라서 원망한다. 자식이 장성하여 어른이 되어 부모 봉양을 소홀히 하면 부모가 노여워하고 꾸짖는다. 자식과 부모는 가장 가까운 사이이다. 그러나 혹 원망하고 혹 꾸짖는 것은 모두 서로를 위한 마음은 없고 자신을 위한다는 생각만 가지고 있기 때문이다.

군주가 신하에게 높은 관직과 봉록을 주는 것은 그렇게 하여야만 그들이 자신을 위해서 헌신하고 자신에게 이익이 되기 때문이다. 또 신하가 군주를 위해서 성심성의를 다하고 나라를 위하여 전쟁을 수행하는 것도 그렇게 하여야 높은 관직과 후한 봉록을 받을 수 있다는 것을 그들이 알고 있기 때문에 하는 일이지 신의나 책무 때문에 하는 것은 아니다.

그리고 품삯을 주고 머슴을 고용하여 씨를 뿌리고 밭을 갈게 할 때 고용주가 금품을 들여 좋은 음식을 먹이고 높은 품삯을 주는 것은 머슴을 사랑하기 때문이 아니라, 그렇게 잘 대우를 해주어야만 머슴이 힘을 다하여 밭을 깊이 갈고 김을 잘 맬 것이라고 생각하기 때문이다. 또 머슴이 열심히 김을 매고 힘을 다하여 밭갈이를 하는 것은 주인을 진심으로 사랑하기 때문이 아니라, 그렇게 해야만 좋은 음식을 대접받고 품삯을 많이 받을 수 있다고 생각하기 때문이다. 그러므로 그들의 생각은 이용가치에 집중되고, 서로 자기의 이익만을 도모한다.

이처럼 인간의 본성은 서로 이해타산을 따지는 이기적인 목적을 가지고 있다. 따라서 사람이 세상사를 처리함에 있어 '이익'으로써 그 마음의 근본을 삼는다면 먼 월나라 사람들과도 친할 수 있고, '해로움'으로써 그 마음의 근본으로 삼는다면 친밀한 부자간도 멀어지고 원망하게 될 것이다. 그러므로 주인과 머슴, 부자간도 말하자면 이해관계로 맺어진 관계 이외에 아무것도 아닌 것으로 본 것이다.

송나라에 어떤 부자가 있었다. 어느 날 폭우가 쏟아져 정원의 담장이 반쯤 무너졌다. 비가 그치자 그의 아들이 나와 보고 말했다.

"빨리 고치지 않으면 도둑이 들 것입니다."

이웃집에 사는 노인이 와서 보고 부자에게 말했다.

"빨리 고치지 않으면 도둑맞겠습니다."

그날 밤 과연 좀도둑이 무너진 담장을 넘어 들어와 많은 재물을 훔쳐갔다. 그러자 그 부자는 아들의 충고를 생각해 내고 참으로 총명하다고 감탄했지만, 그 이웃집 노인의 충고를 생각하고는 그가 물건을 훔쳐간 것이 아닐까 의심했다. 이 두 사람이 말한 것은 모두 그대로 적중하였다. 그런데 심하게는 형벌을 받고 적게는 도둑으로 의심을 받으니, 정말로 아는 것이 어려운 것이 아니라 아는 바를 어떻게 처리하는 것이 어려운 것이다. 그래서 (진나라의 계략을 알아차렸던) 진의 요조의 말이 들어맞아 진晉나라에서는 성인으로 대접받았지만 진秦나라에서는(요조와 진나라의 사이를 의심받아) 처형을 당했으니, 설득자의 이러한 것을 꼭 살펴야 할 일이다.

왜 송나라 부자는 똑같은 충고에 대해서 어떤 사람의 말은 칭찬하고 어떤 사람의 말은 의심하게 되었는가? 자기 아들은 가깝기 때문에 호감을 갖고 있었으므로 그 충고가 총명하다고 생각했다. 그러나 이웃 노인은 친하지 않고 잘 모르기 때문에 '진실하여도 의심을 사고 충실하여도 참소를 당하는' 화를 입게 되었다. 이것은 주관적인 편견이다.

어떤 사물에 대해 충분히 알지 못하고 이해하지 못한 상태에서는 충분한 자료를 얻기 전에는 우리가 알고 있는 것이 맹목적인 편견인 경우가 많다. 따라서 억측이나 개인적인 감정이나 인상, 이익에 의지하여 판단해서는 안 되며 객관적인 사실을 존중해야 한다. 그렇지 않으면 함부로 이것저것 의심하고 억울하게 모함하는 일이 발생할지도 모른다.

산속에 살면서 골짜기에 내려가 먹는 물을 길어 오는 사람들은 2월과 섣달의 명절 제사 때에 물을 서로 선물로 보내지만, 늪에 살면서 물 때문에 고통을 당하는 사람들은 사람에게 품삯을 주면서까지 물길을 열어서 편리를 도모하고자 한다. 그런 까닭에 흉년이 든 봄에는 어린 아우에게도 점심을 먹이지 않지만, 풍년이 든 가을에는 낯선 나그네에게도 반드시 음식을 대접한다. 이것은 골육지친은 소원하게 여기고, 지나가는 나그네를 사랑해서가 아니라, 음식이 많고 적음에 따라 마음이 달라지기 때문이다.

그러므로 옛사람이 재물을 대수롭지 않게 여긴 것은, 마음이 어질어서가 아니라, 재물이 많았기 때문이다. 지금 사람들이 재물을 서로 빼앗으려고 다툼은 마음이 비루해서 그런 것이 아니고 재물이 적기 때문이다.

이렇게 인간의 본성이 각자 자신을 위하는 이기적인 계산 때문에 인간의 이기적 본성을 그대로 방치해 두면, 사회는 저마다 자신의 이익만을 추구하기 때문에 무질서로 혼란해진다. 항상 강한 나라도 없고 항상 약한 나라도 없다. 법을 만드는 자가 강하고 곧으면 나라는 강성하고, 법을 받드는 자가 약하면 나라가 약해진다. 그래서 한비자는 엄격한 법과 가혹한 형벌만이 효력을 지닐 수 있다고 보고, 사람들이 평화롭고 화목하게 살기 위해서는 법에 의한 통치가 가장 이상적임을 주장하게 되었다.

주주라는 새는 머리가 무겁고 꽁지가 굽어 있기 때문에 물가에서 물을 마실 때마다 반드시 고꾸라지고 만다. 그래서 다른 한 마리가 또 한 마리의 깃털을 물고 물을 마신다. 사람도 혼자 물을 마실 수 없으면 반드시 깃털을 받쳐 주는 자를 찾아야 한다.

뱀장어는 뱀과 비슷하고 누에는 뽕나무벌레와 비슷하다. 사람들은 뱀을 보면 놀라고, 뽕나무벌레를 보면 소름끼치지만, 어부들은 손으로 뱀장어를 잡고 부녀자들은 누에를 친다. 이익이 있는 일이라면 모두 맹분이나 전저와[3] 같이 용감해진다.

백락은 미워하는 자에게는 천리마를 골라내는 방법을 가르쳐 주었고, 좋아하는 사람에게는 둔하고 느린 말을 고르는 방법을 가르쳐 주었다. 천리마는 한 번 나오므로 그 이익을 더디게 얻지만, 둔하고 느린 말은 날마다 사고팔므로 그 이익을 빨리 얻기 때문이다. 『주서周書』에 이렇게 기록되어 있다.

"비속한 말일지라도 훌륭하게 쓰이는 일이 간혹 있을 수 있다."

환혁이 말했다.

"조각의 원칙은 코를 무엇보다 크게 하고, 눈을 무엇보다 작게 하는 겁니다. 큰 코는 작게 할 수 있지만 작은 코는 크게 할 수 없고, 작은 눈은 크게 할 수 있지만 큰 눈은 작게 할 수 없습니다."

세상의 일 또한 그러하다. 고칠 수 있다면 일을 실패하는 경우가 적을 것이다.

옛날 월나라의 왕 구천이 용맹함을 좋아하자 백성들 가운데에는 죽음을 가볍게 여기는 사람이 많아졌고, 초나라 영왕이 허리가 가는 여자를 좋아하자 도성 안에 음식을 먹지 않는 사람이 많아졌다. 제나라 환공이 남자를 질투하고 여색을 매우 밝히자 수조라는 자가 스

---

3) 맹분과 전제는 모두 고대 용사의 전형이다. 맹분은 소뿔을 맨손으로 뽑았고, 전제는 공자 광을 위해 단신으로 오나라 왕 요를 시해했다.

스로 거세하여 후궁을 관리하는 내시가 되었고, 환공이 진기한 맛을 즐겨 찾자 역아는 자기의 맏자식을 쪄서 진상했다. 연나라 왕 자쾌가 어진 사람을 좋아하자 자지는 나라를 물려주어도 받지 않을 것처럼 거짓을 부렸다.

이처럼 군주가 어떤 일을 싫어한다는 것을 보이면 신하들은 작은 일이라도 군주가 싫어하는 일이라면 감추고, 군주가 어떤 것을 좋아한다는 것을 보이면 신하들은 능력이 없어도 있는 척 꾸미며, 군주가 하고자 하는 일을 드러내면 신하들은 자신을 꾸미는 기회를 얻는다. 그래서 자지는 자신이 어진 것처럼 꾸며서 군주의 지위를 빼앗았고, 수조와 역아는 왕이 좋아하는 것을 이용해 군주의 권력을 침범했던 것이다. 그 결과 자쾌는 전란 때문에 죽음을 맞이했고, 환공은 그의 시체가 부패해도 장례를 치르지 못했다. 이것은 군주가 자신의 본마음을 신하들에게 빌미를 제공해 주었기 때문에 일어난 환란이다. 신하들의 마음이 반드시 군주를 사랑하는 것도 아니고, 오로지 이익을 귀중하게 생각했기 때문이다.

초나라 장왕의 동생 춘신군에게는 여라는 애첩이 있었고, 춘신군의 정실 소생으로 갑이라는 아들이 있었다. 애첩 여는 춘신군이 정실부인을 버리게 하려고 스스로 몸에 상처를 내고는 춘신군에게 보이면서 눈물을 흘리며 말했다.

"당신을 섬길 수 있게 된 것은 소첩으로서는 매우 큰 행운입니다. 그렇지만 정실부인의 뜻을 좇고자 하면 당신을 섬길 수 없고, 당신의 뜻을 따르면 정실부인을 욕보이게 됩니다. 소첩이 어리석은 까닭에 두 주인을 섬기기에는 역량이 부족한 듯합니다. 이런 상황이 두 분을 모두 섬길 수 없고, 정실부인에게 죽임을 당하느니 사랑하는 당신 앞에서 죽는 것만 못합니다. 만일 당신 곁에 총애받는 여인이 다시 있게 된다면, 바라옵건대 당신은 이 일을 잘 살피시어 사람들에게 조롱당하는 일이 없도록 하십시오."

춘신군은 애첩 여가 꾸며낸 말만을 믿고서 정실부인을 버렸다. 애첩 여는 또 적자 갑을 없애고 자기 아들로 대를 이르려고 생각했다. 그리하여 자신의 속옷을 찢어서 춘신군에게 내보이고 눈물을 흘리며 말했다.

"소첩이 당신의 총애를 받아 온 지 오래된 사실을 갑이 모를 리 없을 텐데, 오늘 소첩을 강제로 희롱하려고 해서 그와 다투다가 옷이 이 지경으로 찢어졌습니다. 자식 된 자로서 이보다 더 큰 불효가 어디 있겠습니까?"

춘신군은 화가 나서 그만 갑을 죽였다. 그래서 정실부인은 첩 여의 농간 때문에 버림을 받았고, 그의 아들은 죽음을 당했다. 이로써 보면 아비의 자식에 대한 사랑도 다른 사람의 모함하는 말 때문에 해를 입을 수 있다. 군주와 신하 사이는 아비와 아들만큼 친하지 않으며, 여러 신하들의 모함은 단지 한 명의 첩의 입에서 나오는 정도에 불과하니 현인이나 성인이 죽음을 당하는 것은 그리 괴이한 일이 아니다.

한비자는 이렇게 인간의 본성이 각자 자신을 위하는 이기적인 계산 때문에 인간의 이기적 본성을 그대로 방치해 두면, 사회는 저마다 자신의 이익만을 추구하기 때문에 무질서로 혼란해질 것이라고 생각하였다. 나라에는 언제나 강한 것도 없고, 언제나 약한 것도 없다. 법을 받드는 자가 강하면 나라가 강하고, 법을 받드는 자가 약하면 나라가 약해진다. 그래서 그는 엄격한 법과 가혹한 형벌만이 효력을 지닐 수 있다고 보고, 사람들이 평화롭고 화목하게 살기 위해서는 법에 의한 통치가 가장 이상적임을 주장하게 되었다.

## 이익이 있으면 누구나 그 힘을 다하게 마련이다

이익이 있으면 누구나 그 힘을 다하게 마련이다. 즉 백성은 이익이 있는 곳에 모여들며, 또 이름을 빛내는 일이라면 선비들이 목숨을 돌보지 않고 덤벼든다.

그 예를 들어 보면, 조나라의 중장이나 서기 같은 사람이 현인이라는 이름 아래 군주에게 중용되자, 중모의 백성들은 밭을 버리고 학문을 따라 배우려는 자가 절반이나 되었고, 또 진나라 문공이 신하인 숙향과 논의할 때 다리에 통증이 오고 마비가 와도 감히 자리를 흩뜨리지 않자, 진나라에서는 벼슬자리를 버리고 몸을 기탁하는 자가 절반이나 되었다.

임등이 중모현의 현령이 되었을 때 양주에게 진언했다.

"중모에는 중장과 서기라는 선비가 있습니다. 그들은 자신들의 몸을 수양했고 학문이 매우 해박합니다. 당신은 어째서 이들을 천거하지 않습니까?"

양주가 대답했다.

"그대가 그들을 만나 보시오. 나는 장차 그들을 중대부로 임명하겠소"

그러자 재상이 간언했다.

"중대부는 진나라의 요직입니다. 지금 공적이 없는데 그런 벼슬을 받게 하는 것은 진나라에서 신하들을 임명하는 것과 부합되지 않습니다. 군주께서는 소문만 들었을 뿐 그들을 직접 보지 않으셨습니다."

이번에는 양주가 말했다.

"내가 임등을 임용할 때는 이미 귀로 듣고 눈으로 보았소. 지금 임등이 취하려고 하는데, 또한 듣고 보아야만 한다면 사람들이 듣고 보는 일이 끊이지 않을 것이오."

임등이 하루 만에 두 명의 중대부를 만나 보고 그들에게 토지와 집을 주었다. 그래서 중모현 사람들 가운데 밭을 버리고 집을 팔아 학문을 연구하는 자들이 마을의 절반이나 되었다.

진나라 숙향이 평공을 모시고 앉아 나랏일을 돌보았다. 평공은 장딴지가 아프고 발이 저려도 근육만 움직일 뿐 감히 자리를 흩뜨리지 않았다. 진나라 사람이 이 소식을 듣고 모두 말했다.

"숙향은 현인이다. 평공은 그를 예우해 근육만을 움직일 뿐 감히 자리를 흩뜨리지 않은 것이다."

진나라 사람으로 벼슬자리와 몸을 기탁하기 위해 생업을 버리고 숙향에게 배우려는 자가 나라의 절반이 되었다.

조의 주보가 이자에게 중산을 공격할 만한지 그렇지 못한지를 살피도록 했다. 그가 돌아와서 보고했다.

"중산은 정벌할 만합니다. 군주께서 서둘러 정벌하지 않는다면 장차 제와 연나라에게 뒤질 것입니다."

"무슨 *까닭*으로 공격할 만한가?"

"중산의 군주는 절벽에 집을 짓고 사는 인사를 만나는 것을 좋아합니다. 수레 덮개를 벗겨 버리고 좁고 천한 곳의 인사를 만난 일이 수십 번이고, 벼슬이 없는 베옷을 입은 인사를 예우한 것이 수백 번이나 됩니다."

"그대의 말대로라면, 이는 현명한 군주이다. 어째서 공략할 수 있다고 하는가?"

"그렇지 않습니다. 무릇 절벽에 집을 짓고 사는 인사는 드러내기 좋아하여 조정에 세운다면 전쟁터의 병사들은 싸움에서 나태해집니다. 위로는 학자를 존중하고 아래로는 처사를 조정에 임용하면 농부들은 농사일을 게을리합니다. 전쟁터의 병사가 싸움에서 나태해지면 병사는 약해지고, 농부가 밭에서 게으르면 나라는 가난해집니다. 병사가 적에게 약하고 나라가 안으로 가난하면서 망하지 않는 경우가 없습니다. 그러니 그들을 정벌하는 것 역시 가능하지 않겠습니까?"

"좋소. 군대를 일으켜 중산국을 쳐라."

그리하여 마침내 멸망시켰다.

조간자는 위나라 성의 외곽을 포위했다. 그는 물소가죽으로 만든 견고한 방패를 세우고, 적의 화살이나 돌 등이 날아오지 않는 곳에서서 군사를 격려하며, 적을 향해 진군하라는 북을 치고 있었는데, 병사들이 말을 듣지 않았다.

이에 간자는 북채를 던지면서 "나의 군사들이 지쳤구나"라고 탄식하였다. 그러자 전령사인 촉과라는 자가 투구를 벗고 예를 갖추면서 말했다.

"이는 군주에게 힘이 없기 때문이지, 군사들 가운데 지친 자는 한 사람도 없습니다. 옛날 우리 헌공은 병합한 나라가 17개국이고, 정복한 나라가 38개국이며, 싸워서 승리한 것이 12회였습니다. 그때도 역시 우리 백성들이 싸워서 이겼던 것입니다. 헌공이 돌아가시고 혜공이 즉위하셨지만 품행이 어지럽고 난폭한데다 여색을 탐하여 나라의 정사는 돌보지 않았으므로 진나라는 멋대로 조나라를 침범하여 봉이라는 고을의 170리 밖까지 쳐들어왔습니다. 역시 이때의 군사들도 우리 조나라의 백성이었습니다. 혜공이 돌아가시고 문공이 즉위하자 위나라를 포위하여 업을 빼앗고, 성복의 싸움에서 이름을 천하에 떨쳤습니다. 이때도 역시 같은 조나라의 백성이 싸웠던 것입니다. 지금 우리 군사들이 힘을 다하여 전진하지 않는 것은 군주에게 힘이 없기 때문입니다. 군사들은 조금도 지치지 않았습니다."

간자는 이 말을 듣고 방패를 치우고 적의 화살과 돌이 날아오는 곳에 서서 전쟁을 독려하니, 군사들은 용기백배하여 크게 승리를 거두었다. 간자가 말했다.

"과인은 가죽으로 싸인 병거 천 대를 얻었다 하더라도 저 촉과의 한마디 들은 것보다 더 기쁘지 않으리라."

어떤 사람이 말하기를,

"촉과의 간언은 올바른 것이었다고 생각되지 않는다. 즉 혜공은 조나라 백성을 써서 패했고, 문공은 같은 조나라 백성을 써서 천하의 패자가 되었다고 했는데, 이는 백성을 다루는 방법을 모르고 한 말이다. 조간자가 물가죽의 방패를 벗어던진 것은 경솔한 행동이었다. 생각하건대 부친이 적에게 포위되었다면 효자는 어버이를 사랑하는 마음에서 화살이나 돌을 맞는 한이 있더라도 이를 구하려고 무작정 진격할 것이나, 이러한 효자는 백 명에 한 사람 정도가 있을 뿐이다.

그런데 조간자가 자기의 몸을 위태로운 곳에 두어 군사들의 용기를 북돋우려 한 것은 병사가 군주를 사랑함이 효자가 어버이를 사랑함과 같으리라고 생각했기 때문인데, 이것은 사실상 있을 수 없는 일로서, 촉과는 무모한 계획을 멋대로 말한 것이다."

사람은 누구나 이익을 좋아하고 손해를 미워하게 마련이다. 상은 두텁고 믿음이 있을 때는 사람들은 모두 적을 두려워하지 않으며, 형이 무겁고 빠짐없이 실행된다면 사람들은 모두 이를 두려워하여 적을 만나도 도망하지 않는다. 이익을 좋아하고 죄를 두려워하는 것은 만인이 가지고 있는 공통된 본성이다. 백성을 다스리는 자가 누구나가 지니는 이 공통성을 이용하여 상벌을 밝게 한다면 낙오자는 없어질 것이다.

# 07
## 법술은 군주의 막강한 힘이다

## 법과 세와 술은 삼위일체이다

한비자는 사람의 본성이 이기적이기 때문에 법을 통치의 근본으로 생각하고, 국력은 법의 엄격함과 정비례한다고 보았다. 법을 엄격하게 집행하면 나라를 잘 다스릴 수 있지만, 그렇지 못하면 국가의 기강이 무너져 나라가 어지러워진다고 생각하였다. 그는 어떤 마을의 젊은이를 예로 들었다.

옛날 어느 마을에 일은 하지 않고 항상 말썽만 일으키는 젊은이가 있었다. 그는 엄한 부모가 아무리 타일러도 자신의 행실을 고치지 않았고, 마을에서 위엄과 명망이 있는 어른이 권고하여도 그 행동을 바꾸지 않았으며, 그를 가르치던 스승이 훈계해도 마찬가지였다. 부모의 사랑, 마을 어른의 규범, 스승의 지혜, 이 세 가지 미덕이 모두 작용하였건만 끝내 잘못을 뉘우치지 아니하고 털끝만큼도 젊은이의 그릇된 행실이 고쳐지지 않았다. 그러나 그 젊은이는 어느 날 관청에서 무장을 하고 법에 따라 범인을 체포하는 포졸을 보고는 뒤탈이 두려워서 자신의 그릇된 행실을 고쳤다. 그러므로 부모의 사랑도 자식을 사람답게 교육시키는 데 부족했지만 관청의 엄한 형벌은 그의 행실을 고치게 했다.

그래서 상은 반드시 후하게 하고 믿음이 있게 하여 백성으로 하여금 이롭게 여기도록 하는 것보다 나은 방법이 없고, 법은 엄격하게 시행하여 백성으로 하여금 두려워하게 하는 것보다 나은 방법은 없다.

형벌을 확실히 실행하여 군주의 위엄을 세워야 통치가 원활하다. 동안우가 조나라 한 지방의 태수가 되어 그 관내의 석읍 산속을 순시하게 되었다. 산의 계곡은 깊고 절벽처럼 각이 졌으며, 깊이가 100인(仞: 1인은 8척)이나 되었다. 동안우가 그 근처의 사람들에게 물었다.

"사람들 가운데 일찍이 이 골짜기 안에 들어간 본 사람이 있었는가?"

라고 묻자, 마을 사람들이 대답했다.

"아무도 없습니다."

"어린아이, 장님, 귀머거리, 미친 사람으로 일찍이 이곳에 들어간 자가 있었는가?"

"없습니다."

"그렇다면 소나 말이나 개나 돼지 같은 동물도 일찍이 이곳에 들어간 적이 있었는가?"

"그러한 짐승도 들어간 일이 없습니다."

이에 동안우가 크게 탄식하고 말했다.

"나는 이 골짜기를 보고 백성을 잘 다스리는 법을 발견했다. 즉 법률을 엄격히 하여 만일 범하는 자가 있으면 사형에 처하되, 마치 이 골짜기에 들어가면 죽음을 면할 수 없는 것과 같이 한다면 모두 형벌을 두려워하여 감히 법을 범하는 자가 없을 것이다. 이렇게 한다면 어찌 다스려지지 않겠는가?"

법의 집행과정에서 상과 벌을 엄하게 시행해야 한다. 상벌은 곧 법으로써 집행하는 것이다. 형벌은 신분이 귀한 정승이라도 잘못을 하면 결코 벌을 피할 수 없고, 포상을 수여함에 있어서는 신분이 낮은 사람이라도 빠뜨리지 말아야 한다. 따라서 진실로 공적이 있다면 자신과 소원하고 그 사람의 신분이 비천하더라도 반드시 포상을 주어야 하며, 진실로 허물이 있다면 측근에서 총애를 받는 사람일지라도 반드시 처벌해야 한다.

그래서 한비자는 현실에서 아무 도움도 되지 않는 인간은 오두五蠹라고 하여 제거할 것을 주장하였다.

유가는 옛 선왕의 도라고 주장하면서 인의를 빙자하며, 용모와 옷을 성대하게 꾸며 가지고 변설을 교묘하게 꾸며 대어 현재의 법제를 의심스럽게 만들며 임금의 마음을 어지럽게 만든다.

그리고 말로써 먹고사는 세객과 종횡가들은 거짓말과 간사함을 주장하고, 외국의 힘을 빌려 그의 사사로운 이익을 성취하고 국가의 이익은 돌보지 않는다.

또 사사로운 무력으로 질서를 해치는 협객들은 도당을 만들어 의리를 내세움으로써 그의 명성을 드러내며 정부가 금하는 법령을 침범한다.

왕의 측근으로서 공권력에 의지하여 병역이나 조세의 부담을 지지 않고, 자기 집에 재물을 쌓고 뇌물을 받아먹으면서 권력자들의 청탁은 들어주면서도 싸움터에서 땀 흘리며 말처럼 수고한 전사의 공적은 물리친다.

마지막으로 농민들의 이익을 빼앗는 상공인들은 일그러지고 품질이 낮은 그릇 같은 것을 만들어 팔고, 옳지 못한 재물을 모아 쌓아 놓고 때에 따라 투자하여 농부의 이익을 가로챘다. 이상 다섯 종류의 사람들은 나라의 좀으로 오두인 것이다. 임금 된 이가 이 다섯 가지 좀을 제거하지 않고 지조 있는 선비를 양성하지 않는다면, 천하에 망하는 나라가 있고 국토가 빼앗기고 멸망하는 조정이 있어도 이상한 일이 아니다.

훗날 진시황은 천하를 통일한 후 '분서갱유焚書坑儒'를 단행했는데 모두가 한비자 오두설의 영향이었다.

한비자는 부국강병을 위해 법과 술과 세를 쓸 것을 주장하고 있다. 신불해의 술과 상앙의 법을 종합하여 법과 술을 반드시 함께 써야만 극대화된 효과를 거둘 수 있고 국가가 부강해질 수 있다고 보았다. 또한 법과 술의 관계를 옷과 음식으로 비유하여 삶을 지탱하는 데 쓰이는 물건으로 보았다.

아무리 좋은 말이 끄는 튼튼한 수레라 하더라도 노예가 끌면 사람들의 웃음거리가 되지만, 왕량 같은 이가 수레를 몰았을 때 하루에 천 리를 갈 수 있다. 이처럼 수레와 말은 다르지 않는데 어떤 사람은 천 리를 가고 어떤 사람은 웃음거리가 된다. 지금 나라를 수레로 보고, 권세를 말로 보고, 명령을 고삐로 보고, 형벌을 채찍으로 보면 어떠할까? 만약 요임금이나 순임금이 이를 몰면 곧 천하가 다스려질 것이고, 걸왕이나 주왕이 이를 몰면 천하가 어지러워질 것이다. 그런데도 세상의 인심은 빨리 달려서 멀리 가려 하는 사람이 왕량에게 수레를 맡길 줄 모르며, 이익을 가져오고 해로움을 없애려 하면서도 현명하고 능력 있는 사람을 임용할 줄 모른다면 이것은 곧 잘못을 알지 못하는 환난이다. 그래서 요임금과 순임금은 또한 백성을 다스리는 왕량이고 이런 사람들이 권세가 잡고 있어야 한다.

사람이 권세와 지위가 있으면 아무리 못난 사람이라 할지라도 자연히 권세와 지위를 행세할 수 있지만, 반대로 권세와 지위가 없으면 아무리 잘난 사람이라도 남에게 굴복을 당하게 된다. 그러나 아무리 권세가 중요하다고 하더라도 그 권세를 잡고 있는 사람의 자질에 의하여 그 결과는 크게 달라진다. 따라서 권세도 현명한 사람의 재질과 함께 갖추어져 있을 때 효과가 증대됨을 알 수 있다.

이와 같이 한비자는 법을 법치의 기준으로 삼고, 술을 그 실제적인 시행방법이라고 보았으며, 세는 통치자의 통치방법 또는 태도로 보고 이 세 가지를 집대성하여 자신의 이상적인 정치인 법치사상으로 정립했던 것이다.

신불해는 전국시대의 유명한 법가로서 한나라에서 15년간 재상을 지냈던 사람이다. 하루는 한나라 소후가 근심스러운 목소리로 말했다.

"법과 제도를 실행하기가 정말 쉬운 일이 아니군요."

신불해는 이 말을 듣고 자신 있게 말했다.

"무엇이 그리 어렵습니까? 법과 제도를 집행할 때는 우선 상벌을 분명하게 하고 사사로운 정에 치우치지 않으면 됩니다. 공이 있는 사람에게는 상을 주고, 재능이 있는 사람에게는 벼슬을 주어야 합니다. 그런데 군주께서는 어떠신지요. 늘 친척이나 총애하는 신하의 요구를 들어주고 사사로운 정에 치우쳐 법을 어기면서도 다른 사람들에게는 법률을 지키라고 말씀하시니 쉽지 않은 일이지요."

한나라 소후는 신불해의 말을 귀담아듣고 고개를 끄덕이고 얼굴을 붉히면서 말했다.

"선생의 가르침으로 어떻게 법률을 집행해야 할지 알았소."

얼마 후 신불해의 사촌이 벼슬자리를 얻기 위해 신불해가 살고 있는 한나라 도읍으로 왔다. 신불해는 군주에게 사정을 이야기하고 어떤 벼슬이 조카에게 좋을지 의논하려고 하였다. 고개를 숙이고 한참 동안 말이 없던 소후가 입을 열었다.

"이 일은 선생이 지난날 나에게 가르쳐 준 것과는 다른 듯하오. 내가 선생의 가르침을 따르지 않고 사정을 봐주다가 법률과 제도를 깨뜨려야 하겠소. 아니면 선생의 가르침에 따라 사정을 봐주지 않아야 하겠소?"

신불해는 이 말을 듣고 너무도 부끄러워 땅에 엎드려 용서를 빌었다.

법률과 제도를 시행하려면 사리사욕을 채우려 해서는 안 된다. 법가를 대표하는 유명한 인물인 신불해는 이러한 점을 잘 알고 있었을 뿐만 아니라 군주에게 충고까지 하였다. 그러나 법을 아는 사람이 반드시 법을 지키는 것은 아니며, 법률을 제정한 사람이 반드시 법을 어기지 않는 것은 아니다.

신불해가 군주의 잘못을 충고하고 나서 자기의 사정은 들어 달라고 한 것은 자신의 이익을 계산하는 마음이 있었기 때문이다.

"임금은 신하들이 아무리 지혜와 능력이 있더라도 법을 위반하여 마음대로 정치를 하게 해서는 안 된다. 또 아무리 어진 행동이 있더라도 공을 넘어서 자신의 수고를 앞세우게 해서는 안 된다. 그리고 아무리 충성스럽고 신의를 다하더라도 법을 소홀히 대하여 제지당하지 않는 일이 있게 해서는 안 된다. 이러한 것을 일러 법을 분명하게 한다고 하는 것이다."

## 법술은 신하를 통솔하는 막강한 힘이다

관중은 군주가 신하를 통솔하는 방법으로 상벌이 가장 이상적이라고 말하였다. 그 예로,

"군주의 자세에 있어, 신하의 행위를 보고 그 행위가 타당하다면 반드시 이에 만족하다는 뜻으로 상을 주어야 하고, 그 행위가 부당할 때는 미워한다는 표시로서 벌을 주지 않으면 안 된다. 상과 벌이 군주가 알고 있는 범위 내에서 분명히 행해진다면 설사 군주가 보이지 않는 곳에서라도 감히 속이려 하지 않지만, 이와 반대로 군주가 그 신하의 행위의 훌륭함을 보고 기뻐하면서도 상을 주지 않고, 부당함을 보고 미워하면서도 벌을 주지 않는다면 백성은 상벌에 대하여 믿음을 갖지 못하므로, 군주가 그 이목이 미치지 않는 곳에서 나쁜 짓을 하지 않기를 바라더라도 소용없는 일이다."

라고 했다. 그러자 어떤 사람이 말했디.

"조정과 같이 다수의 사람이 모이는 곳에서 누구나 위엄을 바르게 하지만, 그러나 자기 방에 혼자 있을 때에는 옛날 증삼이나 사어 같은 현자라 할지라도 긴장을 풀게 마련이다.

그러므로 겉으로 근신하는 것만을 보고는 그 사람의 실정을 파악할 수가 없다. 또 군주 앞에 나가면 신하 된 자는 모두 군주의 뜻에 영합하려고 힘쓰므로, 자연 그 행동을 꾸미게 되는 것이다. 그러므로

그 행위의 꾸밈을 보고 군주가 신하의 옳고 그름을 판단하여 그것을 상벌로써 표시한다면, 신하 된 자는 되도록 겉을 꾸미고 군주가 보는 앞에서만 그 행동을 삼가게 된다. 따라서 군주 된 사람은 마음속에 어떤 생각이 있더라도 홀로 판단하여 선악을 결정하는 일은 삼가야 하는 것이다.

또 군주가 눈앞의 일만 밝게 파악한다면 먼 곳에서 악행이 저질러지더라도 알 수가 없다. 먼 곳의 간악함을 살피지 못하면, 신하는 간악을 자행하여 군주를 기만하려 들 것이다. 군주의 명철함이 멀리 떨어진 곳의 간악한 자를 비추어 숨은 비행을 찾아내지 못하고, 단지 눈앞의 행위만을 관찰하여 상벌을 정한다는 것은 장님이나 다름없는 짓이다."

군주의 법치가 상벌도 중요하지만, 술도 이에 못지않게 중요함을 설명하자, 관중이 말했다.

"작은 방에서 말하면 방안의 모든 사람이 그 말을 지당하다 하여 심복하고, 묘당에서 말하면 묘당 안의 모든 사람이 그 말을 지당하다 하여 심복한다. 이와 같이 그 말이 공명정대해야만 비로소 천하의 왕이라고 할 수 있는 것이다."

또 어떤 사람이 이 말에 대해 이렇게 말했다.

"관중의 이 말은 유희를 즐기거나 음식을 먹을 때만이 아니라 아마도 천하를 다스린다는 큰일까지도 포함해서 한 말이었을 것이다. 군주의 큰일이란 법이 아니면 술이다.

법이란 문서에 기록하여 관청에 비치하고, 또 이 확정된 법을 일반 백성에게 널리 포고하여 모두 이것을 지키게 하는 것이며, 술이란 군주가 자기 마음속에 간직해 두었다가 많은 신하의 행위를 비교하여, 그것이 옳으면 이를 상 주고 부당하면 벌하여 신하를 제어하는 것을 말한다.

그러므로 법이란 것은 천하에 이를 분명히 포고하여 누구나 쉽게 알 수 있도록 해야 하고, 술수는 쉽게 누설되어서는 안 된다. 그러니 현명한 군주가 법을 말하면 신분의 귀천은 막론하고 국내의 모든 사람이 그것을 널리 듣기 때문에 알 수 있지만, 그러나 술수란 은밀히 시행하는 것이므로 군주가 그것을 사용하면 왕이 친애하는 근신이라도 알 수 없으며, 방 안에 있는 자는 더더욱 알 수 없는 것이다. 그런데 관중은 방 안에서 말하면 방 안의 모든 사람이 그 말을 지당하다 하고, 묘당에서 말하면 그곳에 있는 모든 사람이 그 말을 듣는다는 식으로 말했으니, 이는 법술을 깨우친 자가 할 말이 아닌 것이다."

## 신하로 하여금 지혜로운 의견을 제시하도록 유도해야 한다

제나라 선왕은 피리 합주 듣기를 매우 좋아했는데 연주를 들을 때마다 악단을 300명으로 구성했다. 성안 남쪽에 사는 남곽처사는 피리를 잘 분다고 속여 선왕을 기쁘게 했으며, 그런 식으로 국록을 받는 사람이 수백 명에 이르렀다.

그 후 선왕이 죽고 민왕이 왕위를 계승했다. 그는 합주를 좋아하지 않았기 때문에 한 사람 한 사람 연주하는 것을 듣기 좋아했다. 그러자 남곽처사는 원래 실력이 엉터리였으므로 실력이 들통이 날까 봐 보따리를 옆에 끼고 한밤중에 줄행랑을 치고 말았다.

일설에 한나라 소후가 이런 말을 했다고 전해진다.

"내 신하로서 피리를 부는 자가 많으므로 나는 그들 가운데 누가 제일 잘 부는지 알 수가 없다.”

그러자 전엄이 이렇게 말했다.

“한 사람씩 불도록 해 들어 보시면 알 수 있을 것입니다.”

제나라 선왕은 학문을 매우 좋아하여 학자들을 우대함으로써 학문을 크게 진작시킨 군주이다. 선왕은 또한 학문뿐만 아니라 예술도 좋아했다. 그러나 나라를 바로 다스리기 위해서는 신하들의 의견을 일일이 들어주어야 할 때도 있고, 의견의 일치를 보게 하여 들어주는 경우도 있다.

남곽처사의 처세 비결은 여러 사람들 사이에 섞여 이익을 챙기는 것이었는데 그것이 불가능해지게 되자 자신의 무능력이 탄로 날까 봐 곧 도망가 버렸다. 본래 실력이 없는 사람은 언젠가는 들통이 나게 마련이다. 많은 사람들 사이에서 특출한 재능이 없어도 크게 문제 되지 않지만 한 사람 한 사람씩 재능을 시험해 본다면 금방 탄로가 난다. 문외한의 세계에서는 전문가처럼 행사해도 들통이 나지 않지만 전문가 사이에서 문외한의 실력이 곧 표시가 난다.

조나라는 사람을 시켜 한나라의 재상 신불해의 주선으로 한나라에 병사를 청해 위나라를 공격하려고 했다. 신불해는 이것을 군주에게 전달할 경우 자기가 조나라로부터 뇌물을 받고 이 일을 주선한다는 의심을 받을 것이고, 그렇다고 이것을 전달하지 않을 경우 조나라의 미움을 받게 될까 봐 매우 난감하였다.

그래서 그는 조소와 한답으로 하여금 먼저 군주를 설득하게 하여 그 동정을 살피도록 한 이후에 조나라의 부탁을 전달했다. 이리하여 신불해는 안으로는 소후의 진의를 알 수 있었고, 밖으로는 조나라의 인심을 얻는 효과를 거두게 되었다.

제, 한, 위 세 나라 군사가 진나라를 공격하기 위해 함곡관까지 이르렀다. 진나라 왕이 누완에게 물었다.

"세 나라 군사가 나라 깊숙이 공격해 들어오고 있다. 그래서 과인은 하동을 떼어 주고 강화하려고 하는데 어떻게 생각하오?"

누완이 대답했다.

"하동을 떼어 주는 것은 우리 진나라의 입장에서는 큰 손실이지만, 이 위기에서 나라를 구하는 것은 큰 공적이 됩니다. 양쪽 다 중대한 문제로써 이것을 해결하는 것은 공족公族의 책임이니, 속히 공자 사를 불러 상의하도록 하십시오."

그래서 왕은 곧 공자 사를 불러 이 일을 의논했는데, 그는 이렇게 대답했다.

"강화해도 후회하고 강화하지 않아도 후회할 것입니다. 왕께서는 지금 하동 땅을 주어 강화하면 세 나라는 만족하여 반드시 돌아갈 것이지만, 그때 왕은 반드시 이렇게까지 하지 않았어도 그들은 물러갔을 텐데 공연히 주었구나 하고 후회하실 것입니다. 그렇지만 만약 하동의 땅을 아껴 강화하지 않는다면 제나라는 공격을 멈추지 않을 것이므로 사실상 국토를 전부 빼앗기게 되고 맙니다. 그렇게 되면 왕은 또 하동 땅을 내주지 않아 이 모양이 되었구나 하고 후회하실 것입니다. 그래서 신은 강화의 성립 여부에 관계없이 왕께서 후회하실 것이라고 말을 한 것입니다."

왕이 이 말을 듣고 말했다.

"어떻게 하더라도 후회할 바에는 나라를 잃고 후회하는 것보다는 하동을 주어 후회하는 편이 낫다. 이제야 과인은 강화하기로 결심하였다."

응후가 진나라 소왕에게 말하기를,

왕께서는 초나라의 완, 엽, 남전, 양하의 네 고을을 점령하고, 위나라 하내를 잘라 받았으며, 양나라와 정나라를 쳐서 곤궁하게 했는데도 아직 천하통일의 패업을 이루지 못한 까닭은 조나라가 아직 항복하고 있지 않기 때문입니다. 그러므로 상당에 배치시킨 병사를 이동해 먼저 조나라의 동양을 공격하면 도읍인 한단은 이미 입안에 든 이(슬蝨)와 같이 깨물어 버릴 수 있을 것입니다. 이리하여 조나라를 함락시키고 나면 왕께서는 팔짱을 끼고 앉아 천하의 제후에게서 조공을 받게 될 것이고, 복종하지 않는 자는 군사로 치면 됩니다. 그렇지만 상당이라는 곳은 풍요롭고 지세도 험한 요지이기 때문에 왕께서 탐하고 있는 만큼, 지금 신이 그곳의 군대를 이동시켰으면 좋겠다는 말을 받아들이지 않을까 걱정됩니다. 어떻게 하시겠습니까?”

라고 하자, 왕이 말했다.

“아니다. 걱정할 것 없다. 내 그대의 말대로 상당의 군사를 동양으로 이동시킬 것이다.”

## 탐문해서 부하들이 감추었던 사실을 알아내야 한다

방경은 위나라의 현령이었다. 그는 시장의 단속을 맡은 관리를 순찰하러 내보내고는 공대부를 불러들였다. 그리고는 그 시장 관리를 소환했다. 시장 관리가 한참을 서 있었으나 현령은 아무 지시도 내리지 않고 다시 순찰하러 내보냈다.

시장 관리가 생각하기를, 현령과 공대부 사이에 모종의 약속이 있어 공대부가 자기를 감시하는 것이 아닌가 생각하여 부정을 저지르지 못하게 되었다고 한다.

송나라 재상 대환은 어느 날 밤 아랫사람에게 이렇게 명했다.

"소문에 의하면 요사이 밤마다 사람의 눈을 피하여 온거輼車를 타고 사법 관리자인 이사의 집에 드나드는 자가 있다고 하니, 나를 위해서 동정을 살피고 오도록 해라."

얼마 뒤 심부름꾼이 돌아와서 다음과 같이 보고했다.

"온거를 타고 온 자는 볼 수 없었습니다만, 그 대신 상자를 들고 와서 사법 관리인 이사와 말하는 자가 있었습니다. 그리고 이사가 그 상자를 받는 것을 보았습니다."(이것은 대환이 일부러 온거에 대한 말을 하여 염탐하러 보낸 다음 그가 매수되는 일 없이 본 바를 사실대로 보고하는지를 살핀 것이다.)

주나라의 군주는 일부러 옥비녀를 감춰 두고는 잃어버렸으니 신하들에게 찾도록 했지만 3일이 지나도록 아무도 찾지 못했다. 그래서 주나라 왕이 다른 사람에게 명하여 찾게 했더니 어느 민가의 지붕에서 찾아왔다고 했다.

그러자 주나라의 군주가 말했다.

"과인은 이 일로서 관리들이 직무에 충실하지 않았다는 것을 알게 되었다. 비녀를 찾는 데 3일이 걸려도 아무도 찾아내지 못하여 할 수 없이 다른 사람을 시켰더니 하루도 안 되어 찾아냈다."

이에 신하들은 모두 두려워하며 군주에게 신통력이 있다고 생각했다.

송나라 재상이 소서자 직을 맡은 관리를 시장에 내보냈다. 그가 돌아오자 재상이 물었다.

"시장에 가서 무엇을 보았는가?"

"아무것도 본 것이 없습니다."

재상이 다시 물었다.

"그래도 무엇인가 보았을 것 아닌가?"

소서자가 이렇게 대답했다.

"시장의 남문 밖에 소가 끄는 수레가 매우 많아 겨우 다닐 수 있었을 뿐입니다."

재상은 서자에게 경계시키며 말했다.

"다른 사람에게는 내가 너에게 물은 것을 말하지 말라."

그러고는 시장 관리들을 불러 꾸짖으며 말했다.

"시장 남문 밖에는 어찌해서 쇠똥이 많으냐?"

시장 관리들은 재상이 멀리 떨어져 있으면서도 이토록 빨리 시장 동정을 안 것에 괴이하게 여기며, 그 후로는 자기 직무에 충실했다고 한다.

## 이미 알고 일도 모르는 척하면 새로운 사실까지 알게 된다

한나라 소후는 손톱을 깎아 하나를 손에 쥐고는 거짓으로 손톱이 없어졌다고 하며 빨리 찾아내라고 호통을 쳤다. 그러자 측근 가운데 한 사람이 자신의 손톱을 깎아서는 찾았다고 하며 내놓았다. 소후는 이것으로써 주위에 있는 신하가 성실하지 않다는 것을 알게 되었다.

한나라 소후가 기사를 사자로 삼아 현에 보냈다. 사자가 돌아와 보고를 하자, 소후는 그에게 물었다.

"무엇을 보았는가?"

"아무것도 본 것이 없습니다."

소후가 다시 물었다.

"그래. 정말 아무것도 보지 못했느냐?"

"그렇게 말씀하시니 한 가지 본 것이 있습니다. 남문 밖에서 황색 송아지 한 마리가 길가 논밭의 어린싹을 뜯어먹고 있었습니다."

소후는 사자에게 말했다.

"네가 나에게 한 말을 다른 사람에게 감히 발설해서는 안 된다."

주의를 시킨 다음 이렇게 명령을 내려 말했다.

"곡식의 싹이 틀 무렵 소나 말을 논밭에 들여보내서는 안 된다는 법령이 있음에도 불구하고 관리들이 단속을 소홀히 하고 있는 까닭에 많은 소나 말이 논밭으로 함부로 침입하는 모양이다. 그러니 지금 관리들은 속히 그 수를 헤아려 조사 보고하도록 하라. 그렇지 않을 경우에는 중벌을 내릴 것이다."

이 명령이 하달되자 동·서·북 세 방면에서 조사하여 보고를 올렸는데, 소후가 말했다.

"아직도 불충분하다. 조사하지 못한 것이 반드시 있을 것이다."

그리하여 다시 조사해 보니 과연 남문 밖의 황소에 관한 보고를 했다. 관리들은 모두 소후의 통찰력에 감탄하며 저마다 자기 직무에 충실하여 부정을 행하려 하지 않았다.

주나라 왕이 굽은 지팡이를 숨겨 놓고 명을 내려 그것을 찾도록 했다. 신하들은 며칠을 허비하고도 찾지 못하자, 주나라 왕은 비밀리에 따로 사람을 시켜 그것을 찾도록 했는데 날이 저물기 전에 찾아냈다. 이에 왕은 이렇게 신하들에게 말했다.

"과인은 신하들이 임무에 충실하지 않다는 것을 알았다. 굽은 지팡이를 찾는 일은 매우 간단한 일인데도 신하들은 찾을 수 없었지만, 그런데 다른 사람을 시켰더니 하루가 가기 전에 찾아냈다. 그러니 너희들이 어찌 직무에 충실하다고 할 수 있겠는가?"

신하들은 두려워하며 왕의 통찰력이 뛰어났다고 생각했다.

서문표는 업현의 현령이 되자 일부러 수레의 부속품을 감추고는 관리로 하여금 찾게 했으나 담당관은 이것을 찾지 못했다. 그래서 다른 사람을 시켜 이것을 찾게 했는데, 그는 민가의 방 안에서 찾아 냈다.

진나라의 중행문자라는 사람이 죄를 짓고 자기 나라에서 도망쳐 나오다가 어떤 현을 지나게 되었다. 따르는 자가 말했다.

"이곳의 벼슬아치는 공께서 이전부터 아는 사람입니다. 그런데 어찌해서 쉬면서 뒤따라오는 수레를 잠시 기다리지 않습니까?"

문자가 말했다.

"내가 일찍이 음악을 좋아했을 때, 이 사람은 나에게 잘 울리는 비파를 보냈고, 내가 패물을 좋아했을 때는 옥 반지를 보내 주었다. 이 사람은 나의 허물을 조장하는 자이다. 나에게 등용되려고 그렇게 한 자이니, 그가 나를 이용해서 다른 사람에게 등용되기를 요구할까 두렵다."

결국 문자는 지체하지 않고 그 지방을 지나쳤다. 그런데 그 관리는 예상했던 대로 문자를 잡으려고 했으나 놓치고, 그 짐을 신고 뒤따르는 짐수레만을 몰수하여 진나라 군주에게 바쳤다.

숙손은 노나라의 재상으로 신분이 높아 전권을 휘두르고 있었다. 그가 총애하는 사람으로 수우라는 자가 있었는데, 그 역시 숙손의 집안일을 마음대로 처리했다. 숙손의 아들 중에는 중임이라는 자가 있었는데, 수우는 그를 질투해서 죽이려고 생각했다.

하루는 중임과 함께 노나라 군주를 배알하자, 노나라 군주는 숙손의 아들인 중임에게 옥환玉環을 하사했다. 중임은 이것을 받기는 했지만, 부친의 허락이 없었으므로 허리에 차는 것을 삼가고, 먼저 수우에게 부탁하여 부친의 허락을 구하도록 했다.

그러나 수우는 숙손에게는 이야기도 하지 않고 중임을 속여 이렇게 말했다.

"내가 벌써 당신을 위해 부친에게 허락을 청했더니 옥환을 차도 좋다는 허락을 받았습니다."

중임은 그래서 안심하고 옥환을 허리에 찼다. 그런데 수우는 숙손에게 가서 다음과 같이 말했다.

"아드님에게 군주를 배알해도 좋다고 허락하지 않은 이유는 무엇입니까?"

"그에게는 아직 어려서 군주를 뵙게 할 수가 없네."

"대감은 그렇게 말씀하시지만, 아드님은 이미 여러 차례 군주를 알현하였고, 또 옥환까지 하사받아 몸에 그것을 차고 있습니다."

숙손은 당장 중임을 불러들여 보니 과연 그가 옥환을 차고 있었다. 숙손은 노여워하며 중임을 죽였다.

병은 중임의 형이다. 수우는 그도 시기해 죽이려고 했다. 어느 날 숙손은 아들 병을 위해 종을 만들어 주었다. 그런데 병은 아직 부친의 허락을 받지 않았으므로 사양하여 종을 치지 않고 있었다. 병은 수우에게 부친의 허락을 받아 달라고 부탁했는데, 수우는 허락을 청하지 않고 또 그를 속여 이렇게 말했다.

"나는 그대를 위하여 이미 부친께 청했더니 그것을 치도록 했습니다."

이 말을 듣고 병은 종을 쳤다. 숙손은 그 소리를 듣고 노하여,

"내 허락도 받지 않고 병이 마음대로 종을 치는구나."

하고 화를 내며 아들인 병을 내쫓았다. 병은 제나라로 달아났다. 그

곳에서 1년간 머물다가 수우를 시켜 숙손에게 용서를 빌도록 했다. 숙손은 화가 풀려 수우로 하여금 병을 불러오도록 했다. 수우는 이 번에도 병을 부르지 않고 숙손에게 거짓 보고를 했다.

"저는 이미 그를 부르러 갔었습니다만, 병은 화를 내며 오지 않겠 다고 했습니다."

숙손은 매우 화가 나서 사람을 시켜 병을 죽였다.

이리하여 두 아들이 죽고, 그 후 숙손은 병이 들었다. 이때 수우는 혼자서 숙손을 간호하며 숙손이 아무도 만나려 하지 않는다는 소문 을 퍼뜨렸다. 결국 숙손은 먹지 못해 굶어 죽고 말았는데, 수우는 그 가 죽었다는 사실을 숨기고, 그 집의 곳간에서 귀한 보물을 모조리 훔쳐 제나라로 달아났다.

무릇 믿는 자의 말만 듣다가 아들과 아버지가 죽게 되었으니, 이 는 사람들의 의견을 살펴서 맞춰 보지 않은 데서 온 재앙이다.

## 유세로 의심스런 점을 시험하면 간신의 진상을 알아낼 수 있다

양산군은 위나라의 재상이다. 그는 왕이 자기를 의심한다는 말을 듣고는 곧 속임수를 쓰기를, 왕의 총애를 받고 있던 규수를 비방했다.

그랬더니 규수는 분개하여 왕이 그를 의심하고 있으므로 얼마 지 나지 않아 변을 당할 것이라고 말해 주었다. 이로써 양산군은 왕의 본심을 파악하게 되었다.

제나라 사람 가운데 난을 일으킬 생각을 가진 자가 있었다. 그러 나 왕이 이것을 알아차릴 것을 두려워하여 계획을 세우기를, 총애하 는 자기 부하를 내쫓아 왕이 있는 궁전으로 도망쳐 들어가게 하여 그 동정을 탐지하게 했다. 제나라 왕은 그가 쫓아버린 사람이라 안심하고 자기의 본심을 털어놓았으므로 제나라 사람은 손쉽게 그 실정을 알아냈다.

자지가 연나라의 재상으로 있을 때 방 안에 앉아 거짓말을 했다.

"지금 문밖으로 달려간 것은 백마가 아닌가?"

주위에 있는 자들은 모두 보지 못했다고 말했는데, 어떤 한 사람이 일부러 문밖으로 나가 확인하는 시늉을 하고는 돌아와서 말했다.

"말씀대로 백마였습니다."

자지는 이 일로써 주위에 있는 자들이 성실과 신의가 없음을 알았다.

정나라 두 사람이 서로 다투던 끝에 송사로까지 번졌다. 재판관인 자산은 이들을 격리시켜 서로 말을 하지 못하게 한 다음 한쪽에서 한 말을 반대로 꾸며 다른 쪽에 들려주는 식으로 그들의 말을 대조하여 싸움의 진상을 알아냈다.

위나라의 사공은 그 부하로 하여금 나그네로 분장시켜 관소를 통과하게 했다. 관소를 지키는 관리들이 그를 붙잡고 엄중히 문초를 하며 까다롭게 굴었으므로 그들에게 뇌물을 주니 무사히 통과시켜 주었다.

그 후 사공은 그 관리를 불러,

"어느 날 한 나그네가 네가 지키는 관소를 통과하게 되었는데, 뇌물을 주자 그것을 받고는 그냥 통과시켜 준 일이 있을 것이다. 대체 어떻게 된 일인가?"

라고 하자, 관소의 관리들은 사공의 신통력에 감탄하고 그 후로는 직무를 충실하게 수행했다.

## 군주가 지키는 법도는 정확해야 한다

위나라가 법을 세워 일을 분명히 하고 헌법을 받들었을 때는 공적이 있는 자는 반드시 상을 받고, 죄가 있는 자는 반드시 벌을 받아 그 강함은 천하를 바르게 하고 위세는 사방 이웃 나라에까지 뻗쳤다. 그러나 법률이 느슨해지고 상벌을 함부로 시행하자, 나라는 나날이 줄어들었다.

조나라가 나라의 법률을 밝히고 대군을 이끌었을 때는 인구가 많고 병력이 강해 영토를 제나라와 연나라에까지 이르게 했다. 그러나 나라의 법률이 느슨해지고 나라를 다스리는 자들이 나약해지자 영토는 나날이 줄어 갔다.

연나라가 법을 받들어 밝히고 벼슬아치들이 정사의 결정을 신중히 했을 때는 동쪽으로는 제나라에까지 이어질 정도였고 남쪽으로는 중산 땅을 모두 차지할 정도였다. 그러나 법을 신봉하지 않고 벼슬아치들이 정사를 공평하게 결정하지 않자 군주의 좌우에 있는 자들이 자기의 의견이 옳다는 설로 다투고, 또 옳고 그름에 대한 논의가 아래로부터 일어나자 병력은 약해지고 영토는 줄어들어 이웃의 적에게 지배를 받는 나라가 되었다. 그래서 이렇게 말한다.

"법을 밝히는 자는 강하고 법을 소홀히 하는 자는 약하다."

강함과 쇠약함이 이와 같이 분명한데도 세상의 군주들은 이를 행할 줄 모르기 때문에, 나라가 망하는 것은 당연하다. 옛날에 이런 말이 전해지고 있다.

"집에 일정한 생업이 있으면 기근이 들어도 굶주리지 않으며, 나라에 일정한 법이 있으면 비록 위태로울지라도 망하지 않는다."

군주가 일정하게 정해진 법률을 버리고 사사로운 견해를 따른다면 신하는 지혜와 능력을 꾸밀 것이며, 신하가 지혜와 능력을 꾸미면 법률과 금령은 확립되지 못할 것이다. 이와 같이 아무렇게나 생각나는 대로 취하면 나라를 바르게 다스리는 방법은 사라질 것이다. 나라를 바르게 다스리는 방법은 법을 해치는 자를 제거하는 것이다. 그렇게 하면 군주는 신하들의 거짓된 지혜와 능력에 현혹되지 않을 것이며, 거짓 칭찬에 속지 않을 것이다.

옛날 순임금은 벼슬아치에게 홍수를 터서 흘러가게 하도록 명령하려고 했다. 그런데 어떤 벼슬아치가 명령을 내리기도 전에 공적을 쌓았으므로 순임금은 그를 죽였다.

우임금은 제후들을 회계산 위에 모이도록 했다. 그런데 방풍국의 군주가 늦게 도착하자 우임금은 그의 목을 베었다.

이처럼 명령보다 앞서 행동한 자도 죽었고, 명령보다 늦게 행동한 자도 참수됐으니, 옛날에는 명령을 그대로 따르는 것을 무엇보다도 귀중하게 여긴 것이다.

그러므로 거울은 흔들림 없이 맑은 상태를 보존해야 아름다움과 더러움을 비교해 낼 수 있으며, 저울은 흔들림 없이 정확함을 유지해야만 가벼움과 무거움을 그대로 잴 수 있다. 거울을 흔들면 분명하게 나타낼 수 없고, 저울을 흔들면 바르게 잴 수 없다고 하는 것은 법률을 말하는 것이다.

그래서 선왕의 도를 만물의 원칙으로 삼았고, 법을 근본으로 삼은 것이다. 근본을 잘 다스리면 명성이 높아지고, 근본을 어지럽히면 명성이 사라진다. 지혜와 능력이 사물을 분명하게 꿰뚫어 볼 수 있고 도에 합당하면 시행하고, 도에 합당하지 않으면 시행하지 않는다. 그러므로 지혜와 능력이 있더라도 도와 부합되지 않는다면 사람들에게 전할 수 없다. 도와 법에 의존하면 모두 완전하지만, 지혜와 능력만으로 다스리면 실패할 확률이 높다. 무릇 저울에 달아 형평을 알고, 둥근자로 재서 둥근 것을 아는 것이 가장 완전한 방법이다.

현명한 군주는 백성들에게 법을 지키고 도를 알도록 하기 때문에 편안하게 성과를 거둘 수 있다. 둥근자를 버리고 임의로 기교를 부리며, 법률을 팽개치고 임의로 지혜에 근거하는 것은 미혹되고 혼란스런 방법이다. 혼란스런 군주는 백성들이 지혜를 꾸미도록 하고 도를 모르도록 하기 때문에 수고롭지만 공이 없다.

군주가 법률과 금령을 무시하고 청탁을 들어준다면, 신하들은 위에서 벼슬을 팔고 아래에서 그 대가를 받는다. 이 때문에 이익은 신하 개인의 집에 있게 되고 위엄은 신하에게 있게 된다. 그러므로 백성들은 군주를 힘껏 섬기려는 마음을 가지지 않고 윗사람과 교제하는데만 힘쓴다. 백성들이 윗사람과 교제하기를 좋아하면 재물은 위쪽으로 흐르게 될 것이며 교묘하게 말 잘하는 자가 쓰이게 될 것이다.

이와 같이 하면 공이 있는 신하는 더욱 줄어들고, 간사한 신하는 더욱 등용되며, 재능 있는 신하는 물러나게 된다. 그러면 군주는 갈피를 못 잡아 무엇을 해야 할지 알지 못하고, 백성들은 모여들더라도 무엇을 좇아야 할지 알지 못한다. 이것이 법률과 금령을 버리고 공로가 있는 자를 뒤로 물려, 평판이 좋지 않은 자를 등용하고 청탁과 뇌물을 받은 과실이다.

군주가 법을 세우는 것은 그것이 옳다고 생각했기 때문이다. 오늘날 신하들은 대부분 사사로운 지혜를 내세워 법이 틀리고 지혜가 옳다고 주장하며 법을 고쳐 지혜를 세우려고 하는데 이와 같은 것은 금지해야 한다. 이것이 군주가 나라를 다스리는 방법이다.

군주는 반드시 공사를 명확히 구분하고 법과 제도를 분명히 해서 사사로운 온정을 없애야 한다. 명령은 반드시 실행하도록 해야 하며, 금지한 것은 반드시 그치도록 해야 한다. 이것이 군주가 백성들을 위해 행하는 공적인 의리(공의公義)이다. 사사로운 행동을 함으로써 친구에게 신의를 굳히지만 상을 주어 힘을 돋을 수 없고 벌을 주어 금지할 수 없는 것이 신하들의 사사로운 의리(사의私義)이다. 사사로운 의리를 행하면 나라가 어지러워지지만 공적인 의리를 행하면 나라가 잘 다스려진다. 그러므로 공과 사는 구분이 있어야 한다.

"공과 사는 분명하게 하지 않을 수 없으며, 법률과 금령은 살피지 않을 수 없다."

선왕들은 이 점을 알고 있었던 것이다. 초나라에 강직하기만 한 사람이 있었다. 그 아버지가 남의 양을 훔쳤다고 하여 관리에게 고발했다. 영윤은 그 아들을 사형에 처하였다. 임금에게는 충직하나 아버지에게는 불효하다고 생각했으므로 잡아서 죄를 준 것이다. 이를 가지고 본다면, 대체로 임금에게 충직한 신하는 아버지에게는 불효한 자식이다.

노나라 사람이 임금을 따라 싸움터에 나갔는데, 세 번 싸워 세 번 다 도망했다. 공자가 그 연유를 물었다.

"제게 늙은 아버님이 계신데, 제 몸이 죽으면 봉양할 사람이 없습니다."

공자는 그를 효자라고 생각하여 천거해서 벼슬을 올려 주었다. 이를 본다면, 대체로 아버지에게 효성스런 자는 임금에게는 불충한 신하이다.

그러므로 영윤이 아비를 고발한 아들을 사형에 처한 뒤로 초나라에서 다시는 간악한 자를 고발하는 일이 없어졌고, 공자가 달아난 병사를 상 준 뒤로 노나라 백성들이 항복하고 달아나는 것을 가벼이 여기게 되었다. 윗사람과 아랫사람의 이익은 이처럼 서로 어긋난다. 그런데 군주 된 사람이 필부의 행실 하나하나를 들어 모두 이유 있다고 받아들이면서 사직의 복리를 이룩하고자 한다면 반드시 성공하지 못할 것이다.

옛날에 창힐이 글자를 만들 때에, 스스로 영위하는 것을 사私라 하고, 사에 위배되는 것을 공公이라고 하였다. 공과 사가 서로 위배됨을 창힐도 이미 알고 있었던 것이다. 그럼에도 불구하고 지금 이利가 서로 같다고 함은 명찰하지 못한 데서 오는 환난이다.

그렇다면 필부를 위한 계책으로 인의를 닦고 문학을 익힐 만한 게 없다. 인의를 닦으면 신임을 받고, 신임을 받으면 일이 주어진다. 문학을 익히면 현명한 스승으로 인정받고, 현명한 스승이 되면 입신출세하고 영예롭게 된다. 이것을 필부가 아름답게 여긴다. 그렇게 되면 공적이 없이도 관리로서 일을 맡게 되며, 작위가 없어도 입신출세하고 영예롭게 된다. 정사를 이와 같이 하면 나라는 반드시 어지러워지고 임금은 반드시 위태롭게 될 것이다.

그러므로 서로 용납되지 않는 일은 양립할 수가 없다. 적을 베어 죽인 자가 상을 받으면서도 모두 한결같이 사랑하라는 겸애설을 신봉한다. 견고한 갑옷과 예리한 무기를 가지고 국난에 대비하면서도 공경의 꾸임은 아름답게 여긴다. 나라를 부유하게 만드는 것이 농사이고 적을 막는 데에는 군대에 의지하면서도 문학하는 선비를 귀하게 여긴다. 윗사람을 존경하고 법을 두렵게 아는 백성들은 버리면서,

협객이나 자객의 무리들은 기르는 일이 종종 있다. 하는 일이 이와 같으면 나라가 잘 다스려지고 군대가 강성해질 수는 없다.

나라가 평안할 때는 선비와 협객을 기르고, 환난이 닥치면 무장한 군사는 싸움을 한다. 평소에 이롭게 해 준 자는 쓸모가 없고, 위급한 경우에 쓸모 있는 자는 평소에 이롭게 해 준 자가 아닌 것이다.

이처럼 일에 종사하는 자는 자기의 본업을 소홀히 여기고, 놀면서 학문하는 자가 날로 그 수가 많아진다. 이것이 바로 세상이 어지럽게 되는 까닭이다.

강을이 위나라 왕의 명을 받고 초나라에 사신으로 가서 초나라 왕을 알현하고 말했다.

"제가 대왕의 영내에 들어와 이 나라 풍속을 물었더니 군자는 타인의 좋은 점을 숨기지 않으며, 또 타인을 욕하지 않는다고 하는데, 과연 사실이옵니까?"

초나라 왕이 그렇다고 대답하자, 강을이 다시 말했다.

"그렇다면 백공승과 같이 모반을 기도하는 자가 있어도 이것을 말하는 자가 없다면 나라가 위태로워지지 않겠습니까? 과연 말씀대로라면 간신도 사형을 면할 수가 있을 것 같습니다."

위나라의 사군은 대부인 여이를 중용하는 한편 세희라는 부인을 매우 사랑했다. 그런데 사군은 이 두 사람이 군주의 총애를 믿고 그 총명을 가로막아 민정을 은폐할 것을 두려워한 나머지 그 대비책으로써 박의라는 신하로 하여금 여이를 견제하도록 하고, 위희를 내세워 세희를 견제하도록 하였다.

이 일을 보면 사군은 그 총명함을 가리지 못하게 한 점은 좋았으나, 그 방법은 적절했다고 할 수 없다. 신분이 천한 사람도 거리낌

없이 귀한 사람을 비평하고, 아랫사람이 기탄없이 윗사람에게 의견을 말하도록 하는 것이 아니라, 유독 세력이 비슷한 자를 두 패로 나누어 서로 견제하도록 한 후에 국사를 상의하는 것은 파당을 결성하는 신하를 더욱 늘리는 결과가 되고 만 것이다.

화살이 일정한 방향에서 날아온다면 그쪽에만 철판을 쌓아 막으면 충분하지만, 그러나 화살이 어느 쪽에서 날아오는지 알 수 없을 때에는 철로 방을 만들어 모든 방향을 막아야만 몸에 상처를 입지 않는다. 이와 같이 군주가 그 누구에게도 마음을 허락하지 않고 모든 신하를 적으로 간주하여 모든 방면에서 대비한다면 간사한 신하들로부터 그 몸을 보호할 수가 있다.

## 08
# 법술을 시행할 때는 현실과
# 실용성이 중요하다

## 술수로 나라를 다스리지 않으면 걱정이 일어난다

한비자는 법술의 중요성을 다음과 같이 말하였다.

"나라는 군주의 수레이며, 권력은 군주의 수레가 끄는 말이다. 군주가 술이 없이 이를 부린다면 몸은 몸대로 피곤하면서도 나라는 혼란을 면치 못하고, 술로써 이를 부리면 몸이 편안하고 제왕 역시 공적도 이룰 수 있다."

공자의 제자인 복자천은 노나라의 선보라는 읍을 다스리고 있었는데, 동문인 유약이 그 모습을 보고 물었다.

"당신은 어찌하여 여위었습니까?"

복자천이 말했다.

"우리 군주께서 소생의 불초함을 모르시고 이 지방을 다스리라고 명하셨는데, 공무가 분주하여 시종 걱정만 하다 보니 이렇게 여윈 것입니다."

유약이 말했다.

"옛날에 순임금은 천자가 되어 현금紘琴을 타고 남풍의 시를 읊는 등 여유 있는 나날을 보냈지만 천하는 저절로 잘 다스렸습니다. 그런데 그대는 지금 선보처럼 작은 고을 다스리면서도 그토록 근심을 하니, 천하를 다스리면 장차 어찌할 것입니까?"

이와 같이 적합한 술術로써 백성을 다스리면 묘당에 편히 앉아 처녀와 같은 고운 안색을 하고도 세상을 다스릴 수 있지만, 이와 반대로 술수를 사용하지 않고 다스리고자 하면 몸이 쇠약해질 만큼 신경을 써도 아무런 이익이 없는 것이다.

## 빛 좋은 개살구 같은 포장은 실용성이 없다

초나라 왕이 묵자의 제자인 전구에게 물었다.

"묵자는 학술로써 세상에 널리 알려진 인물로, 그 품행은 단정하나 언설을 보면 장황하기만 할 뿐 능변이 아닌데, 그 이유는 무엇 때문인가?"

전구가 말했다.

"옛날 진秦나라 군주가 그 딸을 진晉나라 공자에게 시집보낼 때 온갖 장식을 다하게 했고, 공주를 수행하는 몸종 칠십 명은 하나같이 꽃 같은 자태에 옥 같은 용모에다 눈부신 치장을 하여 딸려 보냈다고 합니다. 그런데 행렬이 서울을 지날 때 길가에 빽빽이 늘어선 진나라 백성들은 다투어 목종을 구경하느라 공주는 안중에도 없었습니다. 진나라 사람은 그 목종만을 아끼고 진나라 공주는 천대했습니다. 이것은 진나라 군주가 시녀들을 좋은 곳으로 시집보낸 셈이 되었고, 자기 딸을 훌륭하게 시집보냈다고는 할 수 없습니다.

또 초나라 사람으로 정나라에서 진주를 파는 자가 있었는데, 목란木蘭으로 상자를 만들고, 계수나무와 초로 향기를 냈고, 주옥을 달고 붉은 보석으로 장식했으며, 비취 깃을 달았습니다. 그러자 정나라 사람은 상자만 사고 그 진주는 돌려보냈습니다. 이것은 초나라 사람은 상자를 잘 팔았다고 할 수 있지만, 진주는 잘 팔았다고는 할 수 없는 것입니다.

오늘날 세상 사람들이 하는 말주변은 모두 교묘한 말이거나 장식적인 말입니다. 군주는 그 화려함에 현혹되어 실용성을 판단하지 못하고 있습니다. 그러나 묵자의 말은 선왕의 도를 전하고, 성인의 말을 논해서 세상 사람들을 감동시킵니다. 만일 말을 교묘하게 꾸민다면, 세상 사람들이 단지 그 꾸민 말과 표현법에만 주의하여 실질적인 면은 잊게 될 것이니, 그 이유는 언설을 꾸미면 실용성을 경시하게 되기 때문입니다. 이것은 초나라 사람이 주옥을 팔고, 진나라 군주가 딸을 시집보낸 일과 다를 바가 없다고 하겠습니다. 그러므로 묵자는 그 말만 장황할 뿐 능변은 아닌 것입니다."

한비자는 이 고사들을 통해 겉모양만 화려하고 실용적이지 않은 진주 상자와 마찬가지로 유가도 포장만 화려하지 비실용적인 사상으로 치부했다. 화려하게 장식한 상자가 값비싼 진주의 가치를 잃게 한 것처럼, 겉을 꾸미는 데에만 신경을 치중하다 보면 결국 중요한 본질을 놓치게 된다. 또 진나라의 제후는 딸을 시집보내면서 쓸데없이 몸종만 화려하게 치장시켰기 때문에 정작 주인공인 신부는 들러

리가 된 셈이다. 이것은 주객이 전도되고 내용과 형식이 바뀌어 뜻밖의 결과가 생긴 것이다. 실용성에 중점을 두고 발전한 한비자의 사상은 그 목적이 당시 사회의 필요를 충족시키고 역사 발전의 흐름에 순응하는 것이었다.

## 아무리 뛰어난 기예도 실용성이 없으면 무용지물이 된다

한비자는 소박함과 꾸임 없는 실용성을 중시하는 묵가의 사상을 높이 평가하며, 군주의 통치 역시 실제에서 시작하여 실용성에 중점을 두어야 한다고 생각했다.

묵자는 삼 년 동안 나무로 솔개연을 만들었는데, 하늘을 난 지 하루 만에 망가지고 말았으므로, 제자가 말했다

"선생님의 기예는 나무로 솔개연을 만들어 하늘을 날게 하시다니, 참으로 훌륭한 솜씨입니다."

이에 묵자가 대답했다.

"그러나 나는 수레바퀴 축을 만드는 자의 교묘한 솜씨를 따를 수는 없다. 수레바퀴 축을 만드는 자는 지척의 나무를 사용해 한나절도 안 돼서 삼십 석의 무거운 짐을 먼 곳으로 운반하고, 또 오랫동안 사용할 수 있다. 그런데 나는 지금 나무 솔개연을 완성하는 데 3년을 소비했고, 단지 하루 만에 망가지고 말았다."

혜시가 이 말을 듣고 말했다.

"묵자는 훌륭한 솜씨를 지닌 사람이다. 왜냐하면 실용성 있는 수레바퀴의 축을 만드는 일은 훌륭하다고 하면서, 실용 가치가 없는 나무 솔개연을 만드는 자기의 솜씨는 졸렬하다고 했기 때문이다."

## 형식보다는 실질을 알아야 한다

이태는 중산 지방을 다스렸다. 그곳에 있는 고형의 현령이 회계보고를 제출했는데 세입이 증가했다.

이태가 회계장부를 보고 말했다.

"변설이 유창하면 이것을 듣는 자가 기뻐하지만, 의에 맞지 않으면 공허한 말이라고 한다. 산에 나무가 많다든지 또는 생선이 많이 생산되는 등 자원이 풍부하다면 별문제가 없으나, 그런 것이 없는데도 세입이 많다면, 이를 일컬어 허황된 재화라고 한다. 군자는 허황된 말을 듣지 않으며, 또 허황된 재화를 받지 않는 법이다. 그대를 당분간 면직시켜야겠다."

어떤 사람이 말했다.

"이태는 변설이 유창하면 듣는 사람은 기뻐하지만 의에 맞지 않으면 이를 허황된 말이라고 했다. 그런데 변설의 유창함은 말하는 사람의 일이요. 기뻐함은 듣는 사람의 일이다. 말하는 사람과 듣는 사람은 동일한 인물이 아니므로 결국 변설의 유창함과 듣는 일은 별개의 문제인 것이다.

이태가 말한 '의에 맞지 않는 말'이란 듣는 사람과 관계가 있는 것이 아니라 듣는 내용을 가리킨다. 원래 듣는 사람은 소인 아니면 군자이기 마련이다. 소인은 의에 대한 지식이 없으므로 설사 말을 하는 사람이 의에 맞지 않는 말을 하더라도 그것을 의에 맞도록 해석할 수가 없는 것이며, 또 군자의 경우에는 의에 대한 지식을 가지고 판단하기 때문에 만약 의에 합당하지 않을 때는 아무리 교묘하게 설명하더라도 그것을 받아들이지 않고 버리면 되는 것이다. 그러니 그것은 결국 듣는 쪽의 문제이다. 따라서 변설이 유창하다 하더라도 의에 맞지 않으면 공허하다고 하는 것은 말하는 사람에게 너무 무거운 책임을 지우는 것이므로, 이것은 불합리한 판단이라고 말할 수밖에 없다.

또 세입이 많으면 그것은 허황된 재화라고 하는데, 이것은 보편적으로 적용할 수 없는 설이다. 이태가 현령의 간악을 사전에 금하지 않고 회계 보고를 받고서야 그렇게 말했다는 것은, 화를 사전에 예방하지 않고 최후까지 부정을 그대로 방관한 것이므로, 감독자로서의 책임을 다했다고 할 수는 없는 것이다.

또 이태는 세입이 증가하는 이유를 알지 못하고 있다. 세입이 많은 것은 원래 오곡의 풍요함에 기인하는 것이다. 풍년이 들어 평년의 배에 해당하는 수확을 거두었다면 조금도 이상한 일이 아니다. 농사를 지을 즈음에 있어 음양의 조화에 순응하고, 곡식의 종자 및 묘목을 파종하거나 심는 데 있어 그 시기를 알맞게 하고, 한난의 재난이 없으면 수확은 증가하기 마련이다.

또 감독자는 작은 사업을 일으켜 농사와 같은 대사를 그르치지 않고, 사욕을 위해 백성의 본업을 해치지 않으며, 남자는 농업에 힘을 다하고, 또 부녀자는 직조에 태만하지 않으면 세입이 증가한다. 가축 기르는 방법을 연구하고 토질을 조사하며, 그리하여 가축이 늘어나고 오곡의 수확이 많아지면 세입도 증가하는 법이다. 또 회계출납을 밝게 하여 낭비를 없애고, 토질을 조사하여 적당한 곡식을 심게 하고, 물건을 운반하는 데 불편이 있으면 배라든지 수레 같은 것을 만들어 편리를 도모하고, 그 밖의 기계를 충분히 활용하여 적은 힘으로도 큰 효과를 거두게 하면 반드시 세입이 많아진다.

시장과 국경의 관문, 다리 위에서 받는 세금을 적게 하여 나그네를 편안하게 해주고 교통을 편리하게 해주며, 남아도는 물건을 모자라는 쪽으로 보내 주는 것도 매우 중요한 일이다.

이렇게 하면 타관의 상인들도 그곳에 모여들어 장사하는 것을 기뻐하게 되므로 자연히 수입이 많아지고, 경비를 가능한 한 줄이고 의식주를 절약하며, 가옥이나 살림살이를 검소하게 하고, 오락이나 취미 생활에 열중하지 않고 모범된 생활을 하면 세입이 많아진다. 이와 같이 세입이 증가하는 것은 모두 인간의 힘으로 할 수 있는 것이다.

물론 풍우, 한서가 시기에 적절하면 땅이 넓지 않더라도 풍작을 거둘 것이고 따라서 세입도 늘어날 것이다. 사람의 힘과 하늘의 도움, 이 두 가지 조건에 의해 수입은 많아지는 법이다.

산에 나무가 많고 강에 고기가 많아야만 반드시 수입이 증가하는 것은 아니다. 따라서 산·숲·못·계곡에서 수입이 없다고 하여 증가한 세입을 공허한 재화라고 단정한다는 것은, 나라를 다스리는 자의 말이라고는 볼 수 없다.”

노나라 목공이 자사에게 물었다.

“내가 듣건대 방간의 아들은 불효자라 하는데 그 행동이 어느 정도였는가?”

“군자는 현자를 존경하고 덕 있는 자를 존중하며 선을 들어 백성에게 권합니다. 행동의 과실은 소인이나 알 바이지, 저로서는 알 바가 아닙니다.”

자사가 밖으로 나가고 이번에는 자복여백이라는 대부가 들어왔다. 목공은 또 방간의 아들에 대해서 물었다. 자복여백은 방간의 아들에 대해, 그에게는 세 가지 과실이 있다고만 대답했을 뿐 자세한 이야기는 하지 않았다. 이후로 목공은 남의 말을 하지 않는 자사를 높이 평가하고 자복여백은 경시했다.

어떤 사람이 말했다.

"이와 같은 미욱한 군주가 있었으니, 노나라 궁정이 3대에 이르기까지 그 신하인 계씨에게 위협당한 것도 당연한 일이다. 현명한 군주는 선한 자를 찾아내어 상을 주고, 간사한 자를 찾아내어 이를 벌하는 법이다. 상과 벌은 곧 나라를 평안히 다스리기 위하여 반드시 있어야 할 2대 요소로서 똑같이 취급되어야 하는 것이다. 선을 보고하는 자는 선함을 좋아하는 점에서 군주와 같은 기분이 되어 있고, 악을 보고하는 자는 간악을 미워하는 점에서 군주와 같은 기분이 되어 있으므로, 두 사람 다 상을 주어야 할 충신인 것이다. 악한 일을 보고하지 않는다면, 이는 군주와 같은 기분이 되지 않고 아래의 악인과 작당할 가능성이 있으니 벌을 주어 마땅한 것이다.

그런데 목공은 자사가 남의 허물을 보고하지 않았다고 하여 이를 존경했고, 여백은 악행을 보고했다고 하여 경시한 것이다. 사람은 누구나 존경받기를 좋아하며, 경시되는 것을 싫어하는 법이다. 그렇기 때문에 계씨가 반란을 일으킬 음모를 꾸미고 있음을 알면서 아무도 위에 보고하지 않은 것이다. 이것은 곧 노나라 군주가 그 지위를 빼앗긴 이유이다. 이와 같이 남의 허물을 말하지 않은 것은 망국의 징조이다. 이는 유독 유교를 맹신하는 민족만이 찬미하는 일인데, 목공은 오히려 그것을 좋아했으니 그가 어찌 그 지위를 빼앗기지 않을 수 있겠는가?"

## 좋은 약은 입에 쓰지만 몸에는 이롭다

송나라 왕이 제나라와 싸워 이기자 승리를 기념하기 위해서 무궁을 짓게 했다. 그 공사 중에 계라는 명가수가 노래를 부르자 지나가는 사람들이 걸음을 멈추고 구경했으며, 인부들은 피로를 잊고 일에 열중했다. 이 말을 들은 송나라 왕은 계를 불러 상을 내렸다.

이에 계는 이렇게 말했다.

"저희 스승인 사계는 저보다 훨씬 더 노래를 잘 부릅니다."

그래서 왕은 사계를 불러 노래를 부르도록 했다. 그러나 지나가는 사람들은 걸음을 멈추지 않았고, 인부들은 일을 하는데 피로를 느끼는 것같이 보였다. 왕이 계에게 물었다.

"길 가는 사람도 멈추지 않고 인부들도 지쳐 있는 것으로 보아 사계의 노래 솜씨는 그대만 못하지 않은가. 도대체 어떻게 된 영문인가?"

사계가 말했다.

"그러시다면 왕께서는 모쪼록 우리 두 사람이 노래를 부르고 있는 동안에 일한 공로를 헤아려 보십시오."

왕이 조사해 보니 계가 노래하는 동안에는 담을 여덟 척 쌓았는데, 사계가 노래했을 때는 그 두 배나 되었다.

그리고 쌓은 흙의 견고함을 시험하기 위해 찔러 보니, 계의 경우에는 다섯 치나 들어갔지만, 사계가 노래했을 때는 두 치밖에 들어가지 않았다.

좋은 약은 입에 쓰지만 지혜로운 자가 먹도록 권하는 것은 몸에 들어가면 병을 치료할 수 있다는 것을 알기 때문이다. 충고는 귀에 거슬리지만 현명한 군주는 이것을 듣는다. 이는 그것으로써 실효를 거둘 수가 있다는 것을 알기 때문이다.

## 사실보다 과장된 황당무계한 말을 일컬어 '가시 끝의 조각' 이라고 한다

송나라 사람으로 연나라 왕을 위해 나무의 가시 끝에다 원숭이의 모습을 조각하겠다고 청한 자가 있었다. 그가 말하기를,

"왕께서 원숭이의 모습을 보시고자 하면 반드시 3개월 동안 목욕재계한 연후에 보셔야 합니다."

라고 했다. 그래서 연나라 왕은 이 말을 믿고 그에게 180리의 땅을 주어 극진히 대우했다. 그러자 궁중에서 쇠붙이를 다루는 대장장이가 왕에게 진언했다.

"신이 듣기로는, 군주께서 열흘 동안이나 술과 고기를 멀리하며 재계하기란 쉬운 일이 아닙니다. 지금 그 사람은 왕께서 그렇게 오랫동안 재계하면서까지 쓸모없는 물건을 구경하려 하지 않는다는 것을 알기 때문에 3개월이라는 긴 기한을 정한 것입니다. 게다가 조각에 사용하는 칼은 깎는 물체보다 반드시 작아야 하는데, 대장장이인 저는 지금까지 그렇게 작은 칼은 만들어 본 적이 없습니다. 생각하건대 그자가 가시에다 원숭이의 모습을 조각하겠다는 것은 있을 수 없는 일입니다. 왕께서는 충분히 이 점을 살피십시오."

이 말을 들은 왕은 송나라 사람을 잡아들여 문초한 결과 과연 거짓말이었으므로 그를 바로 저형하였다. 이때 대장장이가 왕에게 말했다.

"국사를 처리함에 있어 법도와 규칙이 없으면, 언설하는 유자 가운데 이러한 종류의 망언을 하는 자가 많은 법입니다."

일설에 의하면 연나라 왕은 정밀한 공예품을 좋아했는데, 때마침

위나라 사람으로 뾰족한 가시 끝에다 원숭이의 모습을 조각하겠다는
자가 있었으므로 연나라 왕은 이러한 신기한 기술이 있다는 말을 듣
고 매우 기뻐하며 즉시 사방 300리의 땅을 하사하였다.

그리고 왕이 위나라 기술자에게 어떻게 뾰족한 나무의 가시 끝에
원숭이의 모습을 조각하는지 빨리 보고 싶다고 채근했다. 그러자 위
나라 기술자가 말했다.

"군주께서 그것을 보려면 반드시 반 년 동안 후궁을 방에 들이지
않고 술을 마시거나 고기를 먹지 않아야 합니다. 그런 후에 비가 그
치고 날씨가 좋은 날 그늘에서 보시면 가시 끝에 조각한 원숭이 모
습을 볼 수 있을 것입니다."

왕은 할 수 없이 위나라 기술자에게 비단 옷과 쌀밥을 제공하고
궁전 안에서 살게 하고 가시 끝에 조각한 원숭이 모습 보기를 기다
렸다. 그러나 왕은 원숭이 조각을 볼 수 없었다.

그 무렵 정나라 궁성 아래 대장장이가 살았는데, 이 말을 듣고 속
으로 웃으며 연나라 왕을 찾아가 말했다.

"신은 전문적으로 작은 칼을 만드는 사람입니다. 모든 사물은 작
은 칼로 조각하게 마련이고, 또 그 조각품은 반드시 깎는 칼보다 크
지 않으년 안 되는 법입니다. 그런데 지금 나무의 가시 끝에는 도저
히 날카로운 칼날로도 댈 수 없는데 어떻게 원숭이를 조각할 수 있
겠습니까? 왕께서는 위나라 사람에게 시험 삼아 먼저 그 칼을 보여
달라고 하십시오. 그렇게 되면 그 일을 할 수 있는지 없는지 알 수
있을 것입니다."

왕은 이 말이 옳다고 생각하고 즉시 위나라 사람을 불러 말하였다.

"너는 가시의 끝에다 원숭이를 조각한다고 하는데 그 연장은 무엇인가?"

"칼입니다."

"과인에게 그것을 보여줄 수 있는가?"

"네. 객사에 가서 가지고 오겠습니다."

라고 대답하고는 자리를 떴는데, 그 길로 연나라 밖으로 달아나 버렸다.

전국 시대는 정치적으로 변화무쌍한 시기였다. 강대국은 천하제패를 위한 무력시위를 일삼았고, 약소국들은 상대적으로 언제 닥칠지 모르는 나라의 존망을 항상 걱정해야 했다. 이런 시기에 실제적으로 사용할 수 있는 실용성을 강조한 한비자의 관점은 당시의 시대 상황에 적합했으며 이는 법치관의 표현이기도 했다.

그리고 사실보다 과장된 황당무계한 말을 일컬어 '가시 끝의 조각'이라고 표현한다. 실제로 갖가지 황당한 말들이 커다란 해를 끼치고 있다. 객관적이고 보편적인 존재를 무시하고 사실에 근거하지 않고 마음 내키는 대로 오색찬란한 비눗방울을 불어 선량한 사람을 속이며 간사한 꾀로 부리는 사람들이 있다. 이처럼 허풍을 떨고 큰소리치는 사람들은 징계를 받아 마땅하다.

## 작란이 지나치면 반드시 해를 입는다

채나라의 공주가 제나라 환공의 아내가 되었다. 어느 날 환공은 아내와 함께 배를 탔다. 부인은 물에 익숙했으므로 배를 흔들어 장난을 쳤다. 그러자 환공은 매우 두려워서 이를 멈추도록 했지만 부인은 매우 즐거워하며 듣지 않았다. 환공은 크게 노하여 부인을 친정으로 내쫓아버렸는데, 그러나 다시 곧 불러올 생각이었다.

그러나 채나라에서는 쫓겨난 이상 이제는 인연이 끊어졌다고 생각하여 그녀를 다른 곳으로 개가시킨 뒤였다. 환공은 매우 노여워하며 채나라를 치려고 했는데, 이때 관중이 간언했다.

"부부 사이의 사소한 일로 해서 남의 나라를 친다는 것은 충분한 이유가 되지 못합니다. 이렇듯 사소한 일로 군사를 움직인다면 장차 천하의 패자가 되기는 어려울 것이니, 포기하도록 하십시오."

그러나 환공이 단념하려 하지 않았으므로 관중은 다시 말했다.

"반드시 채나라를 정벌하시겠다면 이렇게 하십시오. 초나라는 매년 그 나라에서 생산된 정모(菁茅: 채소류)를 헌상하여 천자를 섬기는 예를 다해야 함에도 불구하고 이것을 실행하지 않은 지가 3년이나 되었습니다. 그러니 왕께서 천자를 위해 병사를 일으켜 초나라를 정벌하고 그 태만함을 책망하는 것이 좋을 것입니다. 초나라가 항복하면, 돌아오는 길에 채나라를 공격하고 선포하기를, '나는 천자를 위해 초나라를 정벌할 때 채나라는 마땅히 병사를 보내 뒤따랐어야 함에도 불구하고 그렇게 하지 않았으니 이를 벌하노라'라고 하십시오. 그렇게 해야만 명분도 서고 실리도 있습니다. 즉 천자를 위하여 정벌한다는 명분이 있고, 복수라는 실리도 얻는 것입니다."

## 사직을 세울 때에는 외모에 신경을 쓰지 않지만, 제사를 지낼 때에는 예복을 차려입고 제사를 지내야 한다

진나라 문공이 오랜 세월 망명생활을 하다가 귀국하게 되었다. 그는 도읍에 가까운 황하에 이르자 종자에게 다음과 같이 명령했다.

"지금까지 사용하던 나무로 만든 식기, 자리와 깔개 등은 모두 쓸

데가 없게 되었으니 버려라. 또 손발이 부르트고 얼굴이 그을려 검붉게 된 자는 보기 흉하니 뒷줄에 세우도록 하라."

구범은 이 말을 듣고 밤중에 소리 높여 통곡을 하였다. 이에 문공은 의아하게 생각하고 물었다.

"과인이 조국을 떠나 망명한 지 20년, 이제 겨우 귀국하게 되었는데, 너는 기쁘기는커녕 도리어 통곡을 하고 있으니, 그것은 내가 귀국하게 된 것이 못마땅하다는 이유가 아니냐?"

구범이 말했다.

"그런 것이 아닙니다. 식기는 음식을 먹는 데 쓰고 자리나 깔개는 휴식하는 데 필요한 물건으로써 모두 지금까지 요긴하게 사용되었던 도구인데 군주께서는 버리라고 말씀하셨고, 손발이 부르트고 얼굴이 검붉게 탄 것은 그동안 고생하며 공을 세웠다는 증거인데 군주께서는 뒷줄에 세우라고 말씀하셨습니다. 저 또한 얼굴이 보기 흉하게 그을렸으므로 뒤에 서야 할 처지이니, 제 마음은 그 슬픔을 견디기 어려워 그만 소리 내어 울었던 것입니다. 그리고 지금까지 군주를 속이고 사리에 의해 일을 처리하고, 또 고난을 함께하기로 맹세하고도 도중에 배반하고 귀국해 버린 자들도 많습니다. 저희들도 그들의 옳지 못한 소행을 미워하고 있는데, 군주께서야 그들을 대하는 마음이 어떠하시겠습니까? 그리고 군주께서 오랫동안 함께 고생한 자들까지도 이렇게 푸대접하는 형편인데, 귀국한 후 그 배반한 자들에 대하여 어떠한 잔인한 짓을 하실지 미루어 짐작하고도 남음이 있습니다."

그는 두 번 절하고 떠나려고 했다. 문공은 그를 만류하며 말했다.

"속담에 이르기를, '사직을 세울 때에는 겉모양에 신경 쓰지 않고 작업복을 입고 열심히 손발을 움직여야 하지만, 제사를 지낼 때에는 예복을 차려입고 제사 지낸다'고 했소. 지금 그대는 나와 함께 고생하여 조국을 되찾았으면서도 나와 함께 나라를 다스리지 않으려고 하는데, 나와 함께 고생하여 사직을 세웠으면서도 나와 함께 제사를 지내지 않겠다고 하니, 이를 만류하지 않는다면 내가 어찌 용서받을 수 있겠소."

그리고 문공은 곧바로 왼쪽 말을 베어 황하에 제물로 바치면서 구범을 버리지 않겠다고 신에게 맹세했다.

# 09
## 법은 실생활의 규범이다

노나라 애공이 공자에게 물었다.

"『춘추』의 기록에, '12월 겨울에 서리가 내렸어도 콩잎이 시들지 않았다'고 했는데, 어찌하여 이것을 기록하고 있습니까?"

"서리가 내릴 때면 초목이 시든다는 것은 당연한 일입니다. 그러나 여기에서는 시들어야 할 것을 시들게 하지 않았을 때의 재해를 말하고자 한 것입니다. 시들어야 할 것을 시들게 하지 않으면 매화나 복숭아가 겨울에 열매를 맺는 것과 같은 일이 일어납니다. 이렇듯 하늘이 그 시기를 잃으면 초목도 도를 범하려 하는데, 하물며 군주가 그 법을 잃으면 신하들이 도를 범하는 것은 당연하지 않겠습니까? 이것을 경계하는 뜻에서 그런 말을 『춘추』에 기록한 것입니다."

은나라 법률에는 재를 거리에 버리는 자에게 사형에 처한다는 조항이 있었다. 자공은 이 형벌이 너무 가혹하다고 생각하여 스승인 공자에게 물었다. 공자가 이렇게 대답했다.

"이는 나라를 다스릴 줄 아는 자라고 할 수 있다. 말하자면 재를 거리에 버리면 반드시 바람에 날려 사람의 몸에 붙고 눈에도 들어가게 된다. 그렇게 되면 그 사람은 반드시 화를 낼 것이고, 화를 내면 싸우게 되며, 싸우면 양편의 3족이 서로 살상되는 일이 벌어지기에 이르는 것이다. 따라서 재를 버리는 일이 3족을 살상하는 원인이 되니, 사형을 받을 만한 충분한 이유가 된다. 그리고 중벌은 누구나 싫어하며, 재를 길에 버리지 않는 일쯤은 누구나 쉽게 실천할 수 있다. 그러므로 쉽게 할 수 있는 일을 실행하게 함으로써 누구나가 싫어하는 중벌을 피하게 하는 것이므로, 나라를 다스릴 자격이 있는 사람이라고 할 수 있다."

일설에 의하면, 은나라 법률에는 재를 큰 거리에 버리는 자는 그 손목을 자른다고 했으므로, 자공은 의아하게 생각하여 공자에게 물었다.

"재를 버리는 죄는 가벼운 것이지만, 손을 잘리는 형법은 무거운 것입니다. 옛사람들은 하필 왜 이 문제에 대해서만 이렇듯 어찌하여 지나칠 정도로 가혹했습니까?"

공자가 대답했다.

"재를 버리지 않는 것은 쉬운 일이지만, 손목을 잘리는 것은 누구나 바라지 않는 바이다. 쉬운 일을 실행하게 하여 누구나 싫어하는 형벌을 당하지 않게 하는 것은 옛사람들도 행하기 쉬운 방법이라고 생각했기 때문에 그 법을 시행한 것이다."

중산국의 재상 악지가 수레 백 대를 이끌고 조나라의 사신으로 가게 되었다. 그는 사신의 식객 중에서 지혜와 능력이 있는 자를 선발해 행렬을 통솔하는 자로 삼았다. 그런데 도중에 행렬이 흐트러졌다. 악지가,

"내가 너의 지혜를 인정하여 행렬을 통솔하도록 한 것인데, 이와 같이 지금 행렬이 혼란스러워졌으니, 어찌된 일인가?"

라고 책망하였다. 행렬을 통솔했던 자가 그 직책을 사퇴하며 이렇게 말했다.

"재상께서는 사람을 다스릴 줄 모르시는 것 같습니다. 생각하건대 사람을 다스리고자 하면 사람을 능히 복종시킬 만한 위력을 갖추고, 사람을 고무시킬 만한 권한을 쥐고 있어야 하는 것입니다. 그런데 저는 재상의 식객 가운데 가장 지위가 낮은 젊은이입니다. 젊은 사람이 연장자를 단속하고, 신분이 낮은 자가 신분이 높은 사람을 다스리게 되었을 경우에는 상벌을 행사할 수 있는 권한을 가지고 그들을 제어해야 하며, 그렇지 않으면 어떠한 명령도 행해지지 못하는 것입니다. 이것이 바로 행렬이 혼란스럽게 된 원인입니다. 시험 삼아 저에게 옳다고 인정되는 자에게 상경의 지위를 주고 그렇지 않은 자는 목을 친다는 권한을 주신다면 어찌 다스려지지 않겠습니까? 그러면 결코 혼란스럽게 될 원인도 없는 것입니다."

공손앙은 법을 행함에 있어 가벼운 죄에도 중벌을 가했다. 무거운 죄는 사람들이 쉽게 범하지 못하며, 가벼운 죄는 조금만 주의하면 사람들이 범하지 않을 수 있다. 그러니 백성들로 하여금 범하지 않아도 되는 작은 과실은 그치게 하고, 범하기 어려운 중죄를 더욱 범하지 않게 하는 것이 세상을 잘 다스리는 도인 것이다. 이렇게 작은 과실이 일어나지 않고 중죄가 일어나지 않는다면, 죄인은 없어지고

반란도 일어나지 않을 것이다.

초나라 남쪽 땅의 여수라는 강에서 많은 사금이 나오자, 많은 사람들이 몰래 금을 채취했다. 그래서 정부는 금령을 내려 어느 누구를 막론하고 사금을 몰래 채취하다 체포되면 즉시 시장 거리에서 효시하겠다고 명했다. 그런데도 사금을 채취하는 하는 자가 줄지를 않아 그 시체가 강물을 막아 버릴 정도가 되었지만, 사람들은 몰래 사금을 훔치는 행동을 멈추지 않았다.

형벌 가운데 시장 거리에서 효시하는 것보다 더 무거운 형벌은 없는데도 오히려 사람들이 계속 도둑질을 한 이유는, 죄를 범해도 반드시 발각된다고 생각하지 않았기 때문이며, 개중에는 때때로 빠져나가는 자도 있었기 때문이었다.

그러므로 지금 어떤 사람에게 "너에게 천하를 주는 대신 너를 죽이겠다"라고 말한다면, 아무리 어리석은 자라도 결코 천하를 얻으려고 하지 않았을 것이다. 천하를 소유하는 것은 큰 이익이지만, 감히 이것을 사양하는 이유는 죽음을 면치 못한다는 사실을 알기 때문이다.

이와 같이 반드시 체포되지 않는다는 사실을 알게 되면 비록 시장 거리에서 효시되는 형벌을 가하더라도 사금의 채취는 그치지 않고, 반드시 죽는다는 것을 알면 천하를 준다고 해도 받는 자가 없을 것이다.

노나라 사람이 수렵을 하기 위해 자택에 불을 질렀는데, 때마침 북풍이 심하게 불어오자 불길은 남쪽으로 번져 나가 자칫하면 도읍까지 타 버릴 지경이 되었다. 애공은 걱정한 나머지 몸소 사람들을 인솔해 불을 끄려 했지만 애공 주위에는 사람이 아무도 없고 모두들 짐승을 잡는 데만 열중할 뿐 불을 끌 생각은 하지 않았다. 애공이 다급하여 공자를 불러다 그 대책을 묻자, 공자가 말했다.

"사냥하는 것은 재미있을 뿐만 아니라 벌을 받는 일도 없는데, 불을 끄는 것은 고통스럽고 상도 없습니다. 그래서 사람들이 불을 끄지 않는 것입니다."

"그럴 것 같습니다."

"사태가 긴급하며 상 줄 여유가 없습니다. 게다가 불을 끄는 자에게 전부 상을 준다면 나라의 재력을 다 소비해도 부족할 것입니다. 그러니 청컨대 형벌을 시행하는 것이 좋을 것입니다."

애공이 이에 동의했으므로 공자가 다음과 같이 명을 내렸다.

"불을 끄지 않는 자는 적군에게 항복하거나 도망한 엄중한 죄로 간주할 것이며, 짐승을 쫓는 자는 금지한 땅을 침입한 자와 같이 처벌하겠다."

그러자 이 명령을 알리기도 전에 불길은 이미 진압되었다.

성환이 제나라 왕에게 말했다.

"왕께서는 지나치게 인자하시고 지나치게 인정이 많으십니다."

"인자하고 인정이 많다는 것은 참으로 좋은 일이다."

"이것은 신하가 행할 선행이지 군주께서 행할 바는 아닙니다. 만약 신하로서 어진 자가 있다면 그를 상대로 의논하는 것은 참으로 좋은 일이며, 또 인정이 많은 자를 측근에 두신다면 결코 왕께서 미혹되는 일은 없을 것이지만, 인자하지 못한 신하는 의논 상대가 될 수 없기 때문에 인정이 없는 신하는 측근에 두어서는 안 됩니다."

"그렇다면 나의 어떤 점이 지나치게 인자하고, 어떤 점이 지나치게 인정이 많은가?"

"왕께서는 설공에 대하여 지나치게 인자하시고, 전씨 일족에 대해서 지나치게 인정이 많으십니다. 그런데 설공에 대해서만 지나치게 인자하시면 다른 신하들의 권위가 가볍게 되고, 전씨 일족에 대해서만 지나치게 인정을 베푸시면 그들은 법을 어길 것입니다. 신하들이 권위가 약해지면 밖으로 군사가 약해질 것이고, 왕의 일족이 법을 어기면 안으로 정치가 혼란스러워져 망국의 원인이 되는 것입니다."

위나라 혜왕이 복피에게 말했다.

"그대는 나에 대한 평을 들었을 텐데, 대체 사람들이 뭐라고 말하던가?"

복피가 대답했다.

"신은 왕께서 매우 자애롭다고 들었습니다."

왕은 흡족해하면서 다시 말하기를,

"그렇다면 그 자애의 효과가 장차 어느 정도까지 이르겠는가?"

"왕이 베푼 효과는 망국하는 데까지 이를 것입니다."

"자애는 선한 일인데, 이것을 행하여 망국에 이른다니 무슨 말이오?"

"대체로 자慈라는 것은 사람의 고통을 방관하지 못하는 마음이며, 혜惠라는 것은 사람에게 베풀기를 좋아하는 마음입니다. 사람의 고통을 방관하지 못하면 과실이 있어도 벌할 수가 없고, 사람에게 주는 것을 즐기면 공이 없어도 상을 주게 됩니다. 과실이 있어도 벌하지 않고, 공이 없어도 상을 준다면 나라가 망하는 것은 당연한 일이 아니겠습니까?"

제나라에서는 장례를 후하게 지내기를 좋아해서 삼베나 비단은 전부 죽은 자의 옷을 만드는 데 사용했고, 재목은 모두 내관과 외관으로 사용되었다. 환공은 이것을 걱정해서 관중에게 이렇게 말했다.

"삼베와 비단이 전부 사용되면 적과 대치했을 때 사용할 포장을 만들 수 없고, 재목을 다 사용하면 수비하는 시설을 갖출 수 없소. 그런데도 백성들은 장례식을 후하게 지내려고 하니, 어떻게 하면 이것을 금할 수가 있겠는가?"

관중이 대답했다.

"백성들이 하는 일은 모두가 명예를 위한 것이든가, 그렇지 않으면 이익을 위한 것입니다."

이 말을 듣고 환공은 곧 이러한 명령을 내렸다.

"내관과 외관을 지나치게 하면, 관을 만드는 자는 그 시체를 꺼내 욕보이고, 또 해당 상주를 엄중히 처벌하겠다."

시신을 꺼내 욕보이는 것은 명예를 실추시키는 일이며, 해당 상주가 처벌을 받는 것은 이롭지 못한 것이니, 누가 감히 장례식을 성대히 거행하려고 하겠는가.

위衛나라의 사공 시대에 한 죄수가 위魏나라로 달아났는데, 그곳에서 양왕의 왕후를 위해 질병을 치료해 준 자가 있어 양왕의 신임을 얻었다. 위나라 사공은 이 소식을 전해 듣고는 사자를 보내 금 오십 냥으로 그를 사오도록 했다. 그러나 사자가 다섯 차례나 왕복해 죄수를 사려고 했지만 양왕은 내주지 않았다.

그래서 사공이 좌씨라는 고을과 죄수를 교환할 것을 제안했는데, 이에 주위의 신하들이 간언했다.

"한 고을로써 보잘것없는 죄수 하나를 산다는 것은 상식 밖의 일입니다."

사공이 말했다.

"내 뜻을 여러 신하들은 모를 것이오. 무릇 나라를 잘 다스리려면 아무리 작은 일이라도 함부로 취급해서는 안 되고, 아무리 반란이

크더라도 겁을 먹고 방치해서는 안 되며 반드시 평정해야 되는 것이다. 만약 법이 행해지지 않고 죄를 벌하지 않는다면 좌씨와 같은 고을이 열 개가 있더라도 소용이 없지만, 법이 세워지고 형벌이 반드시 시행될 수 있게 된다면 비록 좌씨 고을 열 개를 잃는다 해도 해로울 것이 없을 것이다."

위나라 양왕은 이 말을 듣고,

"군주로서 이와 같이 나라를 잘 다스리려고 하는데 그 요구를 들어주지 않는 것은 상서롭지 못한 것이다."

고 말하고, 아무런 보수도 받지 않고 죄수를 수레에 태워 위나라로 돌려보냈다.

상이 박하고 믿음성이 없으면 신하는 군주를 위해서 일을 하지 않지만, 반대로 상이 후하고 이득을 얻을 것이 확실하면 신하들은 죽음도 가볍게 여기고, 있는 힘을 다하여 일을 하게 된다.

이것을 증명하는 옛일을 찾아보면, 월나라 대부인 문자는, 상으로써 아랫사람을 부리면 마치 사슴이 풀을 쫓아 움직이듯이 신하는 일을 게을리하지 않는다고 말한 적이 있다. 그래서 월나라 왕은 궁궐에 불을 지르고 불 끄는 데 참가하는 자는 포상하겠다고 했다. 그러자 사람들은 목숨을 걸고 불 속으로 뛰어들었던 일이 있다.

오기는 위나라의 서하 땅을 다스릴 때 수레를 길가에 세워 놓고 이것을 남문까지 운반하는 자에게는 상을 주겠다는 영을 내렸다. 이것은 매우 쉬운 일이었지만 수레를 운반해 간 자에게 약속한 상을 주자, 그 이후로 백성들은 윗사람의 명령을 믿고 일치단결하여 실적을 올린 예가 있다. 또 위나라의 이회는 궁술을 장려할 목적으로 소송이 들어오면 활을 쏘게 하여 이긴 자를 승소케 했고, 부모의 상을 당하여 슬퍼한 나머지 야윈 자에게 상으로써 관직을 주자 송나라의 숭문에 사는 사람들 가운데 복상 중에 말라 죽은 자가 많았다.

월나라 구천은 이와 같은 포상의 효과를 알고 있었기 때문에 노여 워하는 개구리에게 수레 위에서 경례를 행했고, 한나라 소후도 낡은 바지를 보관해 두었다가 공을 세운 자에게 그것을 내주었다.

포상이 후할 때에는 사람들은 누구나 맹분과 같은 용사가 된다. 부녀자들이 누에를 치고 어부가 뱀장어를 잡는 것도 모두 이익을 얻을 수 있기 때문인 것이다.

# 10
## 군주는 저울대 같은 상과 벌
## (이병二柄)을 갖고 있어야 한다

한비자는 군주 전제정치를 실시하기 위해서는 군주가 지켜야 할 엄격한 준칙이 있어야 한다고 생각했다. 먼저 군주는 사사로운 생각을 비우고 고요하게 있으면서 일을 하지 않고도 은밀히 신하들의 허물을 살펴보아야 한다. 신하들의 행실을 보고도 보지 못한 듯, 들어도 듣지 못한 듯, 알아도 알지 못한 듯해야 한다. 또 신하들의 의견을 듣고 난 다음에는 의견이 변경할 수 없도록 해서 실적이 의견과 일치하는지를 살펴보아야 한다. 또 일의 효용성을 높이기 위해 관의 부서에 한 사람씩 담당을 두어 정보를 주고받지 못하게 하여 모든 일을 완전하게 파악할 수 있게 해야 한다. 군주가 어떤 일을 계획할 때 그 속마음을 드러내지 않고 그 일에 대한 단서를 가린다면 신하들은 군주의 속사정을 추측할 수 없다.

그리고 군주가 자신의 지략과 재능을 버린다면 신하들은 그의 마음을 읽을 수 없다. 군주는 자신이 의도하는 바를 견지하여 신하의 주장과 실적을 종합적으로 맞추어 보고, 신중하게 상과 벌의 권한을 손안에 굳게 장악하여 신하들의 야망을 꺾어 군주 자리를 감히 욕심낼 수 없도록 해야 한다. 만약 군주가 허술하게 빗장을 지르고, 마음의 문단속을 단단히 하지 않으면 나라에 곧 사나운 호랑이가 나타나게 된다. 또 군주가 정사를 신중하게 처리하지 않고 속뜻을 감추지 않는다면 곧 간사한 역적이 생겨난다. 야심에 가득 찬 신하는 군주를 시해하고 그 자리를 대신 차지해서 백성 가운데 복종하지 않는 이가 없게 만드는 자를 사나운 호랑이라고 부른다. 군주의 곁에 있으면서 군주의 빈틈을 엿보아 난을 일으키는 자를 역적이라고 부른다.

군주에게는 권력을 상실하게 하는 다섯 가지 장애요인이 있다.

첫째, 신하가 군주의 눈과 귀를 가려서 듣지도 보지도 못하게 하는 것이다.

둘째, 신하가 나라의 중요한 경제기관을 손아귀에 넣어 군주의 명령에 순종하지 않고 자기 멋대로 제반 일들을 처리하는 것이다.

셋째, 신하가 군주의 허락 없이 자기 멋대로 명령을 내려 그 명령을 세상에 행하게 하는 것이다.

넷째, 신하 된 자가 의를 행하여 많은 사람들에게 은혜를 베풀어 신망을 사는 것이다. 신하가 비밀로 그 부하에게 은혜를 베풀고 백성에게 은택을 베풀면 그 덕은 군주로부터 그 사람에게로 자연스럽게 옮겨지게 된다.

다섯째, 신하가 개인적으로 사람의 마음을 얻어 작당하는 것으로, 만약 신하가 군주의 눈과 귀를 가리면 나라 안팎의 사정을 알 수 없다. 그러면 군주는 그 지위를 잃게 되고, 신하가 나라의 재정을 장악하면 군주는 은택을 베풀 수 없게 되며, 신하가 마음대로 명령을 내리면 군주는 행정의 통제력을 잃게 된다. 또 신하가 사적으로 작당을 이루면 군주는 자신을 편들 무리를 잃게 된다. 이러한 것들은 군주 한 사람만이 마음대로 할 수 있는 것으로, 신하된 자가 권세를 잡으면 군주에게 반드시 도전하게 된다.

그래서 상벌은 군주 스스로 행해야 한다. 현명한 군주가 신하를 통제할 때 사용하는 것은 두 개의 자루(이병二柄)뿐이다. 두 개의 자루란 형벌(형刑)을 주는 것과 은덕(덕德)을 베푸는 것이다. 무엇을 형과 덕이라고 하는가 하면, 사형에 처하는 것을 형이라고 하고, 공을 치하해 상을 내리는 것을 덕이라고 한다. 신하 된 자들은 벌을 두려워하지만 포상을 바라는 것이 사실이다. 그런 까닭에 군주가 직접 형벌과 포상을 관장한다면 신하들은 그 권위를 두려워하며 자신들이 이로운 쪽으로 행동하게 된다.

그러나 간신들은 그렇지 않다. 간신들은 자신이 미워하는 자가 있으면 군주로부터 형벌의 권한을 얻어내 죄를 뒤집어씌우고, 좋아하는 자가 있으면 군주에게서 포상의 권한을 얻어내 상을 준다. 오늘날 군주가 이처럼 상벌의 권한을 자신이 직접 관장하지 못하고 신하의 말만 듣고서 상벌을 시행한다면, 온 나라의 백성들은 모두 그 신하만 두려워하고 군주를 가볍게 여길 것이며, 백성들의 마음은 군주를 떠나 신하에게로 돌아간다. 이것은 군주가 형벌과 은덕을 잃었기 때문에 생겨난 환란이다.

무릇 호랑이가 개를 복종시킬 수 있는 까닭은 날카로운 발톱과 사나운 이빨을 지녔기 때문이다. 만일 호랑이에게서 발톱과 이빨을 떼어 개에게 그것을 사용하게 한다면 호랑이가 도리어 개에게 복종할 것이다. 군주는 이병인 형벌과 은덕으로 통제하는 자이다. 그런데 지금의 군주가 이병인 형벌과 은덕을 신하에게 주어 사용하게 한다면, 군주는 도리어 신하의 통제를 받게 된다.

군주가 통치를 하는 데 반드시 두 자루인 포상과 형벌을 사용해야 한다. 상벌로써 신하들을 위압하고 이익을 주었을 때 군주의 권세는 오래갈 수 있다. 군주는 어떠한 일이 있어도 포상과 형벌의 권한을 신하들에게 넘겨주어서는 안 된다. 상벌의 권한을 신하들에게 넘겨주는 것은 신하들에게 곧 칼자루를 넘겨주는 것과 마찬가지이다.

그 예로, 옛날에 제나라의 전상이라는 신하는 군주에게 작위와 봉록을 요청하여 그것을 여러 신하들에게 베풀어 주었다. 그는 아래로는 백성들에게 곡물을 꿔 줄 때는 큰 말로 퍼 주고, 거두어들일 때는 작은 말로 받아 은혜를 베풀었다. 이렇게 되자 제나라의 군주 간공은 은덕의 자루를 잃어버리고 전상이 그 권한을 잡게 되었으며, 간공은 마침내 시해를 당하고 말았다.

전상은 단지 은덕을 베푸는 권한만을 행사했을 뿐인데 간공은 그에게 죽음을 당하였다. 그런데 지금 신하들 중에는 이병인 형벌과 은덕의 두 권한을 모두 사용하는 자들이 있다면, 이것은 군주의 위험은 간공보다 더욱 위태로울 것이다.

군주가 눈과 귀가 가려지면 국정의 실상을 보고 듣지 못하고, 그러면 이병인 형벌과 은덕을 잃을 수밖에 없고, 신하가 군주대신 권력을 사용하게 하면 나라가 망하거나 위태롭게 되는 것은 당연한 일이다.

군주가 신하들의 간사한 행위를 금지시키려면 그들의 실적이 말과 합치되는지 살펴야 한다. 그것은 말과 일과 실적에 관한 사항이다.

이와 같이 나라를 다스리는 상과 벌, 두 가지 중에서 한 가지만 군주가 신하에게 양보해도 죽음을 당하거나 지위가 위태로워진다. 바로 제나라 간공과 송나라 군주가 그 본보기이다. 군주가 상벌을 신하에게 양보하는 것은 곧 자신의 임금 권한을 신하에게 넘겨주는 것과 같은 결과를 초래한다.

옛날 한나라의 소후가 술에 취해 잠이 들었다. 이때 군주의 관모<sub>冠帽</sub>를 담당하는 전관<sub>典冠</sub>이 군주가 추워하는 것을 보고 군주의 몸에 옷을 덮어 주었다. 소후는 잠에서 깨어난 뒤, 흡족해하며 주위의 신하들에게 물었다.

"누가 옷을 덮어 주었는가?"

곁에 있는 신하들이 다음과 같이 대답했다.

"관을 담당하는 전관이 했습니다."

군주는 이 말을 듣자 군주의 옷을 담당하는 전의<sub>典衣</sub>에게는 벌을 주고, 전관은 사형에 처하였다. 전의에게 벌을 준 것은 자신의 임무를 다하지 못했기 때문이고, 전관에게 벌을 준 것은 자신의 직무 범위를 월권하였기 때문이다. 추위에 떠는 것을 싫어하지 않는 사람은 없지만, 다른 사람의 직무의 권한을 침해한 폐해가 추위에 떠는 것보다 더 심하다고 생각했기 때문이다.

현명한 군주가 신하를 거느리면 신하들은 자기 직무를 넘어서는 공이 있을 수 없고, 진술한 말이 실적과 합당하지 않을 수 없다. 직무의 범위를 넘어서면 사형을 당하고 말과 실적이 합당하지 않으면 처벌을 당한다. 자기 직무만 충실하게 하고, 말한 내용이 실적과 일치하게 하면, 여러 신하들은 붕당을 만들어서 서로 결탁하지 못하게 된다.

군주도 사람인 이상 향기로운 것, 맛이 좋은 것 혹은 좋은 술이나 고기 같은 것을 입에 대면 그 맛의 달콤한 것은 일반 사람과 같다. 그런데 향긋하고 맛있는 좋은 술과 살찐 고기를 지나치게 탐하면 입에는 달지만 몸에는 해롭다. 아름다운 살결과 가지런한 흰 이를 가지고 있는 미녀를 옆에 두고 있을 때면 유쾌한 것이지만 상대적으로 정력이나 정신을 소모시킨다. 그러므로 심한 것을 그만두고 지나친 것을 억제하면 몸에는 곧 해가 없게 된다.

현명한 임금은 할 수 있는 일에 대하여 포상의 제도를 세우고, 피할 수 있는 범죄에 대하여 형벌을 시행한다. 그런 까닭에 어진 사람은 상에 격려된다. 그러면 자서가 충성스런 간언을 하다가 죽임을 당하는 것과 같은 화를 당하는 일이 없고, 불초한 자에게도 형벌이 적어서 타고난 꼽추에게 등이 굽었다고 성내어 그의 등을 쪼갬과 같은 부당한 형벌을 당하는 일은 없다. 장님은 평지에 있어 깊은 계곡에 빠지는 일이 없으며, 어리석은 자는 고요함을 지켜서 위험에 빠지는 일이 없다. 이렇게 하면 윗사람과 아랫사람 사이에 은혜로운 정이 맺어진다.

옛사람이 다음과 같이 말했다.

"그 마음은 알기 어렵고, 즐겨하고 성내는 것은 절도에 맞게 하기 어렵다."

그러므로 깃발로 표시하여 눈에 보이게 하고 북을 쳐서 귀에 들리게 하며, 법으로써 마음에 가르치는 것이다. 남의 임금 된 이가 이러한 세 가지 쉬운 방법을 버리고 한 가지 알기 어려운 마음을 행한다면 이러한 경우에는 성냄은 위에 쌓이고 원망은 아래에 쌓인다. 성냄을 가득 쌓은 임금이 원망을 가득 쌓은 아랫사람들을 통어한다면 양편이 모두 위태롭다.

현명한 군주의 표시는 사람들이 보기 쉬우므로 약속이 성립되고, 그의 가르침은 알기 쉬우므로 말이 실용되고, 그의 법은 실행하기 쉬우므로 법령이 시행된다. 이 세 가지가 확립되고 윗사람이 사사로운 마음이 없으면 아랫사람이 법을 준수할 수가 있어 나라는 잘 다스려진다. 표시를 바라보고 움직이며, 먹줄을 따라 깎고, 찢어진 데를 보아서 꿰매면 되는 것이다. 이렇게 하면 위에서는 법에 따르기 때문에 사사로운 일로 위엄을 부려 해독을 끼치는 일이 없고, 아래에서도 오직 법에 따라 행동하므로 자신의 어리석고 졸렬한 것으로 벌받는 일이 없어진다. 그러므로 위에서는 밝음에 처하여 성냄이 적고, 아래에서는 충성을 다하여 범죄가 적어진다.

# 11

## 이병은 군주가 장악하고
## 엄하게 실시해야 한다

### 군주는 신하와 함께 권세를 사용할 수 없다

조보는 네 마리 말이 끄는 수레를 모는 일에 능숙하여 자기 생각대로 말을 움직였다. 이와 같이 조보가 그 말을 자유롭게 부릴 수 있었던 것은 고삐와 채찍의 위력을 적절하게 사용했기 때문이다.

그러나 말이 갑자기 뛰쳐나온 돼지에 놀라 날뛰기 시작하자 조보도 제이할 수 없었던 것은 고삐와 채찍의 위력이 부족해서가 아니라 갑자기 뛰어든 돼지가 그 위력을 방해했기 때문이다.

왕어기라는 사람도 말을 잘 다루었는데, 그가 왕의 수레를 몰면서 고삐나 채찍을 사용하지 않고도 뜻대로 할 수 있었던 것은, 적절한 때에 말에게 좋아하는 풀과 물을 먹여 훈련시켰기 때문이다. 그러나 말이 논 옆을 지날 때 그 논에 괸 물을 보고는 멋대로 날뛰었던 것은 말이 좋아하는 풀과 물이 부족했기 때문이 아니라, 밭이나 연못에 먹이와 물을 주는 왕어기의 덕이 분산되었기 때문이다.

이와 같이 왕어기와 조보는 천하제일의 훌륭한 수레몰이꾼이지만, 어기로 하여금 왼쪽 고삐를 쥐고 말을 몰게 하고, 조보로 하여금 오른쪽 고삐를 쥐고 채찍질하도록 한다면 말은 십 리도 달리지 못할 것이니, 그것은 말을 두 사람이 몰았기 때문이다.

송나라 사성司城이라는 관직에 있는 자한이 송나라 왕에게 말했다.

"칭찬하여 상을 내리는 것은 백성들이 좋아하는 것이므로 군주께서 직접 시행하시고, 사형에 처하거나 벌을 주는 것은 백성들이 싫어하는 것이므로, 청컨대 신이 그 일을 담당하겠습니다."

송나라 왕이 쾌히 승낙하고, 명을 내려 천민을 죽이거나 대신들을 처벌할 경우에는 자한과 상의하게 했다.

이리하여 대신들은 자한을 두려워했고, 백성들은 모두 자한을 따랐다. 한 해가 지나자, 자한은 송나라 왕을 살해하고 왕위를 찬탈해 버렸다. 그러므로 자한은 갑자기 뛰어나온 돼지와 같이 행동함으로써 군주의 위엄과 빛남을 나누어 갖고 끝내는 그 군주의 나라를 빼앗은 것이다.

전련과 성규는 천하의 훌륭한 거문고 연주자이다. 그러나 전련에게는 거문고 위쪽을 연주하게 하고, 성규에게는 아래쪽을 연주하게 한다면 도저히 곡을 이룰 수 없을 것이다. 이것 또한 두 사람이 함께 한 거문고를 연주했기 때문이다.

왕어기와 조보의 뛰어남으로도 함께 고삐를 쥐고 말을 몰면 말을 부릴 수 없는데, 하물며 군주가 그 신하들과 함께 권세를 사용해

나라를 다스릴 수 있겠는가? 전련과 성규의 뛰어남으로도 한 거문고로 함께 연주하게 하면 곡을 이룰 수 없는데, 군주가 또 어찌 신하와 권세를 함께해서 공을 이룰 수 있겠는가?

제나라 간공은 군주의 자리에 있을 때 형벌을 무겁고도 가혹하게 처단했으며, 많은 세금을 지나치게 부과하고 죄목을 들어 죽이는 백성도 무수히 많았다. 그러나 당시 제나라의 재상이었던 전성항은 백성들에게 자애를 베풀고 너그러운 태도를 보였다.

간공은 제나라 백성에게 마치 목마른 말에게 물을 주지 않는 것처럼 은혜를 베풀지 않는 데 비하여, 전성항은 자애로움과 너그러운 마음을 표방하여 마치 못을 파 놓고 목마른 말에게 마음껏 먹이듯이 행동한 것이다. 그 결과는 보지 않아도 누구나 알 수 있다.

## 권세는 신에게 제사를 지내게 한다

진나라 소양왕이 병에 걸리자 백성들은 왕을 위해 기도했다. 그리하여 왕이 완쾌되자 소를 잡아 신사에 사의를 표했다. 그때 군주의 근신인 낭중 염알과 공손연이 외출했다가 이 모습을 보고 물었다.

"사제나 납제의 시기도 아닌데 어째서 소를 잡아 신에게 제사를 지내는가?"

이들을 이상하게 여기고 묻자, 백성들이 말했다.

"군주께서 병이 나서 그를 위해 기도했더니 지금 질병이 나으셨으므로, 그 감사의 뜻을 표하기 위하여 이렇게 소를 잡아 제사를 지내는 것입니다."

이 말을 듣고 염알과 공손연은 기뻐하면서 궁중으로 돌아가 왕에게 축하의 말을 했다.

"왕께서는 요순임금보다 뛰어나십니다."

왕이 놀라며 말했다.

"무슨 말인가?"

두 신하는 대답했다.

"요임금과 순임금 때도 백성들이 그들을 위해 기도한 일이 없습니다. 그런데 왕이 병들자 백성들은 소를 잡아 쾌유를 빌었고, 쾌유하시자 다시 소를 잡아 감사의 기도를 올리고 있습니다. 그러므로 신들은 왕이 요임금과 순임금보다 뛰어나다고 생각하게 된 것입니다."

왕은 이 말을 듣고 사람을 시켜 어느 마을에서 이런 일을 했는지 살펴보도록 했다. 그리고 그곳의 이장과 장로를 처벌하고 다섯 명마다 갑옷 두 벌씩 바치도록 벌을 내렸다.

염알과 공손연은 송구스러워하며 감히 아무 말도 못 하다가, 그로부터 수개월 후 왕이 주연을 베풀어 주흥이 무르익어 갈 무렵 이렇게 물었다.

"일전에 신들이 왕께서 요임금과 순임금보다 뛰어나다고 생각한 것은 결코 아첨하기 위한 것이 아닙니다. 요임금과 순임금이 병에 걸렸을 때도 그 백성들은 완쾌를 빌며 기도하지는 않았습니다. 그런데 왕께서 병환이 나시자 백성들은 소를 잡아 쾌유를 비는 기도를 올렸고, 완쾌하시자 또 소를 잡아 감사의 기도를 올렸습니다. 그런데도 왕께서는 마을의 이장과 장로를 처벌하고 다섯 명마다 갑옷 두 벌씩을 바치도록 벌을 내렸는데, 신들은 이것이 이상합니다."

그러자 왕이 말했다.

"그대들과 같은 지위에 있는 자가 어찌하여 그 이치를 모르는가?

대체로 백성들이 군주를 위하여 기도하는 것은 그들이 과인을 사랑하기 때문이 아니라 과인의 권세를 두려워하기 때문이다. 그런데 과인이 권세를 버리고 백성을 다스리면 어떻게 되겠는가? 그때 과인이 그들을 사랑하지 않으면 그들은 당장 과인을 배반하고 말 것이다. 이 때문에 과인은 은혜에 의한 정치를 저버리고 만 것이다."

## 권세는 사람들로 하여금 복종시키게 한다

환공은 포로의 신분인 관중을 풀어 주었을 뿐 아니라 재상으로 임명했다. 이에 관중이 말했다.

"신은 하해와 같은 은총을 받고 있습니다만 신분이 비천합니다."

"그렇다면 그대를 고씨와 국씨 위에 두겠소."

"소인은 덕분에 신분은 귀하게 되었지만 아직은 가난합니다."

"그렇다면 그대에게 삼귀三歸의 집(300승의 땅)을 주겠소."

"신은 덕택에 부자는 되었습니다만 공가公家와의 관계가 없습니다."

그래서 환공은 관중을 중부仲父로 삼았다. 소략은 이를 두고 이렇게 말했다.

"관중은 비천한 신분으로는 귀족들을 다스릴 수 없다고 생각했기 때문에 고씨와 국씨 위에 서기를 바랐고, 가난하면 부유한 자를 다스릴 수 없다고 생각했기 때문에 3귀의 집을 바랐던 것이다. 또 공가와 소원하면 군주의 일족을 다스릴 수 없다고 생각했기 때문에 중부의 지위를 바랐던 것이다. 관중은 탐욕스러워서가 아니라 나라를 잘 다스리기 위하여 그것들을 소원한 것이다."

어떤 사람은 이렇게 말했다.

"신분이 미천한 장확과 같은 노비로 하여금 군주의 명을 받들어 상경相卿에게 지시하게 한다면 감히 듣지 않는 자는 없을 것이다. 이는 상경이 비천하고 장획이 존귀해서가 아니라, 군주의 명을 받은 자에게 복종하지 않는 자는 있을 수 없기 때문이다.

지금 관중이 나라를 다스리는 데 있어 환공을 의지하지 않는다는 것은 사실상 군주가 없는 셈이 된다. 나라에 군주가 없다면 나라가 다스려질 수 없다. 만약 환공의 위광을 입고, 환공의 명을 대신 내린다고 하면 관중이 아닌 장획의 말이라 하더라고 누구나 따르게 마련이다. 어찌 고씨, 국씨나 중부라는 존귀한 가문을 기다린 후에라야 명령을 내릴 수 있단 말인가? 요즘 행사, 도승과 같은 말단관리도 군주의 명에 따라 징집명령을 내릴 때 지위가 높은 사람은 피하고 비천한 사람만을 상대로 하지는 않으며, 모든 사람에 대하여 평등하게 행하는 것이다. 즉 그 조치가 법률에 의한 것이라면 내시가 한 것일지라도 상경이 믿을 것이며, 법률에 의한 것이 아니라면 고관이 한 것일지라도 백성들의 뜻을 꺾을 수 없는 것이다.

그런데 관중은 군주를 높이며 법을 밝히는 일에 힘쓰지 않고, 주군의 총애를 더 받고 작위를 올리는 일에만 열중한 것이다. 결국 그가 부귀를 탐한 것이 아니라면, 그는 미욱하여 정치를 모르는 사라고 할 수밖에 없다. 그러므로 나는 관중에게는 과실이 있었고, 소략에게는 과찬이 있었다고 단언하는 것이다."

## 군주는 상벌권을 장악해야 한다

한나라 선왕이 규류에게 물었다.

"공중, 공숙 두 사람을 함께 쓰려고 하는데 어떻겠소?"

"옛날 위나라는 누완, 적황을 함께 써서 서하를 잃었고, 초나라는 고씨, 경씨를 함께 써서 언과 영을 잃었습니다. 지금 군주께서는 공중과 공숙을 함께 등용하려고 하시는데, 그리하면 그들은 반드시 권력 다툼을 하고 외국과 내통하여 자기들의 세력을 확장하려고 할 것입니다. 이렇게 되면 나라는 반드시 위태로워질 것입니다."

어떤 사람이 이렇게 말했다.

"옛날 제나라의 환공은 관중과 포숙을 함께 썼고, 탕왕은 이윤과 중훼를 함께 썼다. 만약 신하를 함께 쓰는 것이 반드시 나라의 근심이 된다면 환공은 어찌 패자가 될 수 있었으며, 탕왕은 어찌 왕 노릇을 할 수 있겠는가?

민왕은 요치 한 사람만을 쓰고도 그 몸은 동묘에 유폐되어 죽임을 당했고, 주부는 이태 한 사람만을 썼으나 굶주려 죽고 말았다.

군주가 상벌권을 장악하고 있다면 두 신하를 함께 써도 근심될 것은 없는 것이다. 그러나 상벌권을 장악하지 못한 채 두 사람을 함께 쓴다면 그들은 권력 다툼을 하고 외국과 내통하여 사사로이 당을 만들 것이며, 한 사람을 쓰더라도 상벌권이 없으면 신하는 정사를 단독으로 처리하며 군주를 위협하거나 죽일 것이다.

규류는 군주에게 상벌권을 말하여 바로 섬긴 것이 아니라 단지 두 사람을 쓰지 말고 한 사람만을 쓰라고 했다. 이것은 서하, 언, 영처럼 땅을 잃을 근심이 없다면, 반드시 군주 자신이 죽임을 당하거나 굶어 죽을 근심이 있을 것이다. 그러므로 규류는 왕에게 올바른 간언을 했다고 말할 수 없다."

## 형벌의 사용은 시의에 따라야 한다

제나라 경공이 재상인 안영의 집에 들러 이렇게 말했다.

"그대의 집은 너무 작고 시장과 가까우니, 그대의 집을 예장의 들판으로 옮겨 주겠다."

안영은 재배하고 사양하며 말했다.

"신의 집은 가난하여 시장에 의지하여 살아갑니다. 아침저녁으로 시장에 다녀야 하므로 시장이 멀어서는 안 됩니다."

"그대의 집안이 시장에 익숙하다고 하니, 물가가 어떠한지 아는가?"

당시는 경공의 형벌이 너무 가혹하다는 말이 나돌고 있을 때였다.

"용(踊: 발목이 잘린 자가 신는 신발)의 가격은 비싸고 일반 신발의 가격은 싸다고 하옵니다."

"어째서 그런가?"

"형벌이 많기 때문입니다."

경공은 놀라 안색이 변하며 "과인이 그처럼 난폭했던가?"라고 말하고는, 형벌 가운데 다섯 가지를 폐지했다.

어떤 사람이 말했다.

"안영이 용의 가격이 비싸다고 한 것은 사실을 지적한 것이 아니라, 방편으로 그런 말을 함으로써 많은 형벌을 없애려고 한 것이다. 그러나 이것은 정치를 알지 못한 데서 오는 병폐이다. 무릇 형벌이란 그 판결이 정당하다면 아무리 많더라도 결코 많다고 할 수 없고, 판결이 부당하다면 적더라도 결코 적다고 할 수 없는 것이다. 그러나 안영은 형의 부당함을 고치지 않고 무조건 많다고 했으니, 이는 정치의 도를 터득하지 못한 데서 온 병폐이다. 패해서 달아나는 군사는 백 명, 천 명을 벌하더라도 도주를 멈추지 않는다. 이와 마찬가지로 나라가 어지러울 때에는 형벌을 지나치다고 할 만큼 사용해도 간사한 행위가 사라지지 않는다.

그런데 안영은 형의 정당함과 부당함을 살피지 않고 단순히 지나치게 많다고만 말했으니, 이를 어찌 옳은 말이라고 할 수 있겠는가? 저 논밭의 잡초 뽑는 것을 아끼면 농부에게 해를 입히는 결과가 된다. 이제 형벌을 늦추고 관대하게 시행한다면, 이것은 간사한 자를 이롭게 하고 선량한 사람을 해치게 되는 것이다. 이는 정치하는 도리가 못 된다."

제나라 환공이 술에 취하여 그 관을 잃어버린 것을 부끄럽게 생각하고 3일 동안 조정에 나가지 않았다. 관중이 말했다.

"군주 된 자에게 있어 그러한 일은 수치가 아닙니다. 또 군주께서 진정으로 부끄럽게 생각하신다면, 어찌 선정을 베풀어 그 수치를 씻으려 하지 않으십니까?"

환공은 "그렇다"고 대답하고 창고의 곡식을 방출하여 가난한 백성들에게 나누어 주고, 또 죄수들을 다시 논죄論罪하여 죄가 가벼운 자는 풀어 주었다.

이런 일이 있고 3일이 지나자 백성은 노래하기를,

"임금님께서 다시 한 번 관을 잃으시면 좋겠네"

라고 했다. 어떤 사람이 말했다.

"관중은 환공의 수치를 소인들에 의해 씻게 했지만, 군자들로부터는 오히려 새로운 수치를 낳게 했을 뿐이다. 환공이 창고를 열어 빈민에게 베풀고, 옥에 갇힌 죄수 중 그 죄가 가벼운 자를 풀어 준 것은 정당한 행위가 아니라면 그것으로 수치를 씻었다고 할 수는 없다.

또한 그것이 정당한 행위라면, 환공은 정당한 일을 하지 않고 있다가 관을 잃은 뒤에야 비로소 행한 셈이니, 환공은 의를 행했을 뿐 관을 잃은 수치를 씻은 것은 아니다. 이것은 관을 잃은 수치를 소인에 의해 씻었다 하더라도, 군자에게는 당연히 해야 할 일을 그때까지 게을리했다는 수치를 남기게 된 것이다.

게다가 창고를 열어 빈민에게 베푼 것은 이를테면 공이 없는 자를 상 준 것이요. 죄수를 다시 논죄하여 그 죄가 가벼운 자를 풀어 준 것은 과실을 벌하지 않은 부당한 처사이다. 대체로 공이 없는 자를 상 줄 경우 백성은 곤궁하면 위에서 어떻게 해 줄 것이라는 요행을 바라게 되고, 또 과실을 벌하지 않을 경우 백성은 응징되지 못하여 부정한 일을 저지르기 쉬운 법이다. 이것은 나라를 문란케 하는 근본이니 어찌 수치를 씻을 수 있겠는가?"

옛날 주나라 문왕이 우를 침략하여 거와 싸워 이기고, 풍을 쳐서 자기 영토로 삼았다. 주왕은 이를 미워하여 기회가 오기를 기다렸다. 문왕은 걱정한 나머지 주왕에게 청하기를, 낙서의 기름진 사방 천 리의 영토를 바칠 테니 포락형炮烙刑만은 없애 달라고 청했다. 이에 천하 사람들은 모두 기뻐했다.

공자는 이 말을 듣고,

"인자하도다. 문왕이여! 천 리의 나라를 아끼지 않고 포락형을 없애 달라고 청했도다! 지혜롭도다. 문왕이여! 천 리의 땅을 주고 천하의 마음을 얻었도다!"

라고 했다. 어떤 사람이 말했다.

"공자는 문왕을 지혜롭다고 평했으나 이것은 잘못이다. 요컨대 지혜로운 자는 환난의 징조를 미리 알고 이것을 피하는 법이다. 그래서 그 몸에 화가 미치지 않는 것이다. 문왕이 주에게 미움을 산 이유가 무엇인지를 생각해 보면, 만약 그것이 문왕이 민심을 얻지 못했기 때문이라면 민심을 얻어 그 미움을 풀어도 좋을 것이다. 그러나 문왕은 크게 민심을 얻었기 때문에 미움을 받은 것인데, 다시 또 땅을 아낌없이 주왕에게 바쳐 민심을 얻었으니, 장차 천하를 빼앗지 않을까 하는 혐의를 입는 것은 당연한 일이다. 때문에 그는 뒷날 유리라는 곳에 감금되는 화를 입은 것이다.

이 경우에 꼭 맞는 정나라 장자가 한 말이 있다. 즉 참된 도를 터득한 자는 자기의 가치를 다른 사람에게 나타내려고 하지 않으므로, 되도록 아무 일도 하지 않으며 아무것도 노출하지 않는다고 한다. 그렇게 하면 남에게 의심받는 일이 없는 것이다. 공자가 문왕을 지혜로운 자라고 한 것은 이 점에까지 생각이 미치지 못한 때문이라고 하겠다.”

진나라 평공이 숙향에게 물었다.

“옛날 제나라 환공이 제후를 규합하고 천하를 통일한 것은 신하의 힘이 있었다고 생각하는데, 어떻게 생각하는가?”

“관중은 제나라에서 가장 훌륭한 신하이니, 그가 먼저 옷감의 재단을 했고, 다음에 빈서무가 실로 그 옷감을 꿰매고, 습붕이 거기다 장식을 달아 완성시켰습니다. 그리고 환공은 그 완성된 옷을 입었을 뿐입니다. 이렇듯 천하 패업은 신하의 힘으로 이루어진 것입니다. 환공에게 무슨 힘이 있었겠습니까?”

이 말을 듣고 사광은 거문고에 엎드려 웃었다. 평공이

“태사는 왜 웃는고?”

라고 묻자 사광이 대답했다.

“신은 숙향이 군주에게 대답한 말을 듣고 웃었습니다. 이제 말한 바와 같이 신하의 힘만으로는 아무것도 되지 않는 것입니다. 신하 된 자는 마치 요리사 같은 존재로서, 여러 가지 맛있는 음식을 만들 어 진상하더라도 군주가 먹지 않는다면 굳이 권할 도리가 없는 것입 니다. 즉 아무리 좋은 계책이라도 군주가 채용하여 실행하지 않으면 아무 소용이 없는 것입니다. 비유컨대 군주는 땅과 같고 신하는 초 목과 같아서, 그 땅이 기름져야만 초목은 성장하는 것입니다. 환공이 천하를 통일한 것은 전적으로 군주의 힘입니다. 신하에게 무슨 힘이 있다는 것입니까?"

어떤 사람이 말했다.

"숙향과 사광의 대답은 모두 편벽된 것이다. 대체로 천하를 통일 하고 제후를 규합한 것은 가장 뛰어난 사업으로써, 군주의 힘만으로 도 되는 것도 아니고 또 신하의 힘만으로도 되는 것이 아니다. 옛날 궁지기는 우나라에 있었고, 회부기는 조나라에 있었는데, 두 신하는 지혜가 출중하여 그들이 한 말은 사리에 적중했고 실시하면 공을 세 웠다. 그런데도 우나라와 조나라가 망한 이유는 무엇일까? 그것은 그 신하는 유능했지만 그 군주가 무능했기 때문이다.

또 건숙자가 간에 있을 때 간은 망했다. 그러나 건숙자가 진나라 에 사사 그 힘을 크게 발휘하여 진이 패자가 되는 기틀을 만들었다. 이것은 건숙자가 간에서는 어리석고, 진에서는 갑자기 지혜로워졌기 때문이 아니라, 뛰어난 군주가 있느냐 없느냐에 달려 있는 것이다. 숙향이 신하의 힘이라고 한 것은 잘못이다.

옛날 환공은 궁중에 시장을 두 곳 만들고 유곽을 마련하여 궁녀를 200명이나 두었으며, 머리는 산발한 채 의관도 쓰지 않았고, 여자들 을 수레에 태워 스스로 고삐를 잡고 자주 유람하는 등 밤낮으로 향락을 탐닉했다. 그러나 그는 관중을 신하로 두었기 때문에 5패의 우두머리가 된 것이다. 그런데 관중이 죽고 수조를 등용하자 그 몸은 죽임을 당했고, 그 시체에서 벌레가 기어 나올 때까지 매장되지 못한 것이다. 만약 군주의 힘이 중요하고 신하의 힘은 불필요한 것이라면 환공은 관중을 신하로 두었더라도 패업을 이루지는 못했을 것이다. 또 군주의 힘 때문이었다고 하면 수조를 등용했더라도 내란이 일어나는 일은 없었을 것이다.

옛날 진나라 문공은 제나라 왕녀를 사모하여 나라에 돌아가는 것을 잊고 있었다. 그러나 구범이 극구 간하여 귀국했던 것이다. 결국 환공은 관중의 힘으로 제후를 규합시키고, 문공은 구범의 힘으로 천하의 패자가 되었으니, 군주의 힘이라는 사광의 말도 역시 잘못된 것이다. 무릇 패자가 되어 천하에 공명을 세울 수 있었던 것은 군신 양편의 힘이며, 숙향과 사광의 대답은 모두가 편벽된 것이다."

## 상을 줄 때는 공과 사를 가려야 한다

진나라에 큰 기근이 있었다. 응후가 진나라 왕에게 이런 요청을 했다.

"다섯 곳의 왕실 금원禁苑에 채소와 나무열매가 많으므로, 이것을 나누어 준다면 수많은 백성들의 생명을 구할 수 있습니다. 청컨대 그것을 방출하여 은혜를 베풀도록 하십시오."

소양왕이 말했다.

"우리 진나라의 법에는, 백성들에게 공로가 있으면 상을 받도록 하고 죄가 있으면 벌을 받도록 되어 있다. 그런데 지금 다섯 군데 금원의 채소와 과실을 방출한다면 백성들의 공적 유무를 살피지도 않고 무조건 상을 주는 것이 된다. 그와 같이 공적의 유무를 동등하게 취급하는 것은 도리에 어긋나는 행위이다. 그러니 과인은 금원의 채소를 풀어 나라를 어지럽게 하기보다는 과일과 채소를 썩혀 버리는 한이 있더라도 법을 지키려는 것이다."

공손의는 노나라 재상으로 물고기를 좋아했다. 온 나라 백성들이 다투듯 물고기를 사서 그에게 바쳤다. 그러나 공손의가 그것을 받지 않자 그 동생이 물었다.

"형님은 물고기를 좋아하시면서 이를 받지 않는 이유는 무엇입니까?"

공손의가 대답했다.

"물고기를 좋아하기 때문에 받지 않는 것이다. 만약 내가 남이 주는 물고기를 받는다면 반드시 그 사람의 친절에 감사하는 마음이 생길 것이고, 따라서 자연히 장차 법을 어기게 될 것이다. 법을 어기면 곧 재상 자리를 잃게 될 것이고, 파직되고 나면 내가 물고기를 아무리 좋아한다 하더라도 그들은 나에게 물고기를 줄 리가 없을 것이다. 또한 재상직에 물러나 한가로운 몸이 되면 돈이 없어 좋아하는 물고기를 사 먹지 못할 것이다. 그러나 지금 물고기를 받지 않는다면 재상의 자리에서 물러날 리도 없고, 따라서 언제라도 물고기를 사 먹을 수 있으니, 이것은 곧 타인을 의지하지 않고 스스로 믿는다는 것을 분명하게 하는 것이다. 또한 다른 사람이 나를 위해 준다는 것은 내가 나를 위하는 것에 미치지 못하다는 사실을 분명히 밝히고 있는 것이다."

# 12
## 상은 공정해야 하고 벌은 엄해야 한다

조양자는 진양성에서 적에게 포위당해 한때 생명을 잃을지도 모르는 위험한 지경에 처하게 되었다. 그런데 가까스로 포위망을 벗어나자 그는 유공자 다섯 명에게 상을 주었다. 그중에서 1등상을 받은 자는 고혁이었는데, 이에 대해 장맹담이 물었다.

"진양사건에서 고혁은 큰 공을 세우지 못했습니다. 그런데도 그에게 1등상을 준 이유는 무엇입니까?"

이에 양자가 다음과 같이 대답했다.

"진양사건은 과인의 나라를 위태롭게 하는 것이었고, 사직 또한 그러하였다. 그래서 신하들 가운데 오만하고 과인을 업신여기지 않은 자가 없었는데, 유독 고혁만은 신하의 예를 잃지 않았기 때문에 그의 공을 으뜸으로 꼽은 것이다."

공자는 이 말을 듣고 이렇게 말하였다.

"어찌 이렇듯 훌륭하게 상을 내렸을까? 양자는 한 사람을 상 주어 천하의 신하 된 자로 하여금 감히 예를 잃지 않게 했도다."

어떤 사람이 이 말을 듣고 이렇게 말했다.

"공자는 올바른 시상법이 무엇인지를 모르고 있다. 상벌을 바르게 행할 줄 아는 군주 밑에서는 백관은 저마다 자기 직분을 지키되 게을리하지 않으며, 신하들은 예를 잃지 않는 법이다. 위에 있는 자가 법을 올바로 시행하니, 아래에 있는 자는 부정한 마음을 갖지 못한다. 군주의 저의가 이와 같아야만 올바른 상벌을 행하였다고 할 수 있는 것이다.

양자가 진양에서 명령해도 행해지지 않고 금해도 그치지 않았다는 것은, 양자에게는 나라가 없었고, 진양에게는 군주가 없었던 셈이 된다. 그렇다면 누구와 더불어 진양을 지켰단 말인가? 당시 양자가 진양성에 있을 때, 지백이 물로써 공격했으므로 부엌에서는 개구리가 헤엄쳐 다닐 정도였다. 그런데도 민심은 이탈함이 없었는데, 이것은 군주와 신하가 서로 친밀했기 때문이다. 즉 양자는 평소 아랫사람에게 많은 은혜를 베풀었던 것이다. 이처럼 명령하면 행해지고 금하면 그치는 법을 조정하고 있었음에도 불구하고 군주를 가볍게 보는 신하가 있었다는 것은, 양자가 벌준다는 것을 잊었기 때문이다.

신하 된 자에게 공이 있으면 마땅히 상을 주어야 하는데, 고혁이라는 자가 단지 오만하지 않고 군주를 무시하지 않았다고 하여 1등상을 내린 것은 상 주는 법을 잃은 처사이다. 현명한 군주라면 상은 공이 없는 자에게는 주지 않으며, 벌은 무고한 자에게는 내리지 않는다.

양자는 군주를 업신여긴 신하는 벌하지 않고, 공이 없는 고혁에게 상을 주었으니, 이를 어찌 올바른 시상법이라고 할 수 있겠는가? 그러므로 말하기를, 공자는 올바른 시상법이 무엇인지를 모른다고 했던 것이다."

## 상과 벌은 적법해야 원망이 없다

공자가 위나라의 재상으로 있을 때, 제자 자고는 옥리가 되어 어느 죄인의 발꿈치를 잘리는 형벌을 내린 적이 있었다. 발꿈치를 잘린 죄인은 그 후 성문의 문지기가 됐다. 그 무렵 어떤 사람이 위나라 왕에게 공자를 험담해 말했다.

"공자가 난을 일으키려 합니다."

위나라 왕은 이 말을 듣고 공자를 잡아들이려고 했으므로 공자와 그의 제자들이 달아났다. 자고가 뒤늦게 성문을 빠져나오려고 하자, 전에 발꿈치를 잘린 자가 그를 인도하여 성문 근처 문하생들이 묵는 방에 숨겨 주었기 때문에 추적하던 위나라 포졸은 발견하지 못하고 되돌아갔다. 한밤중이 되자, 자고는 발꿈치 잘린 자에게 물었다.

"나는 군주의 법령을 어길 수 없어 그대의 발꿈치를 직접 잘랐던 것이지만, 당신은 그런 나를 원망했을 것이다. 이제 그대가 복수할 기회가 왔는데 무슨 까닭으로 나를 달아날 수 있게 한 것이오? 당신 덕분에 이렇게 목숨을 건졌으니, 뭐라고 그 고마움을 말할 수 있겠소?"

발꿈치를 잘린 자가 말했다.

"제가 발꿈치를 잘리게 된 것은 당연히 그에 상당한 죄를 저질렀기 때문이므로 어찌할 수 없는 것이었습니다. 그러나 당신은 저의 죄를 판결할 때 다방면으로 법령을 살피시고, 또 앞뒤로 저를 변호해 죄를 줄여 주려고 애를 썼다는 것을 잘 알고 있습니다. 재판이 결정되고 죄가 확정되자 당신의 얼굴에는 안쓰럽고 괴로워하는 모습이 나타났습니다. 저는 그것을 보고 또 알았습니다. 그것은 저에 대한 사사로운 편견이 아니라 당연한 일이었으며, 당신의 천성이 인자하기 때문에 진실로 그러했던 것입니다. 이것이 제가 기꺼이 당신을 도와 조금이라도 이에 보답하려는 한 까닭입니다."

전자방이 제나라에서 위나라로 가는 길에 적황이 대부 이상의 지위에 있는 사람이 타는 수레인 헌軒을 타고 기병을 앞세워 지나가는 것을 보고는 문후라 생각하고 경의를 표하기 위하여 자기의 수레를 옆길로 비켜 세웠는데, 사실은 문후가 아니라 바로 적황이었다. 전자방이 적황에게 물었다.

"당신은 어째서 이런 훌륭한 수레를 타게 되었습니까?"

적황이 말했다.

"나는 군주께서 중산을 토벌하려고 할 때 자문에 응하여 적각이라는 자를 천거하였는데, 그 계획이 적중했소. 또 중산을 공격할 때 나는 악양이라는 자를 추천하여 중산을 함락시켰던 것이오. 그 뒤 중산을 얻은 뒤에 군주가 그곳을 다스리는 문제를 걱정했을 때 나는 이극을 추천해서 중산을 잘 다스리게 했소. 그래서 우리 군주께서 그 상으로 이 수레를 하사한 것입니다."

전자방이 말했다.

"그럴 듯합니다. 그만한 공로라면 그 정도의 은상은 오히려 박하다고 하겠습니다."

진나라와 한나라가 연합하여 위나라를 공격하려고 할 때, 위나라의 소묘는 사람을 보내어 설득한 결과 그 두 나라는 군사를 철수시켰다. 또 제나라와 초나라가 연합하여 위나라를 공격하려 할 때, 소묘는 동쪽으로 사람을 보내 설득했기 때문에 제나라와 초나라는 전쟁을 그만두었다. 그래서 위나라 양왕은 소묘의 공을 인정하여 녹봉을 내렸는데, 겨우 5승의 고을에 불과했다. 소묘가 이것을 부족하게 생각한 것은 당연한 일로써, 그는 이렇게 말했다.

"옛날 현인으로 불리던 백이가 장군의 신분으로서 수양산에 들어가 죽었는데, 만약 그를 장군의 예로써 장사를 지냈더라면 천하 사람들은 모두 백이를 위하여 대단히 가엽게 생각했을 것이다. 사람들은 모두 백이를 현명하고 인자스러운 사람이라고 칭찬하고 있었는데, 그런 인물을 고작 장군의 예로써 장사 지낸다는 것은, 마치 시체의 수족에다 흙도 제대로 덮지 않은 장례를 치른 것과 마찬가지로 그를 모욕한 짓이다. 지금 나는 네 나라의 군대를 물러가게 했는데도 왕께서는 나에게 고작 5승의 영지만을 내렸으니, 이것은 내 공적에 견주어 보면 너무 미미한 상으로서, 마치 큰 돈벌이를 하게 해주었는데 바랑을 지고 짚신을 신은 천한 꼴로 만든 것과 다를 바가 없다."

소실주는 옛날부터 정직하고 청렴하며 성실한 사람으로서 조나라 양왕의 호위병이었다. 하루는 중모에 사는 서라는 사람과 힘겨루기를 했는데 그에게 패했다. 그는 조정으로 들어가서 양왕에게 이 사실을 말하고 서에게 자신의 자리를 대신하게 하겠다고 했다. 양왕이 물었다.

"그대의 자리는 사람들이 누구나 부러워하는 자리이다. 무엇 때문에 서에게 자신의 지위를 양보하고 물러나겠다고 하는가?"

소실주가 말했다.

"저는 힘으로써 군주를 섬기는 사람입니다. 그런데 지금 서의 힘이 저보다 훨씬 강합니다. 만약 제가 물러나지 않는다면 아마도 다른 사람들은 저를 일컬어 자기보다 훌륭한 사람을 은폐하는 죄인이라고 저를 욕할 것입니다."

일설에는 소실주는 양왕의 수레에 배승하여 진양에 갔을 때, 역사 우자경이라는 자를 만나 힘을 겨뤘으나 이기지 못했다. 이에 소실주는 양왕에게 말했다.

"군주께서 저로 하여금 호위하도록 하는 것은 제가 힘이 강했기 때문입니다. 그러나 지금 저보다 힘이 센 자가 있으니, 원컨대 그 사람을 쓰도록 하옵소서."

군주는 자기 수중에 있는 상벌의 권한을 믿어야 하며, 신하들의 충성에 의지하려 해서는 안 된다. 그래서 동곽아는 관중에게 나라를 다스리도록 한 일을 비판했던 것이다. 또 법을 믿되 신하의 충성에 의지하려 해서는 안 된다. 그래서 혼헌은 문공을 비난한 것이다.

이와 같이 치국의 도를 아는 선비는 군주에게 상을 실수 없이 시행할 것을 권함으로써 신하들로 하여금 그 재능을 모두 발휘하게 했고, 반드시 벌하게 함으로써 간사함을 물리쳤다. 그 행위의 결점이 있는 자라 할지라도 쓰기에 따라서는 군주에게 이익이 되도록 할 수 있는 것이다.

벌과 상이 적법해야 신하와 백성이 원망이 없게 하기 위해서는 군주는 신하의 세력이 아닌 자신의 세력에 의지해야 한다.

제나라 환공이 관중을 재상으로 삼기로 마음먹고 신하들에게 명을 내려 말하기를,

"과인의 의견에 찬성하는 자는 문의 왼쪽에 서고, 반대하는 자는

문의 오른쪽에 서시오"

라고 했다. 그런데 동곽아라는 사람은 이 말을 듣고 한가운데 섰으므로 환공이 물었다.

"과인은 관중을 세워 재상으로 임명하는데, 찬성하는 자는 문의 왼쪽에, 반대하는 자는 문의 오른쪽에 서도록 명령했소. 지금 그대는 어째서 중간에 서 있는 것이오?"

"관중의 지혜로 능히 천하를 다스릴 수 있다고 생각하십니까?"

"그렇소."

"그의 과감한 결단력으로 능히 큰일을 결행할 수 있다고 생각하십니까?"

"그렇소."

"지혜는 능히 천하를 지배하고 결단력은 능히 큰일을 결행할 만한 능력이 있는 관중에게 정권을 모조리 맡겨 버린다면, 즉 그 정도의 역량이 있고 군주의 신임과 권세를 지닌 관중으로 하여금 제나라를 다스리게 하면 이 나라 사람은 모두 관중에게 귀복하여 군주를 존경하는 마음이 없어질 것입니다. 그렇게 되면 과연 나라가 무사할 수 있겠습니까?"

환공이 그럴듯하다고 생각하여 습붕에게는 나라 안의 일을 다스리도록 하고, 관중에게는 나라 밖의 일을 담당하게 해서 상방이 서로 견제하도록 했다.

진나라 문공이 망명 중에 있을 때, 기정은 항아리에 먹을 것을 담아 가지고 다녔는데, 한번은 길을 잃어버리는 바람에 문공과 서로 길이 어긋나고 말았다. 기정은 배가 고파 길에서 눈물을 흘릴 지경이었지만 허기를 참으며 감히 음식을 먹지 않았다. 그 후 문공이 나라로 돌아온 후 병사를 일으켜 원을 공격해 승리했다. 이때 문공이 말했다.

"기정은 굶주림의 고통을 참아 내며 내 음식이 들어 있는 항아리에는 손을 대지 않은 믿음직한 인물이니, 원을 다스리게 하더라도 설마 배반하지 않을 것이다."

그러고는 그를 원의 현령으로 임명했다. 그러자 대부인 혼헌이 이 소식을 듣고 잘못된 것이라고 하며 이렇게 말했다.

"기정이 군주의 음식에 마음이 흔들리지 않았다는 것으로 그가 모반하지 않으리라고 생각하시는 것은 잘못입니다. 현명한 군주는 신하들이 모반하지 않을 것에 의지하지 않고 스스로 모반하지 못하게 하는 술책을 갖추어야 하며, 또한 신하가 이편에 기만하지 않으리라는 것에 의지하지 말고 스스로 기만하지 못하게 하는 술책을 갖추어야 합니다."

노나라 양호는 군주를 기만하는 수단에 대하여 정의를 내리기를,

"군주가 현명하면 신하는 성심을 다하여 이를 섬기지만, 군주가 미욱하면 간계를 꾸며 그를 시험할 것입니다."

라고 했다. 양호는 결국 노나라에서 추방되어 제나라로 갔다. 그런데 그곳에서도 의심을 받자 끝내는 조나라로 달아났는데, 조나라의 간공은 그를 맞아들여 재상으로 삼으려 하자, 좌우 신하들이 물었다.

"양호는 교묘하게 국정을 도둑질하는 자인데, 무슨 까닭으로 재상으로 삼으려고 하십니까?"

"양호는 정권을 탈취하려고 힘쓰겠지만, 나는 그것을 지키고자 힘쓸 것이오. 그러나 내가 평소에 지키기를 잘하면, 그는 이득을 얻을 수 없을 것이오."

이와 같이 간공이 술수로써 그를 제어했으므로 양호는 감히 그릇

된 행동을 하지 못했다. 오히려 충심으로 간공을 잘 섬겨 그 세력을 확고히 다져 주었을 뿐만 아니라 패업을 성취하여 천하를 호령하게 만들었다.

## 적절한 상벌은 나라를 다스리는 예리한 무기이다

월나라 왕 구천이 대부 문종에게 물었다.

"과인이 이제부터 오나라를 정벌하려고 하는데, 가능하겠소?"

대부 문종이 대답했다.

"물론입니다. 군주께서 상을 알맞고 후하게 내리고, 형벌을 공정하고도 엄격하게 한다면 성공할 수 있습니다. 만약 상벌에 의하여 민심이 어떻게 움직이는가를 알고 싶으시다면 궁궐에 불을 질러 시험해 보십시오."

그리하여 왕은 궁궐에 불을 놓았는데, 누구 한 사람 불을 끄려고 하는 자가 아무도 없었다. 이에 문종이 다음과 같이 명령을 내렸다.

"백성들 가운데 불을 끄다가 죽은 사람은 싸움터에서 적과 싸우다가 죽은 전사자와 똑같은 상을 내릴 것이고, 불을 끄고도 죽지 않은 자에게는 적을 무찌른 자와 같은 상을 줄 것이다. 그러나 진화작업에 참가하지 않은 사람은 적에게 항복한 자와 같은 벌을 내릴 것이다."

그러자 백성들은 화상을 방지하기 위해 온몸에 진흙을 바르고 물 젖은 옷을 입고 앞다투어 화재현장으로 달려왔는데, 그 수는 좌우에 각각 3,000명이나 되었다. 이것을 보고 월나라 왕은 오나라와 싸우면 반드시 승리할 수 있다는 확신을 하게 되었다.

오기는 위나라 무후를 섬겨 서하의 태수로 있었다. 국경에 진나라의 작은 망대가 서 있었는데, 위나라 쪽으로 불쑥 튀어나와 매우 눈에 거슬렸다. 그래서 오기는 그것을 제거하려고 했다. 만약 그것을 제거하지 않으면 농민들이 농사를 짓는 데 방해가 될 것을 알았기 때문이었다. 그렇다고 망대 하나를 공격하는 데 큰 병력을 동원할 것까지는 없었음으로 오기는 먼저 수레 한 대를 성의 북문 밖에 세워 두고 포고령을 내렸다.

"이것을 남문 밖까지 옮겨 놓은 자가 있으면 비옥한 전답과 집을 주겠다."

그러나 누구도 명령을 믿지 못하여 옮기는 자가 없었다. 그러다가 마침 수레를 옮겨 놓은 자가 있었으므로 포고령을 내린 대로 비옥한 전답과 집을 상으로 내렸다. 그리고 얼마 뒤, 또 한 섬의 팥을 동문 밖에 두고 포고령을 내렸다.

"이것을 서문 밖으로 옮기는 자가 있으면 역시 저번과 같이 전답과 집으로 상을 내리겠다."

이번에는 사람들이 앞을 다투어 그것을 옮기려고 했다. 이에 오기는 이렇게 명령을 내렸다.

"내일 진나라 망대를 공격할 것인데, 가장 먼저 올라가 망대를 점령하는 자에게는 대부로 임명하고 비옥한 전답과 집을 줄 것이다."

그러자 사람들이 앞을 다투어 망대를 공격하여 한나절 만에 함락시키고 말았다.

송나라 숭문 쪽 마을에 사는 한 사람이 상을 당했는데 너무 애통해 하여 몸이 심하게 여위었다. 송나라 군주는 그를 어버이를 진심으로 사랑하는 효자라고 여겨 군대의 교관으로 임명했다. 그러자 그 이듬해부터는 부모의 상을 당해 말라죽는 자가 10여 명에 이르게 되었다.

자식이 어버이의 상을 당해 상복을 입는 것은 효성에서 자연히 우러나오는 것인데, 오히려 상을 받기 위해 생명이 위태로운 지경에 이른 자까지 생겨났으니, 하물며 혈육으로 맺어진 관계가 아닌 군주와 백성은 상으로 백성을 격려할 도리밖에 없지 않겠는가?

월나라 왕 구천은 장차 오나라를 토벌할 때에 백성들이 죽음을 각오하고 싸워 주기를 진심으로 바랐다. 그런데 구천이 외출했을 때 배를 크게 부풀리고 허세를 부리며 싸우는 개구리를 보고는 절을 했으므로 시종은 의아하게 여기어 물었다.

"어찌하여 개구리 따위에게 절을 하십니까?"

"저 개구리에겐 기개가 있기 때문이다."

이 이야기는 백성들 사이에 파다하게 퍼졌다. 그러자 그 이듬해부터 스스로 제 머리를 왕에게 바치기를 자원하는 자가 한 해에 10여 명이나 되었다. 이것을 보면, 칭찬만으로도 사람의 목숨을 바치게 할 수 있다.

일설에는 월나라 왕 구천이 허세 부리는 개구리에게 절을 하는 왕을 보고 시종이 그 이유를 묻자, 월나라 왕은 이렇게 대답했다고 한다.

"개구리가 이와 같이 당찬데, 경의를 표하지 않을 수 있겠는가?"

이 말을 들은 월나라 백성들이 말하기를,

"우리 왕께서는 기개가 있으면 개구리조차 존경하시는데, 하물며 사람들에게 용기가 있다면 얼마나 극진히 대우하시겠는가?"

라고 했다. 이해에 왕 앞에서 스스로 목을 자르는 자가 있었다. 이에 월나라 왕은 오나라에 복수하려고 마음먹고는 먼저 그 군령이 얼마만큼 철저하게 지켜지는지를 시험해 보기로 했다. 그리하여 누대에 불을 지르고 북을 치며 격려하자 백성들은 용감하게 불길을 향하여 돌진했는데, 그것은 그렇게 함으로써 상을 탈 수 있다는 확신이 있었기 때문이었다. 또 강가에서 북을 울리면 백성들은 두려워하지 않고 물속으로 뛰어들었는데, 그것도 역시 상을 받을 수 있었기 때문이었다. 마침내 싸움이 벌어졌는데, 머리가 잘리고 배가 갈라지면서도 도망하지 않은 것은 오직 상을 바라는 마음에서였다.

개구리에게 절을 하는 것과 같은 조그마한 술수로도 사기를 고무함이 이와 같은데, 하물며 현명한 군주가 법에 근거해 현명한 자를 격려한다면, 그 효과는 이보다 훨씬 더 클 것이다.

한나라 소후가 사람을 시켜 낡은 바지를 보관하도록 했다. 가까이 모시고 있는 시중이 그 이유를 물었다.

"소후는 어찌 그리 인색하십니까? 낡은 바지쯤은 측근에게 내려 주셔도 될 텐데 잘 보관하시라니 지나치지 않습니까?"

소후가 대답했다.

"너희들은 그 이유를 모를 것이다. 들건대 현명한 군주는 눈살을 찌푸리거나 미소를 짓는 데도 인색하게 하여 함부로 얼굴에 나타내지 않는다고 한다. 군주라면 눈살을 찌푸리거나 웃는데 그만한 이유가 있어야 하기 때문이니, 하물며 옷가지를 그러한 얼굴 표정에 비할 수 있겠는가? 나는 앞으로 공을 세운 자에게 그것을 내려 주고자 하여 일단 그때까지 보관해 두려는 것이다."

뱀장어는 뱀과 유사하고, 누에는 뽕나무벌레와 유사하다. 사람들은 뱀을 보면 놀라고, 뽕나무벌레를 보면 소름이 끼친다. 그러나 아낙네들이 태연히 누에를 치고, 어부는 손으로 뱀장어를 잡는다. 이와 같이 이익이 있으면 누구나 싫은 것을 잊고 모두 맹분과 같은 용사처럼 용감해진다.

## 나라는 군주에게 있어 수레이고, 권세는 말에 해당되므로 상벌권을 쥐고 있으면 나라가 잘 다스려진다

나무를 흔드는 경우, 나뭇잎을 한 잎 한 잎 끌어당기면 힘만 들 뿐 전체에 미치지 못하지만, 그러나 좌우에서 그 줄기를 잡고 흔들면 잎은 전부 흔들리게 될 것이다.

또 깊은 연못가에 있는 나무를 흔들면 새들은 놀라 높이 날아갈 것이고, 물고기는 두려워 물속으로 숨어 버릴 것이다. 그물을 잘 치는 사람은 그물의 벼리만 잡아당기는데, 큰 줄만 잡아당기면 그물 속에 있는 많은 물고기가 잡히게 된다. 그러므로 관리들은 백성들의 나무줄기이며 벼리이다. 그래서 성인은 관리를 다스릴 뿐 직접 백성을 다스리지 않는 것이다.

불길을 잡으려는 관리가 물을 담은 항아리를 들고 화재 현장으로 달려가게 한다면 한 사람 몫밖에 해낼 수 없으나, 채찍을 들고 지휘하여 사람들을 독려하면 많은 사람을 부릴 수 있으니 아무리 큰불도 능히 끌 수 있게 된다.

이 때문에 성인이 왕위에 있으면 백성 한 사람 한 사람에게 은혜를 베푸는 일을 하지 않는다. 또 현명한 군주는 하찮은 일에 일일이 참견하지 않고 신하를 시켜 처리하게 한다.

어느 날 조보가 마침 밭을 갈고 있을 때, 어떤 아버지와 아들이 수레를 타고 지나가는 것이 보였다. 그런데 말이 무엇에 놀랐는지 움직이지 않자, 그 아들은 수레에서 내려 말을 끌고, 아버지도 내려서 수레 뒤에서 밀었다. 그런데도 말은 꼼짝도 하지 않았으므로 가까이 있는 조보에게 수레 미는 것을 도와 달라고 부탁했다. 조보는 그래서 농기구를 수습해 묶어 수레에 올려놓고 그 부자에게 손을 뻗어 수레로 올라오도록 했다. 그러고는 말의 입에 물린 재갈을 점검하고 채찍을 들었는데, 아직 그것을 사용하기도 전에 말은 벌써 달리기 시작했다.

만일 조보가 말을 다루는 기술이 없었다면 부자와 함께 수레를 밀었더라도 말은 움직이려 하지 않았을 것이다. 그런데 조보가 수레에 편히 앉은 채 말을 달리게 하여 부자에게 은혜를 베풀 수 있었던 것은, 그에게 말을 부리는 기술이 있었기 때문이다.

쇠망치는 굽은 물건을 곧게 펴는 도구이다. 이와 마찬가지로 성인에게 있어서 법은 백성의 혼란을 제어하고 부정을 고치는 도구이다.

요치는 제나라의 재상에 등용되자 민왕의 목뼈를 잘라 죽이고 왕위를 탈취했다. 또 이태는 조나라에 재상으로 있을 때, 주부를 밀실에 가두고 굶주려 죽게 했다. 이 두 군주는 모두 쇠망치와 같이 법을 운용할 줄 몰랐기 때문에 그 몸은 죽임을 당했고 천하의 웃음거리가 된 것이다.

일설에 의하면 전영이 제나라의 재상이었을 때 어떤 사람이 왕에게 진언하기를,

"나라의 일 년 동안의 세입과 세출에 대해서는 며칠을 두고 왕께서 직접 조사하셔야 합니다. 그렇지 않으면 관리의 부정을 알 수 없을 것이니, 결국 나라의 기강이 확립되지 못합니다"

라고 하자, 왕은 이 충고를 받아들였다. 전영은 이 말을 전해 듣고 왕을 놀려 줄 생각으로 일부러 왕을 찾아가 일 년 동안의 수지결산을 조사해 줄 것을 청했다. 왕은 친히 그 세출과 세입의 장부 내용을 듣고자 했으므로, 전영은 관리로 하여금 담당관의 날인이 된 일체의

서류, 그리고 백성이 바친 곡물의 수량과 봉급의 지불증 등을 모두 가져오게 했다.

왕은 친히 그 장부를 보고 설명을 들었으나 끝내는 싫증이 나서 견딜 수가 없었으므로 일단 식사를 하고 다시 시작했는데, 해가 저물어도 일이 끝이 없었다. 전영이 말했다.

"이것은 모두 신하들이 일 년을 두고 밤낮으로 한 일입니다. 왕께서 밤을 새워 이것을 점검하신다면 신하들은 감격하여 큰 보람을 느끼고 더욱 열심히 일할입니다."

왕은 알겠다고 대답했는데, 너무 피로하여 그만 잠이 들고 말았다. 그러자 관리들은 손칼을 꺼내어 장부의 중요한 부분을 긁어내어 아랫사람이 속인 것을 알아채지 못하도록 만들었다. 이리하여 왕이 직접 회계감사를 한 후로는 나라만 더욱 혼란해지고 말았다.

## 일을 순리에 따라 행하면 힘들이지 않고도 이루어진다

자정은 손수레를 끌고 높은 다리에 오르려고 했는데, 그 다리에까지 이르는 제방이 급경사였으므로 혼자서는 도저히 올라갈 수가 없었다. 그래서 자정은 수레의 행목에 앉아 노래를 불렀다. 그러자 앞에 가는 자나 뒤에서 오는 자가 모두 힘을 합하여 노랫가락에 맞추어 수레를 밀어 주었기 때문에 다리에 올라갈 수가 있었다.

만약 자정이 술수로써 사람들을 움직이게 하지 못했더라면, 그가 있는 힘을 다하여 수레를 밀어도 다리에 올라가지 못했을 것이다. 그런데 이와 같이 힘들이지 않고 수레를 올릴 수 있었던 것은 그에게 사람을 부리는 기술이 있었기 때문이다.

조나라 간공은 지혜로운 군주로 알려진 사람인데, 어느 날 그가 세리를 지방에 파견하려 했다. 세리는 간공에게 세금을 무겁게 할 것인지, 아니면 가볍게 할 것인지에 대해서 지시해 달라고 했다. 이에 간공이 말했다.

"가벼워서는 안 된다. 또한 무거워서도 안 된다. 무거우면 그 이익이 위로 돌아가고, 가벼우면 그 이익이 백성에게 돌아갈 것이다."

이렇게 대체적인 방침을 지시한 다음, 관리에게 사리를 채우는 일 없이 공정하게 일을 마치라고 당부했다.

박의라는 사람이 간공에게 말했다.

"군주의 나라에서는 중산층 계급이 매우 풍족한 생활을 하고 있습니다."

간공은 얼핏 생각하기에 중산층 계급이 부유하다면 상류층 계급과 하류 계급도 그다지 곤란하지 않을 것이라는 생각에 매우 기뻐하며 물었다.

"어느 정도인가?"

"위를 보면 나라의 창고가 비어 있고, 아래로 보면 백성들이 굶주리고 궁핍한 생활을 하고 있습니다. 그런데 위와 아래의 중간층에 있는 관리가 아래부터는 많이 짜내고 위에는 성식하게 바치지 않기 때문에 그들만 풍족한 생활을 하고 있는 것입니다."

제나라 환공이 하루는 미복 차림으로 민가를 두루 순시하게 됐는데, 나이 많은 노인이 자식도 없이 홀로 살면서 곤궁한 생활을 하고 있었다. 환공은 그 까닭을 묻자 그는 이렇게 말했다.

"신에게는 자식이 세 명 있는데, 집이 가난해서 아내를 얻지 못하고, 모두들 멀리 고용살이를 하느라 아직 돌아오지 못하고 있습니다."

환공이 돌아와서 이 일을 관중에게 말했다. 관중이 이렇게 말했다.

"조정의 창고에 쌓아 둔 채 썩는 곡물이 많으면 백성들은 반드시 굶주리지 않을 수 없고, 궁궐 안에는 많은 궁녀가 시집을 가고자 해도 갈 수가 없어 원망하는 여자가 많으면 백성은 아내를 얻기가 더욱 어렵게 되는 것입니다."

환공은 관중의 말에 수긍하고 먼저 궁중에서 생활하는 여자들을 선별해 시집을 보내고, 백성들에게 다음과 같이 명령했다.

"남자가 스무 살이 되면 장가를 가게 하고, 여자는 열다섯 살이 되면 시집을 가게 하라."

연릉의 탁자가 꿩 털 모양의 청색 털이 있는 두 말이 끄는 수레를 탔다. 앞에는 금으로 된 장식을 달고, 뒤에는 날카로운 채찍이 있어 앞으로 가려고 하면 말고삐를 끌어당기고 물러서려고 하면 채찍질을 했다. 말이 앞으로 가려 해도 갈 수 없었고, 뒤쪽으로 가려고 해도 물러설 수가 없었으므로 재갈과 채찍을 피해 옆으로 달아났다. 그러자 연릉의 탁자가 화가 나서 수레에서 내려 칼을 뽑아 말의 다리를 잘랐다. 조보는 마침 이곳을 지나다가 이 비참한 광경을 보고는 하루 종일 식사도 하지 않고 눈물을 흘리며 하늘을 우러러 탄식하며 말했다.

"채찍은 말을 앞으로 나아가게 하는 도구이고, 입에 물린 재갈은 뒤로 물러서게 하는 것인데, 반대로 사용을 하니 말이 옆으로 비켜설 도리밖에 더 있는가? 치국하는 길도 이와 같은 것인데, 그럼에도 불구하고 오늘 군주는 청렴한 자를 등용하지만 주위의 신하들과 맞지 않는다고 하여 물러나게 하고, 어떤 사람은 공정하다고 칭찬하면서 군주의 말을 따르지 않는다 하여 축출한다. 이 때문에 백성들은 두려워하며 나아갈 방향을 잃고 어찌할 바를 모르는 것이다. 이것이 내가 군주를 위하여 울 수밖에 없는 이유이다."

## 논공행상은 정확해야 한다

진나라 문공이 장차 초나라와 전쟁을 하고자 하여 구범을 불러 물었다.

"과인은 장차 초나라와 전쟁을 하려고 한다. 그러나 초나라는 병사의 수가 많고 우리는 적으니, 일을 성공하려면 어찌하면 좋겠는가?"

"신이 듣건대, 군자는 번잡한 예의를 지키는 데는 충실을 다하지만, 전쟁에 임해서는 거짓으로 꾸미어 속임을 꺼려하지 않는다고 합니다. 그러니 군주께서는 적을 속이는 술책을 써야 합니다."

문공은 구범이 물러간 뒤 옹계를 불러 똑같은 것을 물었다. 옹계가 대답했다.

"사냥할 때 숲을 태워 버리면 많은 짐승을 잡을 수는 있겠지만, 그 뒤에는 반드시 짐승의 씨가 마를 것입니다. 속임수로써 백성을 대하면 한때는 승리를 차지할 수 있겠지만, 그 후로는 반드시 백성의 신망을 되찾을 수 없을 것입니다."

문공은 옹계의 말을 칭찬했으나 실제로는 구범의 계략에 따라 초나라와 싸워 승리했다. 그 후 귀국하여 논공행상을 행하는데, 옹계의 서열을 먼저 하고 구범을 그 뒤로 했다. 의아하게 생각한 신하들이 물었다.

"초나라 성복을 친 일은 구범의 모략에 따른 것인데도 불구하고 어찌하여 포상은 뒤로 하신 것입니까?"

"이는 그대들이 알 바가 못 된다. 구범의 말은 일시적인 모책이지만, 옹계의 말은 만세의 이익이 되는 말이다."

공자가 그 말을 전해 듣고 말했다.

"문공이 패자가 됨은 당연한 일이다. 이미 한때의 임시응변을 알고, 또 만세의 이익도 알았으니."

어떤 사람은 이 일을 논하여 이렇게 말했다.

"옹계의 대답은 문공의 물음에 합당한 것이 아니었다. 대체로 남의 물음에 대한 답은, 그 물음의 취지를 잘 생각하여 물음의 대소와 완급에 따라 해야 하는 것이다. 물음은 높고 큰데 낮고 좁은 것으로써 대답한다면 현명한 군주는 귀 기울이지 않을 것이다.

지금 문공이 적은 병력으로 많은 적을 물리칠 계책을 물었는데, 옹계가 '그 후로는 백성의 신망을 되찾을 수 없다'고 대답한 것은 질문에 대한 답변이 아닌 것이다. 게다가 문공은 일시적인 이익이 무엇인지를 알지 못했고, 또 만세에 통하는 이익도 알지 못하고 있었다.

싸워서 이기면 곧 나라가 평안하고 몸이 안정되며, 군대는 강해지고 위엄이 서게 된다. 그러므로 후에 비록 백성의 바람을 얻게 된다하더라도 이보다 더한 이익을 거둘 수는 없을 것이다. 이긴다는 것은 일시적인 이익이 아니며, 또 만세의 이익을 얻는다 해도 장차 환난이 닥치지 않으리라고 장담할 수 없는 일이므로, 이긴다는 것이 만세의 이익이라 해도 조금도 그릇된 말은 아니다.

만약 싸워서 이기지 못하면 나라는 망하고 군사는 약해지며, 몸은 죽고 명예는 사라진다. 그렇게 되면 당장의 죽음에서 벗어나려고 해도 불가능한데, 어느 겨를에 만세의 이익을 기다릴 수 있겠는가?

만세의 이익을 기대할 수 있는 것은 오늘의 승리에 있으며, 오늘의 승리는 적을 속이는 데 있다. 따라서 속이는 것이 곧 만세의 이익인 것이다. 그래서 옹계의 대답은 문공의 물음에 적합하지 않다고 한 것이다.

또 문공은 구범의 말도 이해하지 못했던 것이다. 구범이 속임수를 꺼리지 말라고 한 것은, 그 백성을 속이라는 말이 아니라 적을 속이라는 말이다. 적이란 정벌하고자 하는 나라를 말한다. 이미 정벌한 이상 뒤에 신망을 얻지 못한다 하더라도 걱정할 필요는 없는 것이다.

문공이 옹계를 우선적으로 포상한 것은 그에게 공이 있어서인가, 그렇지 않다. 초나라를 공격하여 적군을 무찌른 것은 구범의 모략이었던 것이다. 그렇다면 그의 진언이 훌륭했기 때문인가, 그렇지 않다. 옹계는 그 후로는 백성의 신망을 되찾을 수 없다고 말했을 뿐이다. 이것은 좋은 말이 아니다. 이에 비하여 구범은 두 가지를 겸했던 것이다.

구범이 말한 바는, 예의를 지키는 군주는 충실과 성실을 다한다고 한 것이다. 그 충실은 백성을 사랑하는 것이요, 성실은 백성을 속이지 않는다는 것이다. 그러니 구범은 이미 백성을 사랑하고 속이지 않을 것을 말했는데, 이보다 좋은 말이 어디 있겠는가? 그러나 반드시 속임수를 써야 한다고 말한 것은 군사상의 계책이었을 뿐이다.

구범은 처음에는 훌륭한 말을 했고, 뒤에는 전쟁의 승리를 가져오게 했다. 따라서 구범은 두 가지 공을 세웠음에도 불구하고 포상이 뒤로 미루어졌고, 옹계는 공이 하나도 없음에도 불구하고 먼저 상을 탄 것이다. 그러니 문공이 천하의 패자가 된 것은 당연하다고 말한 공자는 좋은 상이 무엇인가를 몰랐던 것이다."

## 13
## 군주가 도를 잃고,
## 신하가 예의를 잃은 일

　진나라 평공이 신하들과 주연을 베풀어 자리가 한창 무르익을 무렵, 탄식하며 말했다.

　"군주 된 자에게는 즐거움이란 하나도 없다. 무슨 말을 해도 이에 거스르지 않는 말밖에는 들을 수가 없다."

　곁에서 이 말을 들은 맹인 악사인 사광이 거문고를 들어 평공을 쳤다. 불의의 습격을 받은 평공은 다행히 피하기는 했지만, 거문고는 벽에 부딪쳐 구멍이 났다. 평공이 의아해서 물었다.

　"태사는 누구를 치려고 했는가?"

　사광이 대답했다.

　"지금 제 옆에서 소인의 말을 하는 자가 있기에 그를 쳤습니다."

　"그건 과인일세."

"그렇습니까? 그러나 그것은 군주 된 분이 하실 말씀은 아니옵니다."

좌우 신하들은 군주에게 함부로 대하는 습성이 생기지나 않을까 염려하여 거문고로 뚫린 벽의 구멍을 메우려고 했다. 그러나 평공은 말하기를,

"그대로 두라. 이것은 과인의 계명誠命으로 삼으리라"

고 했다. 어떤 사람은 이 일을 논하여 이렇게 말했다.

"평공은 군주로서의 도를 잃었고, 사광은 신하로서의 예의를 잃었다. 무릇 신하의 행위가 잘못되었을 때 그 몸을 벌하는 것은 군주의 신하에 대한 태도이다. 군주의 행위가 도에 어긋난 것이라면 마땅히 간해야 하며, 충성된 간언인데도 듣지 않으면 물러나는 것이 신하가 군주에 대한 태도이다.

지금 사광은 평공의 행위를 간하는 데 있어 신하의 예로써 하지 않고, 군주가 해야 할 벌을 행하여 거문고로 육체를 치려 했으니, 이는 상하의 지위를 거역하고 신하의 예를 잃은 처사인 것이다. 그러므로 신하 된 자는 군주에게 과실이 있으면 즉시 간하고, 간해도 듣지 않을 때는 작록도 사양하며 언제든지 물러갈 각오를 하고 군주의 반성을 기다려야 하는 것이다. 이것이 신하의 예의이다. 그러나 사광은 평공의 과실을 책망하여 거문고로 그 몸을 치려고 했으니, 엄한 아버지라도 아들에게 함부로 하지 않는 행동을 사광은 감히 저지른 것이다. 이것은 대역죄이다.

신하가 대역죄를 범했는데도 평공이 이를 용서했다는 것은 군주로서의 도를 잃은 처사이다. 이러한 평공의 처사는 군주가 본받을 바가 못 된다. 본받게 되면 군주는 충고를 잘못 해석하여 자기의 과실을 깨닫지 못할 것이기 때문이다. 또 사광과 같은 과실을 범해서는

안 된다. 신하로서 군주에게 간하여 듣지 않으면 군주를 시역해도 좋다는 것을 꾸미는 짓을 답습하게 해서는 안 된다. 즉 양쪽 모두가 그 도를 잃은 것이라고밖에 할 수 없다.

그래서 말하기를 '평공은 군주로서의 도를 잃고, 사광은 신하로서의 예의를 잃었다'고 한 것이다."

제나라 환공 때 한 처사가 있었는데, 그 이름을 소신직이라 했다. 환공이 세 번을 찾았으나 만날 수가 없었으므로 환공이 말하기를,

"듣건대 벼슬하지 않은 선비는 작록을 주어도 아낌없이 사양할 정도가 되어야 일국의 군주도 대수롭지 않게 여길 수 있으며, 만승의 군주는 인의를 숭상하지 않고는 벼슬하는 선비에게 머리를 숙이지 못한다고 한다. 과인은 인의를 숭상하므로 설사 소신직이 만나 주지 않더라도 끝까지 그에게 예의를 다할 것이다"

라고 하였다. 그리하여 환공은 다섯 번이나 찾아가서 마침내 그를 만날 수 있었다.

이런 일을 갖고 어떤 사람은 이렇게 말했다.

"환공은 인의를 모르는 사람이다. 원래 인의라는 것은 천하의 해를 근심하고, 나라에 어떤 걱정거리가 있으면 그것을 해결하기 위해서 그 몸이 치욕을 당해도 개의치 않는 것을 말한다. 그래서 이윤은 중국 본토가 어지러워 도가 행해지지 않는 것을 안타깝게 생각하고, 스스로 탕왕의 요리사가 되어 그의 신용을 얻고 끝내는 재상이 되어 나라를 평정했던 것이다. 백리해는 진나라가 어지러워 도가 행해지지 않는다고 생각했기에 노예가 되어 진나라 목공을 섬기다가 재상이 되어 나라를 바로잡았던 것이다. 이 두 사람은 천하의 해를 근심하고 나라를 구제하기 위하여 달려가 어떤 굴욕도 능히 견디어 냈다.

그러므로 이것을 인의라고 하는 것이다.

지금 환공이 만승의 대국의 권세를 지닌 채 한낱 은둔하는 선비에게 머리를 숙인 것은, 그와 더불어 제나라의 위난을 구제하고자 했기 때문이다. 그런데도 신하의 몸으로서 군주가 몇 번 찾아가도 만나 주지 않았다는 것은, 그가 일국의 백성이라는 것을 잊고 있었기 때문이다. 백성 된 본분을 잊었다는 것은 인의가 아니다. 인의를 행하는 자는 신하의 예를 잊지 않고, 군신의 지위를 손상하지 않는다. 대체로 그 영토 안에 있으면서도 토산품 같은 예물을 들고 군주를 배알하는 자를 일컬어 신臣이라고 하고, 또 군주를 섬기고 저마다 직분을 나눠 맡은 바에 최선을 다하는 관리를 일컬어 맹萌이라 한다. 그러나 소신직은 민맹民萌에 속해 있으면서도 군주의 소망을 거역했으므로 이는 인의라고 할 수 없다. 그런데 환공은 인의가 없는 자에 대해서 예의를 다했다. 아랫사람으로서 자기에게 재능이 있는 데도 환공을 피해 숨으려 했다면 이는 처벌해야 마땅한 것이며, 만약 재능이 없이 오만불손하여 환공을 피했다면 이는 기만한 것이니 반드시 사형에 처해야 한다. 이렇듯 소신직의 행위는 처벌이나 사형을 가해야 마땅했던 것이다.

그러나 환공은 군신의 도를 터득하지 못하고 처형해야 할 사람을 예의로써 대접했으니, 이것이야말로 위를 가볍게 보고 군수를 업신여기게 하는 본보기로써, 제나라 사람들을 나쁘게 가르치는 것밖에 되지 않는다. 결국 나라를 다스리는 방법이 아닌 것이다. 그래서 환공은 인의를 알지 못했다고 말한 것이다."

미계의 싸움에서 한헌자가 어떤 자를 사형에 처하려고 했다. 이 말을 전해 들은 극헌자는 그자가 무죄임을 믿고 급히 달려가 구하려고 했다. 그러나 극헌자가 당도할 무렵 이미 한헌자는 그를 사형시킨 뒤였다. 극헌자가 말했다.

"이미 처형했다면 어찌하여 이 사실을 군중軍中에 포고하지 않는가?"

그러고는 극헌자는, 자기와 한헌자 두 사람의 이름으로 처형자의 명단과 죄명을 적어 전군에게 알렸다. 그의 몸종이 의아하게 생각하여 물었다.

"이곳에 달려오신 것은 처형자의 무죄를 믿고 이를 구제하러 오신 것인데, 지금 전군에 대한 포고문은 어찌하여 두 분의 이름으로 내는 것입니까?"

"설혹 그자에게 죄가 없다손 치더라도 이미 죽은 바에야 시비를 가릴 수가 없다. 그러니 나는 한헌자와 비난을 함께 받아야만 한다."

어떤 사람이 이 사실을 두고 이렇게 말했다.

"극헌자의 말은 현명하나 잘 생각해 보지 않을 수 없다. 그는 한헌자에 대한 세상의 비난을 함께 나누어 가졌다고는 할 수 없다. 한헌자가 처형한 병사가 만약 죄인이었다면 당연히 구제할 수 없는 것이다. 죄인을 구제하는 것은 법을 어기는 소행이며, 법이 문란해지면 나라는 어지러워지는 것이다. 만약 죄인이 아닌데도 처벌하고, 게다가 한헌자를 권하여 군중에 포고했다면 이것은 무실無實의 죄를 이중으로 입힌 것이 된다. 무실의 죄가 겹치게 되면 백성은 원망하게 마련이고, 백성이 원망하면 나라는 위태로워지는 것이다.

극헌자의 말은 나라를 위태롭게 하거나 아니면 나라를 어지럽게 하는 일이 되므로 잘 생각해 보지 않으면 안 된다. 또 한헌자가 처벌한 자가 죄인이라면 이를 처형하는 것은 당연한 일로써, 극헌자는 굳이 세인의 비방을 나눌 필요는 없다. 또 만약 죄인이 아니었다 해도 이미 처벌한 후에 극헌자가 갔기 때문에, 이미 한헌자에 대한 비난이 성립된 연후에 나타난 셈이므로 그와는 아무런 관련이 없는 것이다. 극헌자가 군중에 포고하라고 말한 것은, 비난을 함께 나누자는 것이 아니라 오히려 잘못 처형했음을 포고했다는 비난을 새로이 불러일으키게 되는 것이다. 그러니 어찌 비난을 함께 나누었다고 할 수 있겠는가? 옛날 은나라 주왕은 구리기둥에 기름을 바르고 숯불에 달군 다음 죄인으로 하여금 그 위를 걷게 하여 죽이는 형벌을 시행했다. 그때 주왕의 중신인 숭후와 오래는 날마다 사람들로 하여금 강을 건너게 하고 도중에 사람들의 발을 끊어 넘어지는 것을 보고 즐겼던 것이다. 그러나 그들이 이렇듯 악행을 저질렀다 해도 주에 대한 비난을 함께 나눌 수는 없는 것이다.

게다가 백성이 군주에 대해 원하는 바는 참으로 간절한 것이다. 즉 백성은 군주 한 사람이라도 바른 사람이 있기를 원하는 것이다. 그러니 만약 한헌자가 불공평한 일을 저질렀다면, 극헌자는 공평한 조치를 하여 한헌자의 과실을 시정해 주었으면 하고 백성은 기대한다. 그런데 극헌자까지 그 기대를 저버린다면 백성은 윗사람에 대해서 절망할 수밖에 없다. 그러므로 극헌자의 말은 비방과 함께 나누는 것이 아니라 비방을 더욱 증가시키는 것이 된다.

극헌자가 달려가서 죄인을 구제하려고 한 것은 한헌자가 잘못을 저지르고 있다고 생각했기 때문이다. 그런데 그 그릇된 바를 말하지 않고 이를 권하여 전군에 포고하게 했으니, 이것은 한헌자에게서 그 과실을 깨달을 수 있는 기회를 박탈한 것이다. 결국 아래에 있는 백성들로 하여금 군주에 대하여 절망하게 하고, 또 한헌자가 그 과실을 깨닫도록 하지 못했으니, 나는 아직 극헌자가 한헌자에 대한 비난을 함께 나누겠다고 한 이유를 알 수가 없다."

# 14
## 군주가 주의해야 할 6가지 기미

**(1) 군주의 권력이 신하의 손 안에 있는 것(권차權借)으로 국가를 다스리는 예리한 무기는 다른 사람에게 보여서는 안 된다**

무거운 권세는 군주에게 있어 연못이고, 신하는 그 권세 속의 물고기이다. 만약 물고기가 연못을 밖으로 나가면 다시 돌이킬 수가 없듯이, 군주가 그 세력을 신하에게 잃으면 회복하기가 매우 힘들다.

이것은 군신에 관계된 것이기 때문에 노자는 그것을 노골적으로 말하지 않고 물고기에 비유하여 "물고기는 연못으로부터 벗어나서는 안 된다"고 말한 것이다.

상과 벌은 예리한 무기이다. 군주가 이것을 가지고 있으면 신하들을 제압할 수 있지만, 신하가 이것을 가지고 있으면, 군주의 눈과 귀를 막는다. 그러므로 군주가 누구에게 먼저 상을 주는지를 일러 주면 신하는 이것을 팔아서 자신의 덕으로 가장하여 생색을 내고, 군주가 누구를 먼저 처벌할 것인가를 알려 주면 신하는 이것을 팔아서 자신의 권세를 높이려고 할 것이다. 이 때문에 노자는 다음과 같이 말했다.

"국가를 다스리는 예리한 무기는 다른 사람에게 보여서는 안 된다."

제나라 정곽군 전영이 재상으로 있을 때, 그는 옛 친구와 오랫동안 이야기한 일이 있었다. 사람들은 그가 정곽군의 신임을 받는다고 생각해 뇌물을 보냈으므로 옛 친구는 부자가 되었다. 또 정곽군이 한 근신을 다정하게 대하는 것을 보고 사람들은 그가 정곽군 전영의 총애를 받고 있다고 믿어 아첨을 했으므로 그 근신은 강한 세력을 갖게 됐다. 대체로 오랫동안 이야기하거나 다정하게 대하는 것은 하찮은 일인데도 불구하고 그것을 자본으로 하여 부자가 되고 세력을 얻었으니, 하물며 신하가 군주의 위세를 빌려 이용한다고 하면 그 이상의 이익이 있으리라는 것은 짐작하고도 남음이 있다.

진나라 여공 때, 육경의 세력이 지나치게 강했으므로 서동과 장어교는 군주에게 다음과 같이 간언했다.

"지금 대신의 위세가 무거워 군주에 버금가고, 다투어 외국의 힘을 빌려 붕당을 만들고 있습니다. 이렇듯 아래로는 국법을 어지럽히고 위로는 군주를 위협하고도 나라가 위태로워지지 않는 경우는 아직 없었습니다."

여공은 이 말을 옳게 여기고 육경 가운데 세 명의 대신을 죽였다. 그러자 장어교는 또 간언했다.

"똑같이 죄를 지은 사람인데 일부만 주살하고 전부 처벌하지 않는다면, 살아남은 자들이 원한을 품고 군주의 틈을 엿보아 보복할 것입니다."

"나는 하루아침에 삼경을 죽였는데, 남은 사람들까지 모조리 죽인다는 것은 인정상 차마 하지 못하겠다."

장어교가 말했다.

"군주께서 차마 모조리 죽일 수가 없다고 하시지만, 살아남은 세 대신은 반드시 음모를 꾸며 군주를 시해할 것입니다."

진나라 여공은 이 권고를 듣지 않았다. 그 후 석 달이 지나자 남아 있던 삼경들은 반란을 일으켜 여공을 죽이고 그의 영지를 나누어 가졌다.

초나라 양공의 아첨꾼 주후라는 자가 현직에 앉아 나랏일을 제멋대로 주관했다. 초나라 양공은 그를 의심해 주위의 신하들에게 물었다. 주위에 있는 자들은 이렇게 대답했다.

"그런 일은 없었습니다."

그들의 말은 한 입에서 나오는 것처럼 똑같았다. 주후라는 사람에게 실권이 실린 것을 양공만 몰랐던 것이다.


## (2) 군주와 신하의 이해가 달라 신하들이 외국에서 힘을 빌리려고 하는 것(이이利異)으로 사람이 이해를 생각하는 것은 서로 다르다

위나라에 사는 부부가 신에게 기도를 드리는데, 부인이 축원하며 이렇게 말했다.

"우리에게 아무런 재난이 없게 하여 주시고, 벼 백 필만 얻게 해주십시오."

남편이 물었다.

"벼 백 필은 너무 적지 않은가?"

그러자 부인이 대답했다.

"아닙니다. 이보다 많으면 당신은 나를 버리고 첩을 얻으려고 할 것입니다."

초나라 왕이 공자들을 사방 이웃 나라로 보내 벼슬을 시키려고 하자, 대힐이 이를 충고하여 말했다.

"그것은 좋지 않습니다."

왕이 말했다.

"공자들을 사방 이웃 나라에 보내면, 그들을 반드시 중용할 것이다."

대힐이 말했다.

"공자들이 이웃 나라로 보내면 제후들은 대국인 초나라에서 온 공자이기 때문에 반드시 중용할 것입니다. 그러면 공자들은 인정상으로 반드시 자신을 중용한 나라를 위해 헌신할 것이며 서로 어울려 돕게 될 것입니다. 그렇게 되면 결국 외국과 결탁하여 사리를 도모하는 법을 가르쳐 주는 셈이 되니, 우리 초나라로서는 결코 유리하지 않습니다."

노나라 원로인 맹손과 숙손, 계손 세 성씨는 서로 힘을 합쳐 그 군주 소공을 협박해서 결국 그 나라를 빼앗아 마음대로 권력을 휘둘렀다. 일이 그렇게 된 사정은 다음과 같다. 그전에 그 세 대부의 세력이 군주를 위협할 만큼 막강해지자 소공은 이를 제어하기 위해 먼저 계손씨를 공격했다. 그때 맹손씨와 숙손씨는 서로 모의해 계손을 어떻게 구제할 것인지를 놓고 상의했다.

숙손씨의 마부가 말했다.

"우리들은 대신 집의 종들이므로 조정은 어떻게 되든 상관이 없지만, 그러나 계손씨가 있는 것과 계손이 없는 것 어느 쪽이 우리에게 유리하겠습니까?"

그러자 모두들 이렇게 말했다.

"계손씨가 망한다면 다음은 숙손씨가 망할 것이오. 그러니 힘을 합하여 계손씨를 구제합시다."

숙손씨는 서북쪽으로부터 관군의 포위를 뚫고 중앙으로 들어갔으며, 맹손씨도 이것을 보고 원병을 보내 세 성씨가 하나가 되어 소공을 쳤으므로 소공은 패주하여 건후라는 곳에서 죽었다.

공숙은 한나라의 재상으로서, 제나라에 대해서도 공적을 갖고 있었다. 그런데 공중이 한나라 왕으로부터 두터운 신임을 받고 있었으므로 공숙은 왕이 공중을 재상으로 삼을까 근심했다.

그리하여 먼저 제나라와 한나라를 동맹시켜 위나라를 공격하도록 했다. 그런 다음 공숙은 제나라 군대를 한나라 도읍인 정에 끌어들이고 이를 토대로 한나라 군주를 위협하여 자기 자리를 확고히 했으며, 한과 제 두 나라의 맹약을 확실하게 했다.

적황은 위나라 왕의 신하였는데, 한나라와도 친분을 맺고 있었다. 그래서 은밀히 한나라의 군대를 불러들여 위나라를 공격하도록 했다. 그러시고는 위나라 왕을 위해 한나라와 강화함으로써 자기 힘으로 이 난국을 수습한 것처럼 꾸며 그 지위를 튼튼하게 했다.

월나라 왕 구천이 오나라 왕 부차를 공격하자, 부차는 용서를 빌고 항복했으므로 구천은 용서하려고 했다. 이때 범려와 대부인 종이 간하였다.

"그렇게 할 수 없습니다. 지난날 회계산의 전쟁에서 하늘이 월나라를 오나라에 주었음에도 불구하고 오나라는 이것을 받지 않고 우리를 용서해 주었습니다. 그래서 이번에는 하늘이 오히려 부차를 뒤엎고 오나라를 우리 손에 쥐어 준 것이니 두 번 절하고 그것을 받아야 합니다. 결코 용서해서는 안 되는 일입니다."

한편 오나라 재상 비가 대부 종에게 편지를 보내 다음과 같이 말했다.

"속담에 이르기를, 날래고 약삭빠른 토끼를 다 잡고 나면 훌륭한 개도 삶아 먹는다고 했으니, 적국이 멸망하면 지혜로운 신하는 죽임을 당하게 되는 것입니다. 그러니 대부께서는 오나라를 용서하여 멸망시키지 않음으로써 월나라의 근심거리가 되도록 하고, 그로 인해 그 지위를 확고히 하는 것이 상책입니다."

대부 종은 편지를 받아 읽고 그럴듯하다고 생각했지만, 일신보다는 나라를 먼저 생각하는 충신이었으므로 탄식하며 말했다.

"내가 죽임을 당하는 것은 분명한 일이다. 오나라를 용서하여 적으로 만들고 내 지위를 굳힌다 해도 장차 오나라가 월나라를 정벌한다면 나라의 존립이 위태로워질 것이니, 월나라가 멸망한다면 그로서 내 목숨도 끝장날 것이 아닌가?"

대성우라는 초나라 재상이 한나라에 사신으로 가 새상 신불해를 만나 말했다.

"공께서 한나라의 힘으로 저를 조나라에 중용되도록 해주시면, 저는 조나라의 힘으로 당신을 돕고 한나라에서 당신이 중용되도록 애쓰겠습니다. 그렇게 하면 당신이 두 개의 한나라를 갖는 것이고, 나는 두 개의 조나라를 갖는 셈이 되는 것입니다."

여창은 위나라 왕의 신하인데 진나라, 초나라와도 친교를 맺고 지냈다. 그는 비밀리에 진나라와 초나라를 부추겨 위나라를 공격하도록 하고는 위나라를 위하여 강화하게 함으로써 위나라에 있어서의 자신의 지위를 튼튼하게 만들었다.

송석은 위나라 장군이고, 위군은 초나라 장군이다. 전에 이 두 나라가 전쟁을 일으켜 두 사람은 제각기 그 나라의 대장으로 출전한 일이 있었다. 그때 송석은 위군에게 이러한 편지를 보냈다.

"두 나라 군이 서로 대치하여 서로의 깃발이 보이는 위치에까지 진출해 있으나 싸우는 일은 피하도록 합시다. 원래 전쟁이란 양국의 군주에 관한 일이며 당신과 나 사이에는 아무런 원한도 없는 것입니다. 당신이 만약 나의 말에 동의하신다면 서로가 충돌을 피하도록 합시다."

백규는 위나라 재상이었고, 포견은 한나라 재상이었다. 백규는 포견에게 편지를 보내 이렇게 말했다.

"당신은 한나라의 힘을 이용해 위나라의 나를 도와주면 나는 위나라 힘을 이용해 한나라에서 당신이 중용될 수 있도록 노력하겠소. 그렇게 되면 나는 오랫동안 위나라를 다스릴 것이고, 당신은 오랫동안 한나라를 다스리게 될 것이오."

## (3) 신하가 유사한 부류에 의탁하여 속이는 사류似類로 이익을 얻기 위해 일을 도모한다

진수는 위나라 왕의 신하이면서 초나라 왕과도 가까이 지냈다. 그래서 그는 먼저 초나라를 선동하여 위나라를 공격하게 한 다음 스스로 위나라 왕에게 청하여 양국 사이에 드나들며 화해를 시켰다. 이와 같이 그는 초나라의 도움에 힘입어 끝내는 재상의 지위까지 차지하게 되었다.

한나라 소후 때, 기장 씨앗이 매우 귀해 기장 씨앗의 가격이 폭등한 일이 있었다. 소후가 사람을 시켜 창고지기들을 엄중히 문초했더니, 예상대로 창고에서 기장 씨앗을 훔쳐내어 외국에 팔고 있는 자가 많았다.

소해휼은 초나라의 신하였는데, 곡물과 사료를 넣는 창고에 화재가 났으나 방화범이 누구인지 알 수가 없었다. 결국 소해휼은 관리에게 명하여 띠풀을 파는 자를 잡아들여 문초한 결과 과연 그가 범인임을 밝혀냈다.

한나라 소희후 때에 요리사가 올린 국 속에 생간이 있었다. 소희후는 요리사의 조수를 불러들여 질책했다.

"너는 어찌하여 과인의 국 속에 생간을 넣었느냐?"

요리사의 조수는 머리를 조아리고 백배사죄하며 말했다.

"실은 이러한 실수를 저질러 요리장을 파면시키고 제가 그 후임이 되고자 하여 그리했습니다."

일설에는 이런 말이 있다. 소희후가 목욕을 하는데, 탕 속에 작은 돌이 있었다. 소희후가 물었다.

"이 실수로 나의 목욕 일을 맡은 사람이 파면되면 이 일을 대신 맡을 자가 있는가?"

주위에 있는 자들이 말했다.

"당연히 될 사람이 있습니다."

소희후가 그 사람을 불러들여 탕 속에 작은 돌을 넣은 이유를 물으며 꾸짖자 그가 대답했다.

"만약 목욕일 맡은 사람이 파면되면 제가 그 후임이 될 것입니다. 그래서 일부러 돌을 집어넣은 것입니다."

진나라 문공 때 요리사가 생선구이 바쳤는데, 어찌된 일인지 생선구이에 머리카락이 붙어 있었다. 문공은 요리사를 불러 책망하였다.

"너는 과인이 머리카락을 삼켜 목구멍이 막혀 죽도록 할 작정이었느냐. 어찌하여 이런 짓을 했느냐?"

요리사는 고개를 조아리고 두 번 절하고는 말했다.

"송구하옵니다. 생각하건대 저는 세 가지 죽을죄를 지었습니다. 먼저 숫돌에 칼을 가니 그 예리하기가 명검과 같았습니다. 그 칼로 고기를 잘랐지만 머리카락은 자르지 못한 것이 신의 첫 번째 죄입니다. 또한 나무 꼬챙이로 살점을 꿰뚫었습니다만 머리카락은 뚫지 못했으니, 이것이 두 번째 죄입니다. 그리고 그것을 활활 타는 숯불에 속까지 완전히 익도록 구웠으나 머리카락을 태우지 못했으니, 이것이 세 번째 죄입니다. 이러한 점으로 미루어 볼 때, 혹시 아랫사람 가운데 저를 미워하는 자가 있어 이러한 못된 짓을 했을지도 모를 일입니다. 부디 진상을 규명해 주십시오."

문공이 이 말에 수긍하고 아랫사람을 불러 문책을 했더니, 과연 그러했다. 그래서 범인을 색출하여 그를 벌주었다.

일설에는 이런 말이 있다. 진나라 평공이 손님과 주연을 열었다. 젊은 서자가 구운 고기를 바쳤는데 머리카락이 감겨 있었다. 평공은 요리사를 죽여서 이 명령을 위반하지 못하도록 했다. 요리사는 너무 억울하여 하늘에 우러러보며 탄식하며 말했다.

"아, 나는 죽을죄를 세 가지 지었다. 그러고도 스스로 그 죄를 알지 못했으니 어찌하리오."

평공이 무슨 뜻이냐고 묻자 요리사가 대답했다.

"제가 사용하는 식칼은 매우 예리하여 마치 바람이 풀을 스치듯이 닿기만 하면 무엇이든 쉽게 자를 수 있습니다. 그런데 머리카락만 잘리지 않았으니 이것이 첫 번째로 신이 죽어야 할 죄입니다. 또 가장 화력이 좋은 뽕나무 숯으로 고기를 구워 고기가 붉은빛에서 흰빛으로 될 때까지 잘 구워졌는데 머리카락은 타지 않았습니다. 이것이 두 번째로 신이 죽어야 할 죄입니다. 고기가 익어 또 몇 차례 주의해 살펴보았지만 고기에 머리카락이 감겨 있는 것을 보지 못했습니다. 이것이 세 번째로 신이 죽어야 할 죄입니다. 그러나 생각해 보면 아랫사람 가운데 저를 눈엣가시처럼 미워하고 있는 자가 있을지도 모를 일입니다. 지금 당장 저를 죽인다는 것은 다소 빠른 감이 있으니 좀 더 조사해 주십시오."

진나라 양후가 진나라의 재상으로 있을 때 제나라의 세력은 강했다. 양후는 진나라 왕을 세워 황제로 삼으려 했지만 제나라는 이를 듣지 않았다. 그래서 양후는 제나라 왕을 동제라 칭할 것을 조건으로 진의 요구를 들어줄 것을 요청하여 두 나라의 타협은 이루어졌으나, 결국 서로 황제로 칭하는 일은 이루어지지 않았다(두 나라는 타협했으나, 나른 나라에서 반대하여 뜻을 이루지 못했다가 우일 신시황 때에 이르러 소망이 이루어졌다).

## (4) 이해가 상반되는 것(참의參疑)으로 현명한 군주는 비슷한 세력의 대상을 견제해야 한다

진나라 헌공 때, 여희는 군주의 총애를 입어 그 지위의 존귀함이 정부인에 못지않았다. 그래서 그녀는 자신의 소생인 해제를 태자 신생 대신으로 삼고자 하여 신생을 군주에게 참소하여 죽이고, 마침내 해제를 태자로 삼게 했다.

정나라 군주는 이미 태자를 세웠지만 그 후 사랑을 독차지하고 있는 미녀에게 자식이 태어나자 그를 후계자로 삼으려 했다. 이에 태자의 모후인 정부인은 이를 걱정한 나머지 정나라 군주인 자기 남편을 독살하고 자기 아들의 위치를 확고히 했다.

위나라의 주우는 위나라 왕으로부터 대단히 총애를 받아 이윽고 그 권세가 군주에 비할 정도가 되었으므로, 신하는 물론 백성들까지도 그를 두려워했다. 후에 과연 주우는 그의 군주를 살해하고 정권을 탈취했다.

공자 조는 주나라의 태자였는데, 그 동생인 공자 근은 군주의 총애를 듬뿍 받았다. 군주가 죽자, 마침내 근은 동주를 근거로 하여 반란을 일으켰고, 결국 주나라는 동서로 나뉘게 되었다.

초나라 성왕은 상신을 태자로 삼았다. 이미 태자가 정해졌는데 그 후 동생인 공자 직을 더 총애하게 되자 태자를 폐하려 했기 때문에 상신은 난을 일으켜 성왕을 시해했다.

일설에는 이런 말이 있다. 초나라 성왕은 상신을 태자로 삼았는데 그 뒤에 공자 직을 다시 태자로 삼으려고 했다. 상신은 그 소식을 들었으나 확실한 것은 알 수가 없었으므로, 확인할 수 방법을 스승 반숭에게 물었다.

"어찌해야 사실 여부를 알 수 있습니까?"

반숭이 말했다.

"성왕의 애첩인 강미를 초대하여 그녀에게 술 마시기를 청해서 무레하게 행동해 보십시오."

태자가 그 말대로 하자 강미가 분연히 일어나 말했다.

"네 사람됨이 이렇듯 천박하니 군주께서 너를 폐하여 공자로 낮추고, 동생인 직을 태자로 세우려고 하는 것이 마땅하다."

상신이 이로써 소문이 사실이었음을 알게 되었다. 반숭이 물었다.

"당신은 순순히 공자의 지위로 물러서실 수 있겠습니까?"

"그렇게는 못 합니다."

"그러면 외국의 제후에게로 달아날 수 있습니까?"

"할 수 없습니다."

"그렇다면 큰일을 일으킬 수 있는 용기는 있습니까?"

"할 수 있습니다."

그래서 곧 숙소에 있는 병사들을 일으켜 성왕을 공격했다. 성왕은 이미 모든 것을 체념하고, 마지막으로 곰 발바닥을 삶아 요리한 음식을 먹고 싶으니 잠시 기다려 달라고 부탁했다(곰의 발바닥은 오랜 시간 삶아야 하는 것이므로 그동안에 원병이 도착할 시간을 벌어 볼 속셈이었던 것이다). 그러나 그 청이 받아들여지지 않자, 마침내 성왕은 자살을 했다.

한외는 한나라 애후의 재상이다. 이때 엄수 또한 군주의 총애를 받았으므로 두 사람은 서로 질투하여 매우 사이가 좋지 않았다. 이윽고 엄수는 자객으로 하여금 조정 안에서 한외를 암살하도록 했는데, 한외는 애후에게 달아나 보호를 요청했다. 그리하여 한외를 찌르고 애후까지 죽였다.

전상이 제나라의 재상으로 있을 때, 함지 역시 제간공에게 중용되고 있었다. 두 사람은 서로 총애를 다투었는데, 끝내는 사이가 벌어져 서로 상대방의 틈을 엿보게 되었다. 전상은 기회가 있을 때마다 백성에게 사사로이 은혜를 베풀고 민심을 얻어 나라를 취하고 마침내 제간공을 살해하고 정권을 탈취했다.

대환은 송나라 재상으로 있을 때 황희 또한 송나라 군주에게 중용되었으므로, 두 사람은 서로를 미워하여 죽이려고 했다. 황희는 마침내 송나라 왕을 죽이고 정권을 탈취했다.

진나라 호돌이 말하기를,

"한 나라의 군주가 후궁을 지나치게 총애하면 태자가 위태로워지고, 미소년을 즐기면 재상의 자리가 위태로워진다"

고 했다. 정나라 왕이 정소에게 물었다.

"태자의 인품이 어떠하오?"

정소가 대답했다.

"태자는 아직 태어나지 않았습니다."

군주가 의아하게 생각하여 물었다.

"태자는 이미 정해졌는데, 태어나지 않았다니 무슨 뜻인가?"

정소가 대답했다.

"태자는 비록 정해졌지만 군주께서 여색을 좋아하는 것이 끝나지 않았습니다. 만약 앞으로 총애하는 여인이 아들을 낳는다면 군주는 반드시 그 아들을 사랑하여 후사를 세우고자 하실 것입니다. 그러면 지금의 태자는 언제 폐하게 될지 알 수 없으므로 신은 태자가 아직 태어나지 않았다고 말씀드린 것입니다."

## (5) 윗사람과 세력이 비슷한 자가 있어 내부에 다툼이 일어나는 것(폐치廢置)으로 군주가 미혹되면 나라가 망한다

주나라 문왕은 비중에게 뇌물을 주어 은나라의 주왕의 좌우에서 내정을 정탐하게 하고 주왕의 마음을 미혹시키도록 했다.

초나라 왕이 진나라에 사신을 보내자 진나라 왕은 그를 후하게 후대하고는 신하들에게 말했다.

"적국에 현자가 있는 것은 우리나라의 근심이 된다. 오늘 당도한 초나라 왕의 사자는 매우 현명한 자이므로 과인은 은근히 걱정이 된다."

이 말을 들은 신하 한 사람이 다음과 같이 말했다.

"왕께서 현덕하시고 나라가 부강한데 어찌 적국의 현자 따위를 근심하십니까? 왕께서는 그 사신과 깊은 친분을 맺고, 은밀히 뇌물을 보내 가까이하도록 하십시오. 그렇게 하면 초나라 왕은 그를 우리나라의 첩자로 잘못 알고 반드시 죽일 것입니다."

공자가 노나라를 다스리던 때에는 나라를 다스리는 것이 훌륭히 이루어져 길에 물건이 떨어져 있어도 줍는 사람이 없었다. 제나라의 경공이 그 일을 근심하자 여차가 말했다.

"공자를 노나라에서 쫓아 버리는 것은 털을 날려 버리는 것처럼 쉬운 일입니다. 군주께서 두터운 녹봉과 높은 지위로 그를 초대한 다음 노나라 애공에게 여자 악공을 보내어 그의 마음을 어지럽게 만들도록 하십시오. 그러면 애공은 반드시 여자 악공이 연주한 음악을 즐겨 정치를 게을리할 것이고, 그렇게 되면 공자는 반드시 간언을 할 것이며, 이것을 군주가 듣지 않으면 공자는 노나라를 버리고 떠날 것입니다."

제경공은 이 말에 찬성하고 여차를 시켜 여자 악공 16인을 노나라 애공에게 보냈다. 노나라 애공은 이것을 탐닉하여 과연 정치를 게을리했다. 그래서 공자가 간했으나 애공은 듣지 않았으므로 노나라를 떠나 초나라로 가 버렸다.

초나라 왕이 간상에게 말했다.

"나는 우리 초나라의 힘으로 감무를 후원하여 진나라 재상이 되도록 하고 싶은데 어떻겠소?"

그러자 간상이 말했다.

"그것은 안 됩니다."

왕이 그 이유를 묻자 간상이 대답했다.

"감무는 소년 시절 사거 선생에게서 학문을 배웠는데, 사거는 본래 상채라는 곳의 문지기로서 크게는 군주를 안중에 두지 않고, 작게는 자기 집안을 돌보지 않았으며, 성품이 가혹하여 남에게 불친절하다고 소문이 나 있는 위인이었습니다. 그런데도 감무는 그를 빈틈없이 섬기며 그의 뜻에 순종하였습니다. 또 진나라 혜왕은 총명한 사람이고 장의는 대단한 변설가였습니다. 이러한 사람들 밑에서 일을 하기란 쉬운 일이 아님에도 불구하고 감무는 그들 밑에서 많은 관직을 역임한 현자입니다. 이러한 사람을 적국의 재상으로 보내는 것은 결코 우리 초나라를 위하는 처사가 아닙니다."

초나라 왕이 다시 적국의 재상 자리에 현명한 사람이 앉히면 안 된다고 하는 이유를 묻자 간상은 대답했다.

"앞서 군주께서 소활을 월나라로 보내 재상의 지위에 앉히고 5년 후에는 월나라를 멸망시킨 일이 있습니다. 이렇듯 일을 성공시킬 수 있었던 것은 월나라의 정치가 문란했던 반면에 초나라는 도리어 잘 다스려지고 있었기 때문입니다. 말하자면 소활과 같이 우매한 인물을 월나라 재상으로 한 것이 우리나라로 보아서는 유리했던 것입니다. 그런데 지금 군주께서는 벌써 이 일을 잊으시고 현자를 진나라로 보내시려 하니 신이 극구 안 된다고 말씀드린 것입니다.”

“그러면 어떻게 하면 좋을까?”

“공립을 보내는 것이 가장 좋을 것입니다.”

왕이 그 이유를 묻자 간상은 다음과 같이 말했다.

“공립은 어릴 때부터 진나라 왕의 총애를 받았고, 자라서는 존귀한 자리에 올라 장식한 왕의 王衣를 몸에 걸치고, 입에는 두약이라는 향초를 물고, 옥가락지를 끼고서 정사를 보는 화려한 사람이므로 반드시 진나라 국정을 문란케 하여 우리 초나라의 이익이 되게 할 것입니다.”

오나라 오자서는 초나라를 정벌하기에 앞서 초나라에 사람을 보내 다음과 같은 소문을 퍼뜨렸다.

“자기가 초나라에 중용될 경우 오나라는 군사를 일으켜 공격할 것이며, 만약 자상이 중용되면 군사를 철수할 것이다.”

초나라 사람들은 이 말을 믿고 자상을 중용하는 한편 자기를 물리쳤다. 오나라는 이로써 두려운 적장 자기를 제거했으므로 안심하고 초나라를 공격하여 승리를 거두었다.

진나라의 헌공은 우나라·괵나라를 치고자 했다. 그래서 먼저 굴땅에서 산출된 네 필의 명마와 수극에서 산출된 벽옥과 여자 악사 16인을 보내 군주를 미혹시키고 그 정치를 어지럽혀 놓았다.

정나라 환공은 회나라를 정벌할 생각으로 먼저 회나라의 호걸, 훌륭한 신하, 변설가, 지혜로운 자, 용사를 찾아 그들의 성명을 전부 적고는 뇌물을 보내는 한편, 그들에게 앞으로 줄 벼슬자리와 작위의 이름을 기록한 한 권의 장부를 만들었다. 그러고는 성곽 밖에 제단을 만들어 그 장부를 땅에 묻고 닭과 돼지 피를 뿌려 마치 맹약이 있었던 것처럼 가장했다. 이윽고 회나라 군주는 그것을 발견하고는 내란을 기도하는 자들이라고 오해하여 자신의 훌륭한 신하들을 전부 처형하였다. 환공은 이 틈을 타서 회나라를 습격해 마침내 차지하게 되었다.

진나라 숙향이 주나라 장홍을 제거하기 위하여 먼저 장홍이 숙향에게 보내는 것으로 되어 있는 가짜 편지를 작성했다.

"귀하께서는 진나라 군주에게 전하기를 '일찍이 군주께 약속드린 시기가 되었으므로 이제 군사를 일으켜 공격하시기 바랍니다'라고 해주십시오"

라는 내용의 편지를 짐짓 주나라 궁전에다 떨어뜨리고는 달아났다.

주나라에서는 이것을 보고 장홍이 나라를 팔아먹는 자라고 하여 죽이고 말았다.


## (6) 적국이 대신의 폐출과 등용에 관여하는 것(묘공廟攻)으로 묘당에 편히 앉아 천 리 밖의 적을 친다

진나라의 한 난쟁이가 초나라 왕과 가까운 사이였고, 또 초나라 왕의 근신과도 가까웠다. 그리고 자기 나라에서는 혜문공의 총애를 받았다. 초나라에 어떤 계획이 있으면 그는 언제나 제일 먼저 그 사실을 알고는 혜문공에게 밀고했다.

위나라 업 지방 현령 양자는 은밀하게 조나라 왕의 측근들과 친분을 맺고 있었다. 조나라 왕이 업을 칠 계획을 세울 때마다 양자는 항상 그것을 듣자마자 먼저 위나라 왕에게 알려 엄중하게 경계하도록 했기 때문에, 마침내 조나라도 단념하고 군사를 되돌리고 말았다.

위나라의 사군 때, 현령의 좌우에 그 충복을 배치하여 현령의 거동을 살펴 보고하게 했다. 어느 날 현령은 이부자리를 들추어 보니 자리가 매우 낡아 있었다. 이 사실을 보고 받은 사군은 현령에게 자리를 보내면서 말하였다.

"나는 그대가 이번에 침상을 손질할 모양인데, 자리가 너무 훼손되었다고 하니 새것을 보내는 것이오."

이에 현령은 매우 놀라 사군은 신통력이 있다고 생각했다.

# 15
## 현명한 군주가 지켜야 할 일

　제나라 환공이 자주색 옷을 즐겨 입자 나라 안 백성들도 모두 그 것을 본받아 자주색 옷을 입었다. 그래서 그 당시는 자주색 천 값이 크게 올랐는데, 흰색 옷감 다섯 필로도 자주색 옷감 한 필을 사지 못 할 정도였다. 환공이 이를 걱정해 관중과 상의했다.

　"과인이 자주색 옷을 좋아해서 자주색 옷감이 매우 비싸졌소. 그 런데도 온 나라 백성들이 모두 자주색 옷 입기를 좋아하는 것이 그 치지 않고 있소. 과인이 대체 어찌해야 되겠는가?"

　"군주께서는 이것을 근절시킬 생각이라면 시험 삼아 자주색 옷을 당분간 입지 말아 보십시오. 그리고 주위 사람들에게 '나는 자주색 옷이 싫어졌다'고 말씀하시고, 그들 가운데 그러한 옷을 입은 자가 있으면 '이제는 자주색은 보기도 싫으니 물러가라'고 하십시오."

환공은 당장 관중의 말대로 실행했다. 그러자 그날부터 궁궐에는 자주색 옷을 입은 자가 없어졌고, 다음 날에는 서울 장안에 자주색 옷을 입은 자가 없어졌으며, 사흘째가 되는 날에는 나라 안에 자주색 옷을 입은 자가 한 명도 없게 되었다.

일설에는 이런 말이 있다. 제나라 왕이 자주색 옷 입기를 좋아했으므로 제나라 사람들도 모두 그런 옷 입기를 좋아했다. 제나라에서는 흰색 옷감 다섯 필로도 자주색 옷감 한 필을 사지 못했다. 제나라 왕은 자주색 옷감이 비싸진 것을 걱정했다. 사부가 왕에게 말했다.

"『시경』에 '스스로 하지 않고 몸소 하지 않으면 많은 백성들은 믿지 않는다'고 했습니다. 지금 왕께서 백성들이 자주색 옷 입기를 바라지 않는다면 왕 자신부터 자주색 옷을 벗고 조정으로 나가십시오. 신하들 가운데 자주색 옷을 입은 자가 앞으로 나오면 '멀리 가라. 과인은 자주색 옷을 싫어한다'고 하십시오. 이날로 가까이 있는 신하들 가운데 자주색 옷을 입은 자가 없어질 것이고, 그달 안에 서울 장안에 자주색 옷을 입은 자가 없어질 것이며, 이해 안에 나라에 자주색 옷을 입은 자가 없어질 것입니다."

정나라 간공이 자산에게 말했다.

"우리 정나라는 나라가 작고 초나라와 진나라 사이에 끼여 있는데다가 지금 성곽이 허술하고, 병사와 무기가 갖추어지지 않았소. 장차 큰 변을 당하게 되지 않을까 불안하니 이 사태에 대비할 수 있겠소."

자산이 말했다.

"신은 오래전부터 이웃 나라와의 우호관계를 돈독히 하는 데 힘써왔으며, 백성들을 독려하여 나라 안을 견고하게 지키게 하고 있습니다. 비록 나라는 작지만 위태롭게 되지는 않을 것입니다. 군주께서는 걱정하지 너무 마십시오."

이렇게 해서 간공은 죽을 때까지 걱정할 일이 없었다.

일설에는 다음과 같은 말이 있다. 자산은 정나라 재상이 됐다. 간공이 자산에게 말했다.

"술을 마셔도 즐겁지가 않다. 제사를 모시는데 제기를 갖추지 못한다든지 또는 음악으로 조상에게 제사 드리는데 그 음악에 필요한 종이나 북이나 피리 같은 것을 갖추지 못하는 일이 있다면 그것은 전적으로 과인의 책임이다. 그러나 나라가 안정되지 못하고, 백성들이 잘 다스려지지 않으며, 농부와 군인이 서로 단결하지 못하는 것은 그대의 죄인 것이다. 그대에게는 그대의 직분이 있고, 과인에게는 과인의 직분이 있으니, 각각 저마다 맡은 바 직분을 다하여 나라를 지키도록 하자."

이로부터 자산이 정치를 한 지 5년이 지나 나라에는 도적이 없어졌고, 길에서 떨어뜨린 물건을 줍지 않았으며, 복숭아나 자두가 무르익어도 따 가는 자가 없게 됐고, 바늘과 같은 작은 물건을 잃어버려도 며칠 후에 그곳에 가 보면 되찾을 수 있었다. 자신이 이와 같이 계속 3년 동안 그 정책을 변경하지 않고 시행하자 백성들의 생활은 안정되고 흉년에도 굶주리는 사람이 없었다.

위나라의 소왕은 친히 정사에 관여하기로 마음먹고 그 뜻을 맹상군에게 상의하자, 맹상군이 이렇게 말했다.

"그러한 생각이시라면 먼저 법전을 익히도록 하십시오."

그리하여 소왕은 법전을 숙독하기로 했는데, 10여 장쯤 읽고는 그만 지쳐 잠이 들고 말았다. 소왕은 잠에서 깨어나, "과인은 끈기가 없어 이 법전을 다 읽지 못하겠다"하고는 팽개치고 말았다. 군주가 된 자가 몸소 나라의 권력을 잡지 못하고 신하들이 마땅히 해야 하는 일을 하려고 하니, 졸리는 것 또한 당연하다고 하겠다.

공자가 말했다.

"비유컨대 군주는 사발과 같고 백성은 물과 같아 사발이 네모지면 물도 네모지게 되고, 사발이 둥글면 물도 둥글게 된다. 군주 된 사람은 모든 면에서 백성의 사표가 되어야 한다.

추나라 왕이 긴 갓끈을 매고 있었는데, 주위에 있는 신하들도 모두 갓끈을 길게 매어 갓끈이 매우 비싸졌다. 추나라 왕이 이를 걱정하며 주위 신하들에게 그 까닭을 물으니, 주위에 있는 자들이 이렇게 말했다.

'왕께서 갓끈을 길게 매는 것을 좋아해서 백성들 또한 대부분 갓끈을 길게 매기 때문에 비싸진 것입니다.'

이 말을 들은 왕이 솔선하여 먼저 자신부터 갓끈을 자르고 나오자, 나라 안의 사람들은 모두 왕을 본받아 갓끈을 길게 매지 않게 되었다.

이것은 그 목적을 달성했지만, 실은 어리석은 처사다. 왕이 명령을 내려, 백성들의 의복에 대한 제도를 정하면 되었을 것이다. '왕이 무슨 일을 하든 함부로 그 흉내를 내서는 안 되며, 신분에 따라 지켜야만 한다'는 금령이 있다면 누구나 왕을 흉내 내지 못할 것이다. 즉 법령으로써 아랫사람을 금하지 않고 스스로 갓끈을 자르고 나와 백성들에게 보인 것은, 자기 자신을 욕되게 하고 위엄을 잃은 처사이다."

## 현명한 군주는 신의를 쌓아야 한다

군주가 작은 신의라도 소홀히 하지 않고 지킬 때 비로소 큰 신의를 세워질 수 있다. 그래서 현명한 군주는 신의를 쌓는다. 상벌에 신의가 없으면 금령은 시행되지 못한다. 그 실례로는, 진나라 문공이 원을 공격한 일, 기정이 백성을 굶주림에서 구제해 준 이야기에서 신의의 소중함을 알 수 있다. 이 때문에 오기는 이튿날까지 약속한 친구가 오는 것을 기다렸다가 비로소 식사를 했고, 위나라 문후는 임금의 몸으로서 폭풍우를 무릅쓰고 사냥터로 가서 관리들과의 약속을 지켰다.

그러므로 현명한 군주가 신의를 나타내는 일은 증자가 돼지를 잡은 것과 같이해야 한다. 신의를 지키지 않은 그 폐해가 되는 예는, 초나라 여왕이 경계하는 북을 잘못 울린 일, 이회가 좌우의 군문을 지키는 병사들에게 적이 온다고 속여 후일 군대가 전멸당한 일이다.

진나라 문공이 원이라는 곳을 공격하기로 했을 때, 열흘분의 식량을 준비하도록 하면서 대부들과는 열흘 안으로 함락시키기로 기한을 정했다. 그러나 원에 도착한 지 열흘이 지났지만 함락시키지 못하자, 문공은 종을 쳐서 병사들을 물러나게 한 뒤 거두어 떠나려고 했다. 그때 성안으로 들여보낸 첩자가 돌아와서 보고하기를, "원은 앞으로 사흘만 지나면 항복할 것입니다"라고 했으므로 주위에 있는 신하들이 문공에게 간언했다.

"원은 식량도 떨어지고 병사들도 지쳤다고 하니, 주군께서는 조금 더 기다리는 것이 좋을 줄 압니다."

문공이 말했다.

"나는 대부들과 열흘 안에 성을 함락시키겠다고 약속했다. 그러므로 성을 함락시키지 못했기 때문에 지금 퇴각하지 않으면 과인은 신의가 없는 사람이 되고 말텐데, 나는 그것만은 참을 수 없다."

이윽고 문공은 마침내 병사를 거두어 돌아갔다. 원의 사람들은 이 소식을 듣고 말했다.

"그와 같이 신의가 있는 군주라면 항복하지 않을 수 있겠는가?"

그리고는 문공에게 항복했다. 위나라 사람들은 이 소식을 듣고 다음과 같이 말했다.

"그와 같이 신의가 있는 군주라면 따르지 않을 수 있겠는가?"

그리고는 문공에게 항복했다. 공자가 이 소식을 듣고 이렇게 기록했다.

"원을 공격해 위나라까지 얻은 것은 모두 신의가 있었기 때문이다."

진나라 문공이 대부 가정에게 물었다.

"굶주림을 구제하려면 어떻게 해야 하오?"

"신의를 지켜야 합니다."

"신의를 어떻게 지키는 것이오?"

"명분에 대해 신의를 지키십시오. 일에 있어 신의를 가져야 하며, 도의에 있어 신의를 가져야 합니다. 명분에 있어 신의를 가진다 함은 맡은 바 직분을 지켜 자기 직분의 한계를 넘어서지 않고 만사를 게을리하지 않는 것이며, 일에 대해 신의를 지켰다 함은 이를테면 농사를 짓는데 천시를 잃지 않는 것을 말하는 것으로, 백성들은 자기 직분을 어기지 않을 것입니다. 또 도의에 있어 신의를 지켰다 함은, 군주가 그 책무를 다하면 가까운 사람들도 이를 본받을 것이며, 또 각자가 그 직분을 근면하게 되고 멀리 있는 자까지도 이러한 군주를 따르게 될 것입니다."

오기가 외출했다가 오래간만에 옛 친구를 만나자 가던 길을 멈추고 식사 대접을 하겠다고 했다. 옛 친구가 말했다.

"좋네. 그런데 볼일이 있어 지금은 갈 수가 없으니, 먼저 자네 집으로 가서 기다려 주게."

오기가 말했다.

"자네가 올 때까지 기다렸다가 같이 식사를 하겠네."

이렇게 하여 일단 헤어졌는데, 친구는 해가 저물었는데도 오지 않았으므로, 오기는 밥을 먹지 않고 기다렸다. 다음 날 아침 사람을 시켜 친구를 찾아오도록 했다. 비로소 친구가 오자 함께 식사를 했다.

위나라 문후는 사냥터를 관리하는 우인과 함께 사냥을 하기로 약속을 했다. 그런데 다음 날은 마침 거센 바람이 부는 날씨이었다. 주위 사람들은 사냥을 만류했으나 문후는 그 말을 듣지 않고 이렇게 말했다.

"그렇게 할 수 없소. 바람이 거세다는 이유로 신의를 잃는 일은 나는 할 수 없소?"

마침내 거센 바람을 무릅쓰고 몸소 수레를 끌고 가서 결국 우인과 만나 일기가 좋지 않음을 알리고 헤어졌다.

증자의 아내가 시장에 가려고 하는데 아이가 따라가려고 치맛자락에 매달려 울며 보챘다. 시달리다 못한 증자의 아내가 아이를 달랬다.

"얘야, 얼른 들어가거라. 엄마가 돌아올 때 너에게 돼지를 잡아 줄게."

그제야 아이는 겨우 울음을 그쳤다.

증자의 아내가 시장에서 돌아오니 증자가 돼지를 묶어 놓고 날이 시퍼렇게 선 칼을 들고 막 돼지를 잡으려 하고 있었다. 아내는 놀라서 급히 뛰어들어 그의 팔을 잡으며 말했다.

"당신 미쳤소. 일부러 아이를 달래려고 한 말일 뿐인데."

증자가 엄숙하게 말했다.

"어떻게 아이를 속일 수 있단 말이오. 아이들이란 아무것도 모르기 때문에 부모에게 기대어 배우고, 부모의 가르침을 듣소. 지금 당신이 아이를 속이는 것은 아이에게 남을 속이도록 가르치는 것이오. 어머니가 자기 아이를 속이면 아이는 어머니를 믿지 못하게 될 것이오. 그러면 어떻게 자식을 가르칠 수 있단 말이오."

말을 마친 증자는 돼지를 잡아 삶았다.

부모는 몸소 모범을 보여 자녀에게 본보기가 되어야 한다. 증자와 같이 아이를 속이지 않고 말한 대로 실행함으로써 성실한 품성을 길러 주어야 한다. 특히 청소년 가운데 속이는 것이 습관이 되어 범죄를 저지르는 경우는 가정교육과 관계가 있으므로 이 이야기를 깊이 생각해 볼 일이다. 나아가 교육에 종사하는 사람이나 지도자, 공약을 내건 정치인, 어른들은 모두 이 이야기를 통해 몸소 실천하는 교육이 말로 하는 교육보다 더 중요하다는 것을 깨달아야 한다.

초나라 여왕은 긴급한 일이 생기면 북을 울려서 백성들과 나라를 지킬 것을 약속했다. 그런데 어느 날 여왕이 술을 마시고 취해 실수로 북을 쳤다. 백성들은 매우 놀라 변경으로 달려가려고 하자 왕은 사람을 시켜 백성들을 저지시키며 말했다.

"내가 술이 취해 주위 사람들과 장난을 하다가 실수로 북을 쳤소."

그러자 백성들은 모두 진정했다. 몇 달 후, 여왕은 긴급한 일이 있어 북을 울렸지만 백성들은 앞서 속은 일이 있었으므로 아무도 달려오지 않았다.

왕은 사태가 이렇게 되자 명령을 다시 내리고 법률을 밝혀 다시는 사람들을 속이지 않았으므로 백성은 믿음을 갖게 되었다.

위나라 문후의 신하인 이회는 좌우의 군문을 지키는 병사들에게 경고했다.

"엄히 경계하라. 적군이 불시에 나타나 너희들을 곧 공격해 올 것이다."

이회는 이렇게 몇 번을 경계했으나 좀처럼 적이 공격해 오지 않자 병사들은 이회의 경고를 무시하고 수비를 게을리했다. 그 후 수개월이 지나 진나라 병사가 습격해 왔을 때 위나라 군대는 거의 전멸할 지경에 이르렀다. 일이 그렇게 된 것은 이회의 말을 불신에서 온 재앙이다.

일설에는 이회가 진나라 병사와 싸울 때, 왼쪽 군영의 병사들에게 말했다.

"빨리 성벽으로 올라가라. 오른쪽 군영의 병사들은 이미 올라갔다."

또 오른쪽 군영의 병사들에게 이르러서는 이렇게 말했다.

"왼쪽 군문의 병사들은 이미 올라갔다."

왼쪽과 오른쪽의 병사들은 말했다.

"빨리 올라갑시다."

그리고는 모두 다투어 올라갔는데, 비로소 이회에게 속았음을 알았다. 그 다음 해에 다시 진나라 병사와 싸우게 되었는데, 군문의 수비병들이 모두 호령을 가볍게 취급했으므로, 그의 군대는 거의 전멸하고 말았다. 이 또한 불신으로 인해 입은 재화인 것이다.

## 군주와 신하의 직분은 다르다

군주와 신하의 직분을 혼동하면 주나라 문왕과 같이 손수 자기 신발의 끈을 묶어야 하고, 조정에 있을 때에는 근엄하고 한가할 때에는 여유를 가져야 함에도 불구하고 그 구별이 서 있지 않으면 계손과 같이 적을 만나 살해되고 만다.

그러므로 군주가 비록 미욱하다 하더라도 신하는 반드시 성심을 다해 섬겨야 하며, 신하가 비록 현명하고 고고하다 하더라도 군주는 반드시 그를 아랫사람으로 부려야 한다.

그 예증으로 공자가 복숭아를 먼저 먹지 않은 일과 간주가 수레 안의 깔개를 훌륭하게 꾸미지 않은 일과, 비중이 은나라 주왕을 설득한 일과, 제나라 선왕이 광천과 문답한 일이 있다. 이 때문에 공자는 군주에게 아첨하는 것은 잘못이 아니라고 말했다.

주나라 문왕이 숭이라는 나라를 정벌하고, 황봉의 능에 갔을 때, 신발의 끈이 풀어졌으므로 손수 그것을 묶었다. 이때 태공망은 곁에 신하가 있는데도 왕이 손수 묶는 것을 이상하게 생각하고 그 이유를 묻자, 문왕이 이렇게 말했다.

"뛰어난 군주의 좌우에 있는 신하는 모두가 그 스승과 같이 우러러볼 만한 인물이며, 중간의 군주 곁에 있는 신하는 모두가 친구가 될 만한 자이며, 최하의 군주는 사람의 선악을 구별하지 못하여 자기 뜻에만 영합하는 자만 쓰게 되는 것이다. 지금 이곳에 있는 신하들은 모두 선왕을 섬겼던 신하들이기 때문에 과인이 어찌 천한 일을 시킬 수 있겠는가?"

일설에는 다음과 같이 되어 있다. 진나라 문공이 초나라와 전쟁을 하다가 황봉 능에 갔는데 신발의 끈이 풀어졌으므로 친히 그것을 묶었다. 이에 신하들이 아랫사람을 시키지 않은 이유를 묻자 문공이 대답했다.

"과인이 들건대 가장 뛰어난 군주의 곁에 있는 신하는 모두가 그 군주를 어려워하며 공경하는 자들이고, 중간의 군주 곁에 있는 신하는 모두가 그 군주를 사랑하는 자들이며, 최하의 군주 곁에 있는 신하는 모두가 그 군주가 경멸하는 자들이라고 들었소. 과인은 비록 현명하지는 않지만 여기 있는 신하들은 모두 선왕을 모시던 사람들이니 어찌 그런 하찮은 일까지 시킬 수 있겠소."

노나라 계손은 선비를 맞이하기를 좋아했는데, 예의를 매우 숭상하여 집에 있을 때에도 항상 그 의복을 조정에 있는 것과 같은 차림새를 했다. 그러나 계손 또한 때때로 마음이 해이해져 예의를 차리지 못할 때가 있었는데, 그렇게 대접받은 사람들은 계손이 자기를 싫어했고 가볍게 대한다고 생각해서 원망하다 마침내 그를 살해했다. 그러므로 군자는 지나친 말이나 극단적인 것을 삼가고 언제나 중용을 유지해야 한다.

또 남궁경자가 안탁취에게 물었다.

"계손은 공자의 제자들을 많이 봉양하면서 조정에 입는 예복을 입고 공손한 태도로 만난 손님도 수십 명이나 된다. 그러한 그가 사람들에게 살해당한 이유가 무엇이라고 생각하는가?"

안탁취가 대답했다.

"옛날 주나라 성왕은 배우나 재주 부리는 자들을 가까이하여 향락에 탐닉하고 있었지만, 한편으로는 군자와 더불어 정무를 처리했으므로 충분히 소망을 이룰 수가 있었습니다. 그런데 지금 계손은 공자의 제자를 봉양하면서 조정에서 입는 복장을 하고, 공손한 태도로 대접한 자가 수십 명이나 되었고, 함께 좌담을 한 자가 수십 명이나 되었지만, 정무를 처리함에 있어서는 배우나 소인배와 더불어 심의했기 때문에 적을 만나 살해당한 것입니다. 옛날 말에 이르기를 '사람의 흥패존망은 같이 지내는 자들의 인물 여하에 있는 것이 아니라, 같이 꾀하는 바의 인물 여하에 있는 것이다'라고 한 것입니다."

공자가 노나라 애공을 알현했을 때, 애공이 그에게 복숭아와 기장을 내려 먹어 보라고 권했다. 공자는 먼저 기장을 먹은 뒤에 복숭아를 먹었다. 그러자 좌우 신하들은 모두 입을 가리고 웃었다. 애공이 말했다.

"기장은 먹으라고 준 것이 아니라 그것으로 복숭아털을 닦으라고 준 것이오."

공자가 말했다.

"저라고 왜 그것을 모르겠습니까만, 무릇 기장이란 오곡 중 으뜸이 되는 곡식으로 선왕에게 제사를 지낼 때 가장 좋은 제물이 됩니다. 또 중요한 과일로는 여섯 가지(자두·은행·밤·대추·복숭아·참외)가 있지만, 복숭아는 가장 낮은 것으로 선왕의 제사 때 상 위에 올려놓지 않는 것입니다. 저는 일찍이 군자는 천한 것으로 귀한 것을 닦는다는 말은 들었지만, 귀한 것으로 천한 것을 닦는다는 말은 듣지 못했습니다. 지금 오곡의 으뜸이 되는 것으로 가장 낮은 과일을 닦는다면, 이것은 위에 있는 것으로 아래에 있는 것을 닦는 것과 같이 도리에 어긋나는 일이라고 생각하고 있습니다. 그래서 복숭아를 선조의 제사상에 으뜸가는 제물이 되는 기장보다 먼저 먹으려 하지 않았던 것입니다."

조나라 간공이 측근에게 말했다.

"수레 안의 깔개가 너무 아름답소. 무릇 관은 비록 낡았을지라도 반드시 머리에 써야 하고, 신은 비록 귀할지라도 반드시 발에 신어야 하오. 그런데 지금 수레의 깔개가 이처럼 지나치게 아름다우니,

대체 나는 장차 무엇을 신고 그것을 밟아야 한단 말이오? 무릇 아래 있는 물건을 아름답게 하여 자연히 위에 있는 물건에도 재물을 쓰게 만드는 것은 도리에 어긋난 소행이오."

후에 주나라 무왕이 된 서백창이 고사로, 비중이 주왕을 설득했다.

"주나라 서백창은 현명한 사람이라 백성들이 그를 좋아하고 제후들도 그에게 복종하고 있으니 반드시 주살하지 않으면 안 됩니다. 만일 그를 죽이지 않는다면 반드시 은나라의 재앙이 될 것입니다."

주왕이 말했다.

"그대의 말을 따르면 서백창은 의로운 군주가 분명한데, 어째서 그런 사람을 죽일 수가 있겠는가?"

비중이 말했다.

"관은 비록 찢어졌을지라도 반드시 머리에 쓰는 것이고, 신은 비록 아무리 화려하게 장식했다 하더라도 반드시 땅을 밟는 것입니다. 지금 저 서백창은 군주에게 있어 신하에 불과한데도 의로운 일을 행하여 백성들이 모두 그에게 향하고 있으니, 장차 천하의 재앙을 일으킬 것이 틀림없습니다. 사람들이 모두 그의 의로움을 흠모하여 군주가 되기를 바라고 있으니, 더 늦기 전에 그를 죽여야 합니다. 또 군주가 신하를 죽이는 것이 어찌 허물이 되겠습니까?"

주왕이 말했다.

"무릇 의라는 것은 위에 있는 자가 아래 있는 자에게 권하는 도이니, 지금 서백창이 인의를 잘 시행한다고 해서 죽일 수는 없다."

비중이 세 차례나 설득했지만 주왕은 듣지 않았기 때문에 주나라는 결국 망하고 말았다.

제나라 선왕이 광천에게 물었다.

"유학자들도 도박 같은 것을 하는가?"

"아니옵니다. 하지 않습니다."

"무엇 때문에 하지 않는가?"

"도박에서 사용하는 패 가운데는 올빼미의 모양을 그린 것이 있는데, 그것이 가장 소중한 패입니다. 그런데 이기는 자는 반드시 상대방의 올빼미를 죽여야 합니다. 이것은 이를테면 상대의 가장 소중한 것을 죽이는 것이므로, 유학자들은 도의를 해치는 것이라 생각하여 도박을 하지 않는 것입니다."

선왕이 또 물었다.

"유생들은 주살놀이를 하는가?"

"하지 않습니다. 주살놀이란 곧 밑에서 공중을 나는 새를 쏘는 놀이인데, 이것은 아래에 있는 자가 위에 있는 군주를 해치는 것에 해당하므로, 유생들은 이 또한 도의에 어긋난다고 하여 하지 않는 것입니다."

선왕이 또 물었다.

"유생들은 거문고는 타는가?"

"타지 않습니다. 대체로 거문고라는 것은 작은 현으로 큰 소리를 내고, 큰 현으로 작은 소리를 냅니다. 이것은 크고 작은 것의 순서가 바뀐 것이며, 귀한 것과 천한 것의 자리가 바뀐 것입니다. 그래서 유생들은 도의를 해친다고 생각하기 때문에 하지 않는 것입니다."

선왕이 말하기를

"그럴듯하다."

## 군주가 법을 시행할 때는 정당해야 한다

대체로 윗사람이 법률로서 금하는 일을 소홀히 하면 아랫사람은 그것을 이용하여 멋대로 꾀를 부리게 된다. 또 아랫사람의 이익이 된다고 하여 시켜야 할 일을 금지시키면, 비록 신이라 하더라도 그 법은 시행되지 않는다. 마땅히 벌해야 할 자를 포상하고, 포상해야 할 자를 헐뜯는 일이 있다면 요임금이라 하더라도 나라를 다스리기는 어렵다. 이는 마치 출입문을 만들어 놓고는 좌우 신하를 들어오지 못하게 막는 것과 다를 바가 없다. 백성이란 무엇인가? 이익이 있어야만 나라를 위해서 힘을 다하게 마련인데, 신하에게 공이 있으면 반드시 상을 주겠다고 선언하고는 그렇게 하지 않고, 죄가 있어도 범하지 않는다면 이는 내란이 일어나는 원인이 된다.

저 제후의 좌우 신하들이 정실로써 사람을 천거한 일이나, 또 위나라의 군주가 그 좌우의 신하들이 칭찬하는 자들을 등용한 것은 모두 과실이다. 군주 된 자의 안목이 정확하게 나라를 위해 필요한 자인지 아닌지를 간파하여 신하를 채용했다면, 거라는 자가 돈을 낭비하지 않을 것이고, 잔이라는 자가 옥을 이용해 관직을 구하지 않았을 것이다.

서문표는 파면되어 다시금 업 땅을 다스리도록 해 달라고 청했는데, 이 일만 보더라도 좌우 신하들은 믿을 수 없다는 것을 알 수 있다. 좌우 신하들이 인물을 추천하는 것은 마치 도둑의 아들이 그 아버지의 개가죽 옷을 자랑하는 것과 같이 신용할 수 없는 것이다. 자작이 말한 바와 같이 동시에 왼손으로 사각형을 그리면서 오른손으로 원형을 그릴 수 없는 것과 같은 이치이다.

그러므로 근신의 말을 듣고 나라를 다스린다는 것은, 예컨대 고기로 개미를 쫓고, 생선으로 파리를 쫓으려고 하는 것과 같다. 그렇게 하면 환공이 신하들의 정실에 의한 추천에 근심하고, 한나라 선왕이 말이 야위는 것을 근심하는 것과 같은 일이 일어나게 마련이다.

서문표는 업의 현령으로 있을 때 청렴하고 성실한 태도를 견지해서 털끝만큼이라도 사사로운 이익을 도모하지 않았다. 그러다 보니 자연히 군주의 측근들에게도 매우 소홀히 했다. 그리하여 군주의 측근에 있는 자들이 이 때문에 서로 결탁해서 그를 증오했다.

서문표가 현을 다스린 지 한 해가 지나 회계보고를 하자, 문공은 그의 관인을 회수하고 파직시켰다. 서문표는 직접 간청하며 말했다.

"신은 지금까지 업을 다스리는 방법을 알지 못했지만, 이제야 비로소 알게 되었습니다. 원컨대 관인을 주시어 다시 업을 다스리도록 허락해 주십시오. 만일 이번에도 잘 다스리지 못한다면 참형을 받더라도 원망하지 않겠습니다."

문공은 차마 거절할 수가 없어서 그에게 다시 관인을 주었다. 그 후로는 그는 백성들로부터 세금을 무겁게 거둬들이고 군주의 측근들에게 뇌물을 보내고 아첨을 다했다. 그 후 한 해가 지나 다시 회계보고를 할 때, 뇌물을 준 효력이 있었던지 문공은 그를 크게 환영했나. 이에 서문표가 말했다.

"지난날 저는 군주를 위해 업을 다스렸으나 군주는 도리어 저의 관인을 회수하셨습니다. 그래서 이번에는 신이 군주의 측근에 있는 신하들을 위해 업을 다스렸더니 군주께서는 이렇듯 환영해주셨습니다. 이러한 상태에서는 신은 업을 다스릴 수 없습니다."

그러고는 관인을 반납하고 돌아가려고 하자 문공이 만류하며 말했다.

"과인이 이전에는 그대의 인물됨을 알지 못했지만 이제 비로소 알게 되었으니, 원컨대 다시 한 번 과인을 위하여 업 땅을 힘을 다해 다스려 주시오."

허지만 서문표는 끝내 관인을 받지 않았다.

한나라 선왕이 말했다.

"나의 말은 콩과 곡물을 주는데도 더욱 여위니, 어찌된 것이오?"

주시가 말했다.

"말을 관리하는 벼슬아치에게 곡물을 전부 먹이도록 했다면, 비록 살이 찌지 않게 하려고 해도 할 수 없을 것입니다. 명목상으로는 말에게 많이 주는 것 같지만 실제로는 적게 준다면 여위지 않게 하려고 해도 할 수 없을 것입니다. 군주께서 그 실정을 살피지 않으시고 앉아서 걱정만 하시니, 말이 여전히 살찌지 않는 것입니다."

제나라 환공이 관중에게 벼슬아치를 뽑는 문제에 관해 묻자, 관중이 이렇게 대답했다.

"판결할 일이 있으면 분명하게 살피고 재물에 청렴하며 백성의 마음을 익숙하게 살피는 점에서는 제가 현상만 못하니, 청컨대 그를 세워 형벌을 관장하는 벼슬아치인 대리로 삼으십시오. 당을 오르내리며 공손하게 예의를 밝히며 빈객을 응대하는 점에서는 신이 습붕만 못하니, 청컨대 그를 세워 외국의 귀빈을 접대하는 장관인 대행으로 임명하십시오. 잡초를 뽑아 밭을 일구고 농지를 확충해 곡물을 생산하는 점에 있어서는 제가 영척만 못하니, 청컨대 그를 대전으로 임명하십시오. 삼군을 지휘해서 진영을 만들고 병사들로 하여금 집으로 돌아가는 것처럼 죽음을 바라보게 하는 점에 있어서는 신이 공자 성보만 못하니, 청컨대 그를 대사마로 임명해 주십시오. 군주의 안색을 거스르면서 간곡히 간언하는 점에 있어서는 저는 동곽아만 못하니, 청컨대 그를 세워 간신으로 임명하십시오. 제나라 다스리는 데는 이 다섯 사람이면 충분합니다. 장차 패왕이 되고자 한다면, 저 이오라는 사람이 있습니다."

## 군주가 상을 줄 때는 심사숙고해야 한다

중모에 현령이 없었다. 그러자 진나라 평공이 조무에게 물었다.

"중모는 우리나라의 중심지이며 한단으로 가는 관문이오. 과인은 그곳에 훌륭한 현령을 두고 싶소. 누구를 시키면 좋겠소?"

"형백의 아들이 좋겠습니다."

"그대의 원수가 아니오?"

"사사로운 감정을 공무에 끌어들이지 않습니다."

"군주가 보물을 보관하는 공으로 중부의 현령을 누구로 시키는 것이 좋겠소?"

"신의 아들이 좋겠습니다."

그래서 어떤 사람이 말했다.

"친척 이외의 사람을 추천할 때는 원수라도 피하지 않고, 진적 중에 추천할 때는 아들도 피하지 않는다."

조무가 추천한 자는 마흔여섯 명인데, 조무가 죽자 각자 그 자리에 있었다. 그가 사사로운 은정을 펴지 않은 것은 이와 같았다.

평공이 숙향에게 물었다.

"신하들 가운데 누가 현명하오?"

"조무입니다."

"그대는 자신이 섬기는 사람이라 지지하는 것이오?"

"조무는 서 있을 때는 마치 입은 옷을 감당할 수 없을 만큼 허약했고, 말할 때는 마치 입을 벌릴 줄도 모르는 사람처럼 눌변이었습니다. 그러나 그가 천거한 인사 수십 명은 모두 그가 추천한 의도에 이르렀고, 나라에서는 이들을 매우 신뢰하고 있습니다. 조무는 살아서는 집에 이로운 일을 하지 않았고, 죽어서는 자식을 부탁하지도 않았습니다. 신은 감히 그가 현명했다고 생각합니다."

해호는 원수를 간주에게 추천해 재상으로 삼았다. 그 원수는 또 해호가 자신을 용서했다고 생각하고 가서 감사의 인사를 하려고 했다. 그런데 해호는 곧 활시위를 당겨 화살을 쏘고 이렇게 말했다.

"그대를 천거한 것은 공적인 일로, 그대가 그 일을 담당할 수 있으리라 생각했기 때문이다. 그대를 원수로 생각하는 것은 나의 사적인 원한이다. 그대에 대한 사적인 원한 때문에 우리 군주에게 그대를 천거하지 않겠는가? 그래서 사적인 원한은 공무에 개입할 수 없는 것이다."

일설에는 이렇게 기록되어 있다.

해호가 형백류를 추천해서 상당의 군수가 되게 했다. 형백류는 가서 감사해하며 말했다.

"당신이 저의 죄를 용서하니 감히 두 번 절하지 않을 수 있겠습니까?"

해호가 말했다.

"그대를 추천한 것은 공적인 것이고, 그대를 원망하는 것은 사적인 것이다. 그러니 돌아가라. 그대를 원망하는 마음은 처음 그대로다."

## 명분에 합당해야 한다

서거라는 학자가 전구에게 물었다.

"내가 들은 바에 의하면 지혜가 뛰어난 사람은 순리에 따라 지혜로 진급하는 것이 아니라 처음부터 군주에게 중용된다고 합니다. 옛날의 밝은 군주는 성현을 찾아내면 반드시 그렇게 했으며, 공이 없어도 군주의 측근이 되었다고 합니다. 그런데 오늘날에는 그렇지 않습니다. 양성이나 의거 같은 사람은 싸움을 하면 큰 공을 세울 만한 재목인데도 처음부터 대군을 지휘하도록 하지 않고, 5명이나 10명 정도의 작은 군인을 지휘하는 낮은 지휘에 두고 그 공적을 쌓은 뒤에야 대군을 이끌도록 했습니다. 또 공손단회라는 사람은 재상으로서 나라의 정치를 맡기면 참으로 훌륭한 업적을 세울 만한 사람인데도 처음에는 지방의 말단관리로 일하여 실적을 올린 뒤에야 중용되었던 것입니다. 이는 옛 성현의 방법과는 일치하지 않은 것입니다. 이래 가지고는 설사 성자가 있다 하더라도 그 재능을 십분 발휘할 수는 없을 것입니다. 어떻게 생각하십니까?"

"그것은 결코 당신이 분개할 만한 일이 못 됩니다. 지금의 방법이 틀린 것은 아닙니다. 군주 된 자가 법을 존중하고 또 치국의 도를 터득하고 있으면 순서를 밟아 사람을 쓰는 것이 당연하며, 만약 군주가 자기 한 사람의 생각으로 이른바 현자를 등용하여 나라를 맡긴다면 이것은 참으로 위태로운 것입니다. 예를 들면 초나라는 송고라는 자를 대장으로 삼았기 때문에 치국에 있어 실패를 맛보았고, 위나라는 빙리라는 사람을 재상으로 삼았기 때문에 끝내는 나라가 망했던 것입니다. 이것은 그 군주가 그들에 대한 세간의 평판만을 믿고 또

한 그 변설에 미혹되어 채용했었기 때문에 기인한 것입니다. 즉 처음으로 소수의 병사를 다스리게 하거나 지방의 말단관리로 써서 그 수완을 시험해 보는 것이 아니라 곧장 높은 지위에 채용했기 때문에 정치가 어지러워지거나 나라가 망하는 재난을 당한 것입니다. 이것으로 미루어 볼 때, 먼저 낮은 지위에 두고 그 수완을 시험해 본 연후에 진급시켜야 함이 마땅한 것입니다. 이렇게 하지 않는다면 현명한 군주라고 할 수 없습니다."

## 지나침과 모자람은 항상 조심해야 한다

신하가 겸손과 검소함을 덕행으로 삼는 것만으로 군주가 그를 칭찬하여 작위로 상을 내리는 것을 장려하기에 부족하다. 군주가 총애하는 신하에게 과한 상을 줄 경우에 절도를 넘으면 신하는 군주를 무시하고 제멋대로 행동하게 된다.

그 예증으로 묘분황이 헌백을 비난하고, 공자가 안영을 비판했던 일이다. 그래서 공자는 관중과 손숙오을 비판하여 한 명은 분수에 넘치게 너무 사치스럽고 한 명은 지나치게 검소해 위협적이라고 했다.

조나라 간공이 많은 사람을 천거한 양호의 처사를 비평한 것은 도리어 신하들이 파당을 결성하는 것을 장려한 꼴이 되어, 군주로서의 법도를 망각한 짓이라고 볼 수 있다. 신하들이 파당을 결성하여 시로 결탁하고 사욕을 채우면 곧 군주는 고립이 된다.

그러나 신하들이 모두 법에 의거하여 힘을 다하고 파당을 결성하지 않으면 군주의 총명이 가려지는 일이 없게 된다. 양호가 현명한 조무와 해호를 본받아 공정하게 사람을 추천했을 때, 조나라의 간공이 이를 가시나무 심는 것과 같다고 비유한 것은 옳은 표현이라고 할 수 없다.

맹헌백이 노나라 재상으로 있었다. 그의 집 마당에는 콩과 기장이 자라고, 문밖에는 가시덤불이 자라고 있었다. 그는 식사를 할 때 두 가지 이상의 반찬을 두지 않았고, 자리는 두 겹으로 하지 않았으며, 첩에게 비단을 입히지 않았고, 집안의 말에게는 곡식을 먹이지 않았으며, 외출할 때는 수레가 따르지 못하게 했다. 숙향이 이 소식을 듣고 묘분황에게 말하자, 묘분황은 그를 비난했다.

"이것은 군주께서 주신 작위와 봉록을 버리고 아랫사람들에게 환심을 사려는 것입니다."

일설에는 이렇게 되어 있다.

맹헌백이 상경上卿으로 임명되었을 때, 숙향이 축하하러 갔다. 그의 집 문밖에는 수레를 끄는 말이 있었는데, 곡물을 먹이지 않았다.

숙향이 물었다.

"당신이 말 두 필과 수레 두 대를 가지고 말에게 곡식을 먹이고 있지 않은 것은 무엇 때문이오?"

맹헌백이 말했다.

"나는 일찍이 백성들에게 굶주린 기색이 있는 것을 보았기 때문에 말에게 곡식을 주지 않는 것이고, 반백의 노인들이 대부분 걸어 다니고 있기 때문에 수레 두 대를 사용하지 않는 것이오."

숙향이 말했다.

"나는 처음에는 당신이 상경이 된 것을 축하하러 왔는데, 지금은 당신의 검소함을 축하하오."

숙향은 나와서 묘분황에게 맹헌백의 검소함에 대해 말하고, 이어서 이렇게 말했다.

"나와 함께 맹헌백의 검소함을 축하합시다."

묘분황이 말했다.

"무엇을 축하한다는 것이오? 무릇 작위와 봉록과 깃발과 관인은 공적을 달리하고 현명함과 현명하지 못함을 구별하는 것이오. 그래서 진나라의 법에는, 상대부는 수레 두 대와 말 두 필, 중대부에게는 수레 두 대와 말 한 필, 하대부에는 수레 한 대만을 갖게 했소. 이것은 지위를 분명히 한 것이오. 또 무릇 경은 반드시 군사 업무를 맡고 있을 것이오. 이 때문에 군마와 병사들을 정비해서 전쟁을 준비해야 하오. 나라에 난이 발생했을 경우에는 예측하지 못한 사태에 대비하고, 평상시 조정의 일로 사용하는 것이오. 지금 진나라의 정치를 혼란스럽게 하고 뜻밖의 일에 대한 준비를 소홀히 하며 절약과 검소함을 이루어 사사로운 명예만을 닦고 있으니, 맹헌백의 검소함을 인정할 수 있겠소. 그러니 또 무엇을 축하하겠소?"

손숙오가 초나라의 재상이 됐다. 그는 암말이 끄는 대나무 수레를 타고 거친 밥과 야채 국, 말린 생선을 먹었다. 겨울에는 양가죽 옷을 입고 여름에는 갈의葛衣을 입었으며, 얼굴은 굶주린 기색이었다. 그는 비록 훌륭한 대부이지만 검소함은 아랫사람들을 위협할 정도였다.

관중이 제나라의 제상이 되었을 때 환공에게 말했다.

"신의 벼슬자리는 높아졌지만 저는 가난합니다."

"그대가 세 곳에서 얻어지는 수입을 봉록으로 받을 수 있게 하겠소."

"신은 부자가 됐지만 저의 지위는 낮습니다."

환공은 관중을 고씨와 국씨보다 위의 자리에 임명했다. 관중이 말했다.

"신은 존중을 받고 있지만, 저는 군주와는 소원합니다."

그래서 환공은 그를 중부仲父로 삼았다. 공자가 이 말을 듣고 비난하며 말했다.

"사치가 지나쳐 군주를 핍박하였다."

일설에는 이렇게 기록되어 있다.

관중은 수레를 타고 외출할 때는 붉은색 덮개에 푸른색 가리개를 했고, 식사를 할 때는 북을 울리고 정원에 솥을 늘어놓았으며, 집은 세 곳에서 걷는 수입이 있었다. 공자가 이 말을 듣고 말했다.

"훌륭한 대부이지만 사치스러움은 군주를 위협할 정도이다."

양호가 제나라를 떠나 조나라로 달아났다. 조간주가 물었다.

"나는 그대가 사람을 천거하는 일에 뛰어나다고 들었소."

양호가 말했다.

"신은 노나라에 있으면서 세 사람을 천거해 모두 영윤令尹이 되게 했는데, 제가 노나라에서 죄를 짓자 그들은 모두 저를 체포하려고 했습니다. 신은 제나라에 있으면서 세 사람을 천거해 한 명은 왕 가까이 있게 되었고, 한 명은 현령이 되었으며, 한 명은 국경을 감시하는 수비병이 됐습니다. 그러나 신이 죄를 짓자 왕 가까이 있던 자는 저를 만나지도 않았고, 현령은 저를 맞아 잡으려고 했으며, 국경을 감시하던 수비병은 저를 추격해서 국경까지 왔지만 미치지 못하자 멈추었습니다. 저는 사람을 잘 천거하지 못합니다."

간주가 고개를 숙이고 웃으며 말했다.

"무릇 굴나무를 심은 자는 그것을 맛있게 먹고 향긋한 냄새를 맡을 수 있지만, 가시나무를 심은 자는 그것이 성장하면 찔리게 된다. 그러므로 군자는 사람을 길러 내는 일에 신중한 것이다."

# 16
## 군주가 신하를 복종시키는 세 가지 방법

**신하의 전횡을 제어하여 정무에 전력하도록 할 수 없을 때에는 그 신하를 제거해야 한다**

옛날 제나라의 경공이 사광과 안자에게 정치에 대해서 물었는데 그들은 실행하기 쉬운 것은 말하지 않고, 행하기 어려운 것만을 말했다. 이것은 마치 사람이 수레에서 내려 더 빨리 달려 보겠다고 수레와 경쟁하는 꼴이다.

군주가 상벌의 권세로써 해를 제거하는 방법에 대하여, 공자의 제자인 자하는 『춘추』를 들어 적절하게 설파하였다. 즉 어떤 일이든지 세력이 있는 자가 승리를 거두게 마련이므로, 마치 초목의 싹이 자라기 전에 좋지 않은 싹을 잘라내는 것과 같이, 이익을 도모하는 자는 미리 제거하는 것이 근심을 없애는 길이다. 자로가 군주의 권세를 침해하자 노나라 계손은 자로의 스승 공자를 질책했다. 하물며 군주의 권세를 빌려 이익을 도모하는 자는 제재를 가하지 않으면 안 된다는 취지에서 비롯된 것이다.

권세를 도모하는 자는 어떠한 경우에라도 용서할 수 없는 것이다. 하물며 군주의 권위를 침범하는 자가 있을 경우에는 말할 나위도 없다. 이 때문에 태공망은 군주를 섬기지 않은 광휼을 살해했고, 준마라도 명령을 따르지 않으면 노예도 타지 않았다. 또 위나라 사공은 위에 있는 자가 아랫사람을 제어하려면 그 성질을 알아야 한다고 했으니, 마치 사슴으로 하여금 말을 대신하게 할 수 없는 것과 같다.

설공은 군주와 신하의 이해가 상반된다는 이치를 알고 있었기 때문에 가까운 신하인 쌍둥이에게 도박을 시켜 이익을 주었다. 그러므로 현명한 군주가 신하를 기르는 도는, 마치 새의 날개를 잘라 길들이는 것과 같다.

보통 사람이라면 상을 주면 좋아하고 칭찬하면 기뻐하게 마련인데 그렇지 않은 신하는 할 수 없이 벌해야 하며, 또한 벌하면 두려워하고 세간의 평이 좋지 않으면 겁을 내게 마련인데 그렇지 못하다면 그러한 신하는 제거해야 한다.

제나라 경공이 진나라로 갔을 때 평공과 함께 술을 마셨다. 이때 사광이라는 음악을 관장하는 대신도 그 자리에 있었다. 경공이 사광에게 정치에 관해 물었다.

"태사는 장차 어떤 말로 과인에게 가르쳐 주겠소?"

사광이 말했다.

"군주께서는 반드시 백성에게 은혜를 베풀어야 합니다."

연회가 한층 무르익어 술기운이 올라 자리를 뜨려고 하다가 경공은 또 다시 사광에게 정치에 관해 물었다.

"태사는 장차 어떤 말로 과인에게 가르쳐 주겠소?"

사광은 말했다.

"군주께서는 반드시 백성에게 은혜를 베풀어야 합니다."

경공이 연회장을 나와 숙소로 가는데, 사광이 그를 전송했다. 경공이 또 사광에게 정치에 관해 묻자, 사광이 말했다.

"군주께서는 반드시 백성에게 은혜를 베풀어야 합니다."

경공이 들어와서 거듭 생각해 보고, 술이 깨기 전에 사광이 말한 것을 깨달았다. 경공에게는 미와 하라는 두 동생이 있었는데, 평소 그들은 제나라 백성들에게 많은 은혜를 베풀어 민심을 크게 얻고 있었다. 또한 그 집이 부유하고 백성들이 모두 그들을 따르고 있었으므로 그 세력이 경공에 버금갈 정도였다. 그래서 경공은 사광의 말을 생각하고, 그들의 세력이 군주를 위협하기에 충분하니 백성에게 은혜를 베풂으로써 이미 민심을 얻고 있는 두 동생들을 제어하라는 뜻으로 해석한 것이다.

그래서 경공은 제나라로 돌아오자 창고의 곡식을 풀어 가난한 자들에게 나눠 주고, 국고의 재물을 풀어 고아와 과부들에게 나눠주었다. 그리하여 창고의 곡식은 바닥이 났고, 비축해 둔 재화도 전부 없어졌다. 그리고 궁궐의 여자들 가운데 군주를 모시지 않는 자는 노두 궁 밖으로 나가게 하여 출가시켰으며, 나이 70이 된 노인에게는 녹미를 주는 등 은혜를 베풀어 두 동생에게 지지 않을 정도의 민심을 얻게 되었다.

이로부터 두 해가 지나자 두 동생은 도망하여 하는 초나라로, 미는 진나라로 달아났다.

제나라 경공이 대부 안자를 데리고 소해를 유람하면서 백침이라는 누대에 올라 자신의 나라를 돌아보며 말했다.

"아름답구나. 유유히 흐르는 강물과 당당하게 솟은 산이여, 후세에는 장차 누가 이 나라를 가지게 될까?"

뜻밖에도 안자가 이렇게 말했다.

"아마도 전성자가 아닐까 생각합니다."

경공이 말했다.

"과인이 지금 이 나라를 소유하고 있는데, 전성자가 소유하게 될 것이라니, 무슨 뜻인가?"

안자가 대답했다.

"전성자는 제나라 백성들의 마음을 많이 얻고 있습니다. 그는 평소 백성들에게 은혜를 베푸는 일에 힘을 다하여, 현명한 사람에 대해서는 군주에게 작위와 봉록을 청해 대신들에게 나눠 주고, 또 백성에 대해서는 은밀히 말과 되의 크기를 더하여 곡식을 빌려 주고, 거둘 때에는 작은 말과 되를 사용하여 돌려받습니다. 또 소 한 마리를 잡으면 자신은 한 쟁반의 고기만을 취하고 나머지는 아랫사람들에게 나눠 먹도록 합니다. 그리고 자기 영토에서 받아들인 포목 중에서 겨우 몇십 자만을 자기 몫으로 떼어 놓고 나머지는 전부 아랫사람들에게 나눠 주고 있습니다. 뿐만 아니라 시중 물가를 되도록 억제하여 목재도 산지에서 사 들이는 값보다 비싸지 않고, 해산물의 가격 또한 통제를 하고 있습니다. 군주께서는 세금을 무겁게 걷고 있지만, 전성자는 은혜를 두텁게 베풀고 있습니다.

제나라에 일찍이 큰 흉년이 들었을 때, 길가에 굶어 죽는 자는 그

수를 헤아릴 수 없을 정도였는데, 부자가 손을 잡고 전성자를 찾아가면 살지 못했다는 말은 듣지 못했습니다. 그래서 주진의 백성들은 서로 '아, 기장을 추수해서 전성자에게 돌아가세'라고 함께 노래를 합니다. 『시경』에 이르기를, '비록 그대에게 은덕이 미치지 않았으나 노래하고 춤을 추네'라고 했습니다. 지금 전성자의 하찮은 덕 때문에 민심은 그에게 돌아가 백성들이 노래하고 춤추는 것은 백성들이 덕을 따라 돌아간다는 것입니다. 그래서 전성자라고 한 것입니다."

경공은 괴로운 듯 눈물을 흘리며 말했다.

"어찌 슬프지 않으랴. 과인의 나라를 과인이 지니지 못하고 나라를 전성자가 갖게 되다니, 지금 이 일을 어찌하면 좋단 말이오?"

안자가 말했다.

"군주께서는 무엇을 근심하십니까? 만일 군주께서 민심을 얻고자 하신다면 현명한 사람은 가까이하고 현명하지 못한 사람은 멀리하며, 또 이 세상의 모든 번거로운 폐해를 없애고 형벌을 가볍게 하여 가난한 자를 구제하시며 고아와 과부, 홀아비를 불쌍히 여겨 충분한 은혜를 베풀도록 하십시오. 이렇듯 부족한 것을 채워주시면 백성들은 장차 군주께 돌아올 것입니다. 그러면 비록 전성자 같은 사람이 열 명이 있더라도 군주를 어찌하겠습니까?"

어떤 사람이 위의 두 이야기에 대해 다음과 같이 말했다.

"경공은 상벌권을 사용할 줄 모르고, 사광과 안자는 환난을 제거할 줄 모른다고 했다. 무릇 사냥하는 자는 수레의 안전에 의지하고 여섯 마리 말로 끌게 하며, 왕량 같은 뛰어난 마부로 하여금 수레를 몰게 한다면, 몸은 피로하지 않으면서도 짐승이 아무리 빠르게 달아난다 하더라도 쉽게 잡을 수 있을 것이다.

그런데 필요한 수레는 버리고 여섯 필의 말과 뛰어난 마부도 싫다 하고 직접 뛰어다니면서 짐승을 쫓는다면 비록 빠르기로 이름난 누계가 뒤쫓는다 하더라도 제때에 짐승을 따라잡지 못할 것이다. 그러나 훌륭한 말과 견고한 수레만 있으면 우매한 자라 할지라도 짐승을 충분히 잡을 수 있다.

나라는 군주에게 있어 수레에 해당되며, 권세는 군주의 말에 해당된다. 그 권세에 의하여 처벌한다면 멋대로 날뛰는 신하를 능히 제어할 수 있지만, 권세에 의해 오만한 신하를 처벌하지 않고 오히려 군주가 은혜를 베풀어 신하와 경쟁하면서까지 민심을 장악하고자 한다면 많은 신하의 힘을 결코 당할 수 없게 된다. 이것은 모두 군주가 수레를 타지 않고, 말을 버리고 수레에서 뛰어내려 제 발로 짐승을 쫓는 행위와 다를 바가 없다. 그러므로 경공은 상벌권을 행사할 줄 모르는 군주이고, 사광과 안자는 환난을 제거할 줄 모르는 신하라고 한 것이다."

공자의 제자인 자하가 말했다.

"『춘추』의 기록을 살펴보면, 신하가 군주를 살해하고 아들이 아버지를 살해한 이야기가 십여 차례나 된다. 그러나 그것은 모두 하루아침에 일어난 일이 아니라 쌓이고 쌓여 그렇게 된 것이다."

모든 간악함은 제어하지 않고 오랫동안 방치해 두면 쌓이고 쌓여 큰일이 되고, 이윽고 세력이 강해져 능히 그 군주나 아비를 죽일 수 있는 경지에 이르게 된다. 그래서 현명한 군주는 일찍 이것을 발견하여 세력이 강해지기 전에 제거해 버리는 것이다.

지금 전상자란 자가 반란을 일으켜 군주를 죽이고 그 지위를 탈취한 것도 갑자기 일어난 것이 아니라 서서히 이루어진 것이다. 그런데도 군주가 이를 알고도 벌을 내리지 않았다. 안자는 군주에게 그 권세가 군주를 위협하는 신하를 벌하라고 하지 않고 오히려 은혜를 베풀도록 권했으므로 간공은 화를 입게 된 것이다. 그래서 자하는 이렇게 말했다.

"능히 세력을 잘 장악하고 있는 군주는 간사한 싹이 자라기 전에 재빨리 잘라 버린다."

계손이 노나라의 재상으로 있을 때, 공자의 제자 자로가 등용이 되어 후라는 지방의 태수가 되었다. 그런데 노나라에서는 5월이면 많은 사람들을 징집해서 논밭의 관개의 편의를 돕기 위하여 긴 물길을 파게 했다. 이 토목공사가 한창일 때, 자로는 그 고된 노동에 보답하기 위하여 자신의 봉록으로 음식을 만들어 오보라는 곳에 차려 놓고 수로를 만드는 자들에게 대접했다. 이 소식을 전해들은 공자는 자공을 그곳으로 보내 그 음식을 엎어 버리고 그릇을 모조리 깨어 버린 다음 이렇게 말하도록 했다.

"이 나라 백성을 다스리고 있는 사람은 노나라 왕으로, 만약 은혜를 베풀 일이 있으면 왕이 직접 해야 하는 것인데, 그대는 신하의 신분으로 어찌하여 왕이 할 일을 대신하는가?"

이에 화가 난 자로는 불끈 화를 내며 소매를 걷어붙이고 공자가 있는 곳으로 달려가 물었다.

"모처럼 제가 인의를 실행하는데 선생님께서는 어찌하여 방해하십니까? 스승님께서는 저에게 인의를 가르쳐 주셨는데, 인의란 곧 천하 사람과 더불어 물건을 공유하고, 이로움을 함께하는 것이라고 말씀하시지 않았습니까. 그래서 제가 지금 받은 봉록으로 백성을 먹였는데 잘못이라고 하는 이유가 무엇입니까?"

공자가 말했다.

"유아, 너는 여전히 성질이 거칠구나. 나는 너에게 인간으로서 지켜야 할 도리를 가르쳤다고 생각하고 있었는데, 너는 아직도 이를 깨우치지 못한 모양이다. 너는 본래 예의를 모르고 있었던 것이다. 지금 네가 그들에게 먹을 것을 준 것은 그들을 사랑하기 때문이지만, 그러나 사람을 사랑하는 데도 법도가 있으니, 천자는 천하 사람을 사랑하고, 제후는 국경 안의 사람을 아끼며, 대부는 관직에 있는 사람을 사랑하고, 선비는 그 집안 식구를 사랑하는 것이다. 그러니 그 사랑하는 범위를 초월하여 사랑하는 것은 군주를 침범하는 것과 다를 수밖에 없다. 노나라 백성은 마땅히 그 군주가 사랑해야 하는 것인데 네가 멋대로 이를 사랑했으니, 결과적으로 너는 군주의 권한을 침해한 것이다. 이 또한 잘못된 행동이 아니냐?"

공자가 자로를 훈계하고 있는데, 그 말이 끝나기 전에 계손의 사자가 도착해서 공자를 책망했다.

"내가 백성들을 징집해 토목공사를 일으키고 있는데, 선생은 그 제자를 시켜 사람들을 불러 먹을 것을 주도록 했소. 이것은 장차 나의 백성들을 빼앗으려는 속셈이 아닌가?"

이에 공자는 수레를 타고 급히 노나라를 떠났다. 공자는 현인으로서 이름이 높았으나, 계손은 아랑곳하지 않고 노나라 군주도 아니면서 재상의 신분으로 군주의 권세를 빌려 행사했기 때문에 해악이 싹트기 전에 미리 손을 썼던 것이다. 그 때문에 자로는 사사로운 은혜를 베풀 수 없었고, 따라서 재앙이 발생하지 않게 되었다. 신하도 이러할진대 하물며 군주의 경우라면 어찌 신하의 전횡을 방치해 둘 수 있겠는가?

만약 경공이 안자의 간언을 받아들여 백성들에게 은혜를 베푸는 일을 하지 않고, 군주의 권세로써 전상자가 군주를 범하는 것을 금지시켰더라면, 훗날 전상자에게 위협당해 목숨을 잃는 화는 입지 않았을 것이다.

태공망이 무왕을 도와 혁명을 성취하고, 그 공으로 동쪽의 제나라에 영토를 분할받아 제후 가운데 한 사람이 되었다. 제나라 동쪽 해안가에는 한 처사 형제가 살고 있었는데, 광휼과 화사라고 불렀다. 이 두 형제가 평소에 다음과 같이 주장했다.

"우리는 천자의 신하도 아니고 제후의 친구도 아니다. 스스로 밭을 갈아 음식을 먹고, 우물을 파서 물을 마시며, 우리는 다른 사람에게 바라는 것이 없다. 군주로부터 작위를 받은 바도 없고 봉록도 있는 것도 아니다. 우리는 그 누구도 섬기지 않고 다만 힘써 일하면서 우리의 힘만으로 살아간다."

태공망은 영구에 도착하자 관리로 하여금 그들을 잡아 오게 하여 사형에 처했다. 이때 주공단은 노나라에서 이 소식을 듣고 급히 사람을 보내 태공망을 책망했다.

"이 두 사람은 현명한 사람이오. 그런데 나라를 맡자마자 현명한 사람을 죽이다니, 어떻게 된 일이오?"

태공망이 말했다.

"이 두 형제는 평소에 주장하기를, '우리는 천자의 신하노 아니고 제후의 친구도 아니며 밭을 갈아 음식을 먹고, 우물을 파서 물을 마시며 다른 사람에게 바라는 것이 없다. 위로부터 받은 작위도 없고 군주의 봉록도 없으며 벼슬에 뜻이 없이 우리의 힘만으로 살아간다'고 했습니다. 그들이 천자의 신하가 아니라고 했기 때문에 저는 신하로 임명할 수 없고, 제후의 친구가 아니라고 했기 때문에 저는 부릴 수 없습니다.

또 밭을 갈아 음식을 먹고 우물을 파서 물을 마시며 다른 사람에게 바라는 것이 없다고 했기 때문에 제가 상을 주어 권하거나 벌을 내려 금지시키지 못합니다. 그리고 위로부터 명예를 원하지 않으니 비록 지혜롭다 할지라도 저를 위해 사용되지 않을 것이고, 군주의 봉록을 바라지 않으니 비록 현명할지라도 저를 위해 공을 세우지 않을 것입니다. 벼슬을 하려고 하지 않는다는 것은 다스려지지 않는다는 것이고, 임용되지 않으려고 한다는 것은 충성하지 않는다는 것입니다.

또한 선왕이 신하와 백성을 부릴 수 있는 까닭은 작위와 봉록이 아니면 형벌이 있기 때문입니다. 그런데 지금 이 네 가지를 사용할 수 없다면 누가 군주가 되기를 바라겠습니까? 전쟁에 나가 싸우지 않았는데 빛이 나고, 직접 밭을 갈지 않았는데 명성을 얻는 것도 나라 사람들을 가르치는 방법이 아닙니다. 지금 여기에 말이 있어 천리마의 모습을 하고 있다면 천하에서 가장 훌륭한 말일 것입니다. 그렇지만 채찍질을 해도 앞으로 가지 않고, 고삐를 당겨도 멈추지 않으며, 왼쪽으로 가게 해도 왼쪽으로 가지 않고, 오른쪽으로 가게 해도 오른쪽으로 가시 않는다면 천한 노예일지라도 그 말의 힘에 의지하지 않을 것입니다. 노예가 천리마에 의지하기를 바라는 것은 천리마에게서 이로움을 구하고 해를 피할 수 있기 때문입니다. 지금 사람에게 부려지지 않으려고 한다면 천한 노예라도 그 발에 의지하지 않을 것입니다. 스스로 세상의 현명한 선비라고 생각하면서도 군주에게 쓰이려고 하지 않으며, 행동이 지극히 현명해도 군주에게 쓰이지 않는다면, 이것은 현명한 군주의 신하가 아닌 것이며, 또한 부릴 수 없는 천리마인 것입니다. 이 때문에 죽인 것입니다."

여이가 위나라 사공에게 어떤 일을 진언하자 사공은 기뻐하면서도 길게 탄식했다. 이에 좌우의 신하들이 물었다.

"공께서는 어째서 여이를 재상으로 임명하지 않습니까?"

사공이 말했다.

"대체로 사슴을 닮은 말이 있다면 그것은 천금의 가치가 있소. 그러나 세상에는 천금의 말은 있지만 천금의 사슴이 없으니, 이는 말은 사람에게 필요하지만, 사슴은 사람을 위해 필요하지 않기 때문이오. 지금 저 여이는 만승 나라의 재상이 될 만한 인물이며, 또 그 태도를 보더라도 대국에 등용되어 마음껏 수완을 발휘해 보려는 포부를 가지고 있소. 이렇듯 그에게 대국을 섬기려는 마음은 있지만, 우리 위나라와 같은 소국은 마음을 두고 있지 않소. 그러니 그가 사리를 정확히 판단하고 지혜가 뛰어난 자라 하더라도 과인에게 소용이 없는 사람이오. 나는 이 때문에 그를 재상으로 임명하지 않은 것이오."

설공이 위나라 소후의 재상이 되었을 때, 군주의 좌우에서 섬기는 자 가운데 쌍둥이가 있었다. 이 쌍둥이 형제는 양호와 반기라고 했는데, 그들은 설공으로부터 대단한 총애를 받았지만 설공에게는 공손하지가 못했다.

그래서 설공은 이를 근심하다가 어떻게든 자기편으로 만들고자 하여 불러 함께 도박을 하기로 했다. 그는 그들에게 각각 백금씩을 나눠 주고 그것을 밑천으로 자기가 데리고 있는 청년들과 도박을 하도록 했는데, 잠시 있다가 그 사람들에게 이백 금을 더 주었다. 얼마 후 시종이 와서 설공에게 말하였다.

"빈객 가운데 장계란 사람이 문밖에 와 있습니다."

설공은 갑자기 노여워하며 시종에게 칼을 주면서 이렇게 말했다.

"그를 죽여라. 그놈은 항상 나를 비난하고 다니면서 내 일을 방해하고 있다."

때마침 그 자리에 있던 장계와 친분이 두터웠던 자가 옆에 있다가 말했다.

"그렇지 않습니다. 저는 장계가 설공을 매우 위한다고 들었습니다. 다만 그는 표면에 나서지 못하고 그늘에 가려 있으므로 설공께서 그 사실을 알지 못했을 뿐입니다."

이 말을 들은 설공은 명령을 취소하고 장계를 맞이하여 예우해서 이렇게 말했다.

"이전에는 그대가 나를 위하지 않는다고 들었기 때문에 죽이려고 한 것이오. 그러나 이제 그대가 진심으로 나를 위해 전력한다는 말을 들은 이상 어찌 그대를 박대할 수 있겠소?"

그리고는 창고를 지키는 창고지기에게 명해서 장계에게 곡물 천 섬을 주도록 하고, 금고를 관리 하는 자에게 오백 금을 주도록 했으며, 마구간을 지키는 자에게 좋은 말과 견고한 수레 두 대를 주도록 했고, 그리고 환관에게 명해 아름다운 궁녀 스무 명을 장계에게 보내 섬기게 했다. 쌍둥이 형제는 이를 두고 서로 밀했다.

"공을 위해 일하면 반드시 이롭고, 공을 위해 일하지 않으면 반드시 해를 입을 것이다. 지금까지 우리는 어째서 공을 위해 일하지 않았던가. 이제부터라도 설공을 위해 일하도록 하자."

이로부터 이들은 다투어 설공을 위해 열심히 노력하게 됐다. 설공은 신하의 권세로서 군주의 권한을 얻었으니, 어찌 그 몸에 해가 생길 수 있겠는가? 재상의 몸으로도 이와 같았으니 군주가 통치술을 사용한다면 더 큰 효과를 거둘 수 있을 것이다.

까마귀를 길들이려면 먼저 그 날개 끝을 잘라 주어야 한다. 이는 그렇게 하지 않을 경우 날아다니면서 먹이를 찾아 먹으므로 새장에서는 기를 수가 없기 때문이다. 반면에 날개 끝을 잘라 놓으면 반드시 사람을 의지하여 먹이를 구하게 되니, 어찌 사람을 따르지 않을 수 있겠는가?

현명한 군주가 신하를 기르는 경우 또한 이와 같은 이치이어서, 신하는 군주로부터 받는 봉록을 소득으로 생각하고 군주가 주는 지위에 복종하지 않을 수 없게 해야 한다. 군주가 내린 봉록을 이롭다고 생각하고 군주가 내린 작위에 따르게 되니, 어찌 복종하지 않겠는가?

## 군주가 그 속마음을 드러내면 신하는 군주의 마음에 드는 말을 할 것이므로, 당연히 군주는 미혹되고 만다

일국의 군주 된 자는 사람의 이해의 중심이 되는 존재로서, 마치 바퀴의 굴대로 바퀴살의 모든 힘이 모이는 것과 같이 군주를 중심으로 사람들의 이해관계가 집중되기 때문에, 군주라는 표적을 향하여 다수의 사람이 화살을 쏘아 대는 것과 같은 일이 생긴다. 이렇듯 군주는 많은 사람으로부터 주목을 받고 있는 것이다.

그러므로 군주가 그 속마음을 겉으로 드러내면 신하는 군주의 마음에 드는 말을 할 것이므로, 당연히 군주는 미혹되게 된다.

군주가 신하의 말을 다른 신하에게 누설하게 되면 많은 신하들은 할 말이 있어도 주저하게 될 것이며, 따라서 군주는 신이 아닌 이상 나랏일을 잘 알 수 없게 된다.

이러한 예증으로는 신자가 군주로서 삼가야 할 일 여섯 가지 일을 설명했고, 또 당이라는 사람은 새를 잡는 사람의 마음가짐을 이것에 결부시켜 설명했다.

정나라 국양은 미리 군주의 마음을 간파하고 선수를 쳤으며, 한나라 선왕은 논객의 언설을 듣고 크게 한숨을 쉬면서 그를 아쉬워한 이야기가 있다.

이치를 분명히 한 것으로는 정곽군은 상처한 군주의 의중을 떠보기 위해 귀걸이 열 쌍을 만들어 바쳤으며, 서수나 감무는 벽에 구멍을 뚫고 진나라 왕의 비밀을 탐지하여 자기의 지위를 확고히 할 수 있었다. 이 때문에 당계공은 술을 따르는 데 옥으로 된 술잔과 사기로 된 잔을 비교하여 설파한 바가 있고, 소후는 속마음을 신하에게 드러내서는 안 된다는 이치를 알고 있었기 때문에 혼자서 잠을 잤던 것이다. 현명한 군주의 통치 원칙은 신불해라는 사람이 말한 단호한 독재정치에서 찾아볼 수 있다.

신불해가 말했다.

"군주 된 자는 자기 본심을 신하에게 알려서는 안 된다. 군주의 마음이 밖으로 나타나면 신하는 그것을 이용하려 들 것이기 때문이다. 군주의 현녕함이 나타나지 않는다면 신하들은 그 마음을 짐작할 수가 없어 어리둥절하게 마련이다. 군주의 지혜가 밖으로 드러나면 신하들은 자기의 행동을 꾸미려고 할 것이며, 지혜가 있어도 지혜를 나타내지 않으면 신하들은 암암리에 술책을 부리게 될 것이다. 또한 군주에게 욕심이 없다는 것을 알게 되면 신하들은 여러 가지 방법으로 군주의 마음을 탐지하려고 애쓸 것이며, 군주가 탐욕스럽다는 것을 알게 되면 신하들은 그 탐욕을 이용하여 사리를 추구할 것이다.

그리하여 언제나 군주의 내심을 탐지하려 하므로 주의해야 할 것이다. 군주는 자기감정이 밖으로 나타나지 않도록 하는 한편 신하들의 마음을 능히 살펴 이에 대응하는 일이 가장 중요하다."

일설에 신불해는 이렇게 말했다고 한다.

"그대의 말을 항상 삼가야 한다. 타인이 그대의 마음을 탐지하려고 하기 때문이다. 그대의 행동을 삼가야 한다. 사람들이 그 행동에 의해 그대를 추종하려고 하기 때문이다. 또 그대의 지혜가 뛰어나다는 것을 알게 되면 사람들은 그대에게 모든 일을 숨기고, 그대가 무지하다는 것을 알게 되면 사람들은 그대를 기만하려고 할 것이다. 그러므로 말하기를 '자기의 마음을 드러내는 일이 없이 아랫사람의 마음을 능히 살려 이에 대응해 나가지 않으면 안 된다'고 한 것이다."

전자방이라는 제나라 재상이 당이국에게 새를 잡는 방법에 대해 물었다.

"활로써 새를 잡는 사람은 어떠한 점에 가장 주의하는가?"

당이국이 대답했다.

"새는 무리를 지어 다니기 때문에 수백 개의 눈으로 활 쏘는 사람을 보지만, 활 쏘는 사람은 오직 두 눈으로 새를 주시합니다. 어찌 장소에 주의하지 않겠습니까? 그러니 당신은 몸을 숨겨 새에게 보이지 않게 하고, 새가 알지 못하는 사이에 화살을 쏘아 맞히도록 조심해야 합니다."

왕이 말했다.

"옳은 말이다. 그대는 그 방법을 새를 잡는 데 사용하지만, 나는 나라를 다스리는 데 사용하겠다. 천하를 다스릴 경우에는 이러한 장소를 어떻게 만드는지 알 수 있을 것 같다. 지금 군주는 두 눈으로 온 나라를 보지만, 온 나라는 만 개의 눈으로 군주를 보고 있으니 내가 장차 어떻게 해야 스스로 몸을 숨길 장소를 만들 수 있는지 알겠다."

정나라의 어떤 장로가 이 말을 듣고 말하였다.

"전자방은 자기의 몸을 숨길 필요가 있다는 것을 알았으나, 어떻게 몸을 숨겨야 하는지에 대해서는 몰랐을 것이다. 대체로 숨는 방법은, 좋다든지 나쁘다든지 지혜가 있다든지 없다든지 하는 것을, 새를 잡는 사람이 그 몸을 숨기는 것과 마찬가지로 밖에서 보아 알 수 없도록 처신하는 것이다."

일설에는, 제나라 선왕이 새 잡는 사람이 주의해야 할 점을 묻자 당이자가 대답했다.

"몸을 숨기는 장소에 주의해야 합니다."

왕이 말했다.

"숨는 데 주의하다니, 그게 무슨 뜻인가?"

당이자가 이렇게 대답했다.

"새는 수백의 눈으로 사람을 보지만, 사람은 두 눈으로 보아야 합니다. 새를 잡는 데 있어서는 몸을 숨기는 일에 주의하는 것이 무엇보다 중요하기 때문에, 숨는 것이 중요하다고 말씀드린 것입니다."

윙이 말했다.

"그렇다면 천하를 다스리는 것도 새를 잡는 방법과 같은 듯하구나. 군주는 두 눈으로 나라를 바라보지만 백성은 몇십 만의 눈으로 군주를 주시하고 있다. 그러니 군주는 무엇으로 몸을 숨겨야 하는가?"

당이자가 말했다.

"허심탄회하여 진심을 나타내지 않으면 밖에서 아무것도 엿볼 수 없으니, 그것이 곧 군주의 숨을 곳이라고 생각합니다."

국양이라는 자는 정나라 군주에게 중용되어 있었는데, 그 후 그는 군주가 자기를 미워한다는 말을 듣게 되었다. 그러던 중 연회석에서 군주를 모시게 됐을 때 먼저 이렇게 말했다.

"신은 불초하여 본의 아니게 실수하는 일도 많을 것입니다. 만약 불행하게도 신이 실수를 하게 되면 불쌍히 여기시어 즉시 책망해 주시옵소서. 청컨대 그렇게 해주신다면 신은 그것을 곧 고쳐 죽을죄에서 벗어날 수 있을 것입니다."

설공이 제나라의 재상으로 있을 때, 제나라 왕후가 죽었다. 그런데 그 뒤를 이을 왕후를 정하지 못하고 있었다. 궁궐 안에는 열 명의 후궁이 있었는데, 모두 왕의 총애를 받았다. 설공은 그 가운데 왕이 어떤 여자를 왕후로 택할 것인지를 미리 알아내려고 애썼다. 왜냐하면 반드시 이 열 명 가운데 누군가가 선택되어 그 자리를 차지할 것이므로, 왕의 의중을 사전에 탐지하여 그 여자를 왕후로 삼도록 왕에게 권하리라고 생각했기 때문이다.

왕이 설공의 말에 따라 왕후를 정하게 되면 자기의 공이 되므로 그 왕후로부터 소중한 대우를 받게 되지만, 그러나 만약 왕이 자기 말을 듣지 않고 다른 여자를 왕후로 정하게 되면 그는 새 왕후에게서 경시될 것이기 때문이었다. 그는 왕의 마음에 두고 있는 여자를 빨리 알아내어 왕에게 권고하리라 생각하고, 옥 귀고리 열 쌍을 만들고 그 가운데 한 쌍은 특히 아름답게 만들어 왕에게 바쳤다. 왕은 열 명의 후궁들에게 그것을 나눠 주었다. 다음 날 설공은 가장 아름다운 귀고리를 하고 있는 후궁을 살펴보고 왕에게 그녀를 왕후로 삼기를 권유했다.

서수는 천하의 명장으로 양나라 왕의 신하였다. 진나라 왕은 서수를 얻어 함께 천하를 다스리려고 했다. 그러나 서수가 말했다.

"저는 양나라 왕의 신하이니 감히 군주의 나라를 떠날 수 없습니다."

한 해가 지나, 서수는 양나라 왕에게 죄를 짓고 진나라로 달아났는데, 진나라 왕은 그를 매우 우대했다. 이때 저리질이라는 진나라의 장수는 서수가 자기를 대신해 장수가 될까 근심했다. 그래서 왕이 항상 은밀한 말을 나누는 방에 구멍을 뚫고 엿듣게 되었는데, 오래지 않아 왕은 과연 서수와 국사를 도모하는 것이었다. 왕이 이렇게 말했다.

"나는 한나라를 공격하려고 하는데, 경은 어떻게 생각하오?"

서수가 말했다.

"금년 가을이면 좋을 듯싶습니다."

왕이 말했다.

"과인은 나라의 일을 그대에게 일임하고자 하는데, 이 일은 결코 아무에게도 누설해서는 안 되오."

서수는 뒤로 물러나 두 번 절하며 무슨 일이 있어도 비밀을 지키겠다고 맹세했다.

이때 저리질은 구멍으로 그 말을 듣게 됐다. 그래서 조정의 사람들을 조정해서 다음과 같이 말하게 했다.

"가을이 되면 병사를 일으켜 한나라를 공격할 것인데, 서수를 대장으로 삼는다고 한다."

그래서 이날로 조정안은 전부 이 사실을 알게 됐고, 한 달 안에 나라 안은 전부 이러한 사실을 알게 됐다. 왕이 저리질을 불러 물었다.

"무엇 때문에 이렇게 소란스러운가? 이 말은 도대체 어디에서 나왔단 말이오?"

저리질이 대답했다.

"아마도 서수인 듯합니다."

왕이 말했다.

"나는 서수와 말한 적이 없소. 서수로부터 나왔다는 것은 무슨 말이오?"

저리질이 말했다.

"서수는 다른 나라에서 최근 죄를 지어 도망쳐 온 자이므로 마음이 외로웠을 것입니다. 때문에 세력을 얻기 위해 스스로 많은 사람들에게 이 일을 자랑했을 것입니다."

왕이 말했다.

"그럴 수도 있다."

그러고는 사람을 시켜 서수를 불렀지만, 서수는 이미 형세가 불리한 것을 알고 다른 제후에게 달아난 뒤였다.

당계공이 한나라 소후에게 말했다.

"지금 천금의 가치가 있는 대단히 훌륭한 옥 술잔이 있는데, 비록 아름다운 물건이지만 밑이 뚫려 있다면 물을 채울 수 있겠습니까?"

소후가 말했다.

"물론 담을 수 없소."

"그러면 흙으로 만든 술잔이 있는데 밑이 새지 않는다면 술을 담을 수 있습니까?"

"물론 담을 수 있소."

그러자 당계공이 말했다.

"그렇습니다. 흙으로 만든 술잔은 지극히 보잘것없지만 새지 않으니 술을 담을 수 있습니다. 그러나 천금이나 되는 옥 술잔은 지극히

귀한 물건이기는 하지만 밑이 없으면 물이 괴지 못하는 법이니, 아무도 거기다 마실 것을 담으려고 하지 않을 것입니다. 그런데 지금 군주 된 자가 그 신하의 말을 다른 신하에게 누설한다면 이것은 밑이 없는 옥 술잔과 같습니다. 비록 그에게 비록 훌륭한 지혜가 있다 하더라도 그러한 군주 밑에서는 그 능력을 발휘할 수가 없는 것입니다."

소후가 말했다.

"맞는 말이오."

소후는 당계공의 말을 듣고, 그로부터 천하의 큰일을 도모하려고 할 때는 자기 방에 다른 사람을 들이지 않고 혼자 잠자리에 들었다. 왜냐하면 눈을 뜨고 있을 때에는 비밀을 지킬 수 있어도, 혹 잠꼬대를 하다가 비밀을 누설할지도 모른 일이기 때문이었다.

## 나라를 다스리는 데 있어서는 법으로써 하지 않으면 안 된다

나라를 다스리는 데 있어서는 법으로써 하지 않으면 안 된다. 그러고도 잘 다스려지지 않는다면 거기에는 반드시 무슨 연유가 있는 것이다. 곧 술맛이 좋은데도 술이 팔리지 않아 그 맛이 변해 버린다면 그 원인이 된 사나운 개를 죽여야만 하는데, 나라도 그와 마찬가지로 개에 해당하는 신하를 제거하지 않으면 안 된다.

또한 좌우 신하들은 모두가 종묘에 구멍을 뚫고 사는 쥐새끼와 같은 존재이다. 군주 된 사람에게 요임금이 자기 생각에 반대하는 자를 두 명이나 죽이고 장왕이 태자의 과실을 훈계한 것과 같은 단호한 태도가 없으면, 결국 박의의 노모가 채구라는 점쟁이와 상의한 것과 같은 짓을 할 것이다.

이렇게 된다면 나라를 잘 다스려지지 않을 까닭이 없다. 노래를 가르치는 데 있어서도 소리만 좋다고 되는 것이 아니라 반드시 그 법도가 있는 것이다. 오기가 사랑하는 아내를 내쫓고 문공이 총애하는 전힐을 죽인 것은 모두 인정상 가혹한 처사이긴 하지만 나라를 다스리기 위해서는 어쩔 수 없는 것이다.

그러므로 종기를 치료하려면 다른 사람에게 그것을 보이고 자신의 종기를 도려내는 통증을 견딜 수 있어야만 한다.

송나라 사람으로 술을 파는 장 씨라는 자가 있었다. 그는 손님에게 나눠 주는 술의 양이 아주 공정했고 손님을 공손하게 대우했으며, 술을 빚는 솜씨가 아주 뛰어났다. 또한 그는 술집을 알리는 깃발을 아주 높이 걸어 멀리서도 잘 보이게 했다. 그러나 왠지 술이 팔리지 않아 시고 말았다. 그 이유를 이상히 여겨 평소 알고 지내던 마을의 박식한 양천에게 술이 팔리지 않는 이유를 물었다. 그러자 그는,

"당신 집을 지키는 개가 사납소?"

술집 주인이 말했다.

"개가 사납다고 해서 술이 팔리지 않는 것은 무슨 이유입니까?"

양천이 말했다.

"사람들이 두려워하기 때문이오. 어떤 사람이 어린 자식을 시켜 호리병에 술을 받아 오게 한다면, 개가 달려와서 그 아이를 물 것이오. 이것이 술이 시큼해지고 팔리지 않는 이유입니다."

무릇 나라에도 이처럼 개와 같은 사람이 있다. 즉 다스리는 방법을 알고 있는 인사가 나라를 다스리는 책략을 품고 만승의 군주에게 밝히려고 하는데, 대신이 사나운 개처럼 달려들어 물어뜯는다. 이렇게 되면 군주의 이목이 가려지고 위협을 당하는 원인이며, 다스리는

방법을 알고 있는 인사가 등용되지 못하는 까닭이다.

그래서 환공이 관중에게 물었다.

"나라를 다스리는 데 있어서 무엇을 가장 걱정해야 되는가?"

관중이 대답했다.

"사당에 들끓고 있는 쥐를 가장 걱정해야 합니다."

환공이 말했다.

"무엇 때문에 사당의 쥐를 걱정해야 하오?"

관중이 대답했다.

"군주께서도 사당을 세우는 것을 보신 적이 있으시지요? 나무를 세우고 칠을 하는데, 쥐가 그 사이에 구멍을 뚫고 들어가 그 안에 삽니다. 그것을 불태우자니 나무가 탈 것이 걱정이고, 그곳에 물을 대자니 칠이 벗겨질까 걱정하게 됩니다. 이것이 사당의 쥐를 잡지 못하는 이유입니다. 지금 군주의 좌우에 있는 자들이 나가서는 권세를 부려 백성들로부터 이익을 거둬들이고, 들어와서는 패거리를 지어 군주 앞에서 죄악을 감춥니다. 궁궐 안에서 군주의 사정을 엿보아 궁궐 밖으로 알리고, 안팎으로 권세를 키워 신하와 벼슬아치들에게 기대어 부유해지고 있습니다. 벼슬아치가 그들을 주살하지 못하면 법을 어지럽힐 것이고, 그들을 주살하면 군주가 불안해하므로 이에 근거해서 그대로 두는 것입니다. 그러므로 신하가 권력을 잡고 독단적으로 금령을 행사하며 자기를 위하는 자는 반드시 이롭게 되고 자기를 위하지 않는 자는 반드시 해로울 것임을 밝히는 것, 이 또한 사나운 개입니다. 무릇 신하가 사나운 개가 되어 통치술에 정통한 인재를 물어 버리고, 주위에 있는 자들이 또 사당의 쥐가 되어 군주의 사정을 엿보고 있는데도 군주는 깨닫지 못하고 있습니다. 이와 같다면 군주의 눈이 어찌 가려지지 않겠으며, 나라가 어찌 망하지 않겠습니까?"

요임금이 순임금에게 천하를 양도하자, 곤이라는 신하가 간하여 말했다.

"상서롭지 못한 일입니다. 어찌하여 천하를 하찮은 사람에게 양도하려고 하십니까?"

요임금은 그의 말을 따르지 않고 병사를 시켜 우산 근교에서 곤을 죽였다.

공공이란 신하가 또 간언했다.

"어찌하여 천하를 하찮은 사람에게 양도하려고 하십니까?"

요임금은 이 말을 듣지 않고 다시 병사를 시켜 유주의 도성에서 공공을 죽였다. 그래서 세상에는 천하를 순에게 맡겨서는 안 된다고 감히 말하는 자가 없게 되었다.

공자가 이 일을 평하여 다음과 같이 말했다.

"요임금이 순임금의 현명함을 안 것은 어려운 일이 아니다. 반드시 간언하는 자를 살해하면서까지 천하를 순임금에게 양위하는 것이 어려운 일이다. 이것은 현명한 군주로서의 요임금의 가장 감복할 만한 점이다."

초나라 장왕이 긴급히 태자를 불렀다. 초나라 법에는 수레를 몰고 묘문을 지나가게 할 수 없다는 법이 정해져 있었다. 그 법에 따르면 수레를 타고 그곳을 출입할 수 있는 사람은 왕뿐이며, 대부는 물론 공자라 하더라도 입궐할 경우에는 말굽이 그 문의 빗물받이 도랑에 닿으면 정리는 그 수레의 멍에를 자르고, 그 마부를 사형에 처하도록 되어 있었다.

그날은 마침 비가 내려 궁궐 안에 물이 고여 있었으므로 태자는 그대로 수레를 몰아 묘문에 이르렀다. 법을 집행하는 정리가 말했다.

"수레를 묘문에 이르게 해서는 안 됩니다. 법에 위반됩니다."

태자가 말했다.

"왕이 급히 부르셨소. 고인 물이 마를 때까지 기다릴 수가 없소."

그리고는 끝내 수레를 몰았다. 그러자 정리는 칼을 뽑아들고 말을 찌르고 수레를 부수었다. 태자는 궁궐로 들어와 왕에게 울면서 말했다.

"궁궐 안에 물이 많이 고여 있어 수레를 몰아 묘문을 지나가려 했더니, 정리가 법에 위반된다고 말하며 칼을 뽑아 저의 말을 죽이고 수레를 부쉈습니다. 왕께서는 반드시 그를 죽여 주십시오."

왕이 말했다.

"법은 종묘사직의 존엄성을 지키기 위해서 만들어진 것이다. 이 때문에 법이 일단 섰을 때 그 법령에 따라 행동하는 자는 사직을 수호하는 신하인데, 어찌 그러한 자를 처벌할 수 있겠느냐. 법을 범하고 명을 업신여기며 사직을 존경하지 않는 자는 곧 신하로서 군주를 경시하고 아랫사람으로서 윗사람을 넘보는 처사이니 마땅히 처벌해야 할 것이다. 신하가 군주를 경시하면 군주는 그 권위를 잃고, 아랫사람이 윗사람을 넘보면 군주의 지위가 위태로워진다. 권위를 잃고 그 지위가 위태로워지면 사직을 지킬 수 없는 것이니, 내 어찌 자손에게 왕위를 넘길 수 있겠느냐."

그리고는 그의 작위를 두 등급 높여 주고 후문으로 태자를 보내며 다시 잘못을 하지 말도록 했다.

위나라 사군이 진나라로 가려고 했을 때, 박의에게 말했다.

"나는 그대와 함께 가고 싶소."

박의가 말했다.

"늙은 어머니가 집에 있으니 돌아가서 함께 상의하고 싶습니다."

위나라 왕이 직접 박의의 늙은 어머니에게 부탁했다. 그의 어머니가 말했다.

"박의는 군주의 신하이며, 군주께서 그를 따라가게 할 뜻을 가지신 것은 매우 좋은 일입니다."

위나라 왕이 말했다.

"내가 그대의 늙은 어머니에게 청했더니, 허락을 했소."

박의가 돌아와서 늙은 어머니에게 말했다.

"위나라 왕이 저를 아끼는 것은 어머니와 비교할 때 어떠하십니까?"

늙은 어머니가 말했다.

"내가 너를 사랑하는 것만 못하다."

"위나라 왕이 저를 현명하게 여기는 것은 어머니와 비교할 때 어떠하십니까?"

"내가 너를 현명하게 여기는 것만 못하다."

"어머니는 저와 집안일을 의논해서 이미 결정을 내리고는 다시 점쟁이 채구에게 가서 결정을 요청합니다. 지금 위나라 왕은 저를 따라오도록 하면서 저와 계획을 결정하셨지만, 반드시 다른 채구가 훼방을 놓을 것입니다. 이와 같으므로 저는 오랫동안 신하 노릇을 하지 못할 것입니다."

오기는 위나라 좌씨 지방 사람이다. 그의 아내에게 실로 허리띠를 짜도록 했는데, 처음 정해 놓은 폭보다 좁았기 때문에 오기는 다시 그것을 고쳐 짜라고 했다. 그러자 그의 부인이 말했다.

"알았어요."

허리띠가 완성되어 다시 재 보니 여전히 치수에 맞지 않았다. 오기가 크게 화를 내자 그의 아내가 말했다.

"저는 시작할 때 날줄[緯]을 매어 놓았기 때문에 고칠 수 없어요."

오기는 남편의 말을 듣지 않는 여자라고 하여 그녀를 내쫓았다. 그의 아내는 친정에 돌아오자 오빠에게 부탁해 집으로 다시 돌아갈 방법을 모색해 달라고 말했다. 그녀의 오빠가 말했다.

"오기는 병법을 실행하는 자이다. 병법을 실행하는 것은 만승의 나라를 위해 공을 이루려는 것이다. 그래서 반드시 먼저 처첩에게 시도해 본 다음 실천한 뒤에 나라에 실행하려는 것이다. 그러니 다시 그 집으로 돌아가겠다는 생각은 버리도록 해라."

오기의 처제 또한 위나라 왕에게 중용됐으므로 위나라 왕의 권세로 오기에게 다시 부탁했다. 그러나 오기는 군주의 말도 따르지 않고 마침내 위나라를 떠나 초나라로 갔다.

진나라 문공이 호언에게 물었다.

"과인이 맛있고 살찐 고기를 당상의 신하들에게 두루 나눠 주고 있지만, 후궁에게는 한 잔의 술과 한 점의 고기만을 주고 있다. 손님들이 찾아오면 언제나 술을 대접하여 단지의 술은 맑아질 틈이 없고, 날고기도 사람들에게 나누어 주어 마를 틈이 없다. 소 한 마리를 잡으면 나라 안의 사람에게 널리 나눠 주고, 한 해 동안 공납한 직물은 모두 병사들에게 입히고 있는데, 이렇게 하면 백성들이 목숨을 걸고 싸울 수 있겠는가?"

호언이 말했다.

"부족합니다."

문공이 말했다.

"내가 관청이나 시장의 세금을 가볍게 하고 형벌을 느슨하게 해

주고 있다. 이와 같이 하면 백성은 모두 기쁘게 생각할 것인데, 이것으로써 그들로 하여금 목숨을 걸고 싸우게 할 수 있겠는가?"

호언이 대답했다.

"그것만으로는 부족합니다."

문공이 말했다.

"과인은 또 백성들 가운데 상을 당한 자가 있으면 사람을 보내 장례를 돕도록 하고, 죄가 있는 자를 사면해 주며, 살림이 어려운 자는 재물을 보내 도와준다. 그렇게 하면 백성들이 잘 싸워 주겠는가?"

호언이 말했다.

"부족합니다. 이런 것들은 모두가 백성의 생활을 곤궁하지 않도록 보살피는 수단이지만, 그러나 전쟁이라는 것은 생명을 걸고 싸우는 일입니다. 즉 백성을 죽이는 일입니다. 즐겁게 살 수 있도록 하는 것과, 사람을 죽인다는 것은 정반대의 일입니다. 백성이 군주를 섬기는 것은 잘 살게 해 줄 것을 바라기 때문인데도 불구하고 군주가 백성들을 죽게 한다면 백성들이 군주를 섬길 이유가 없지 않겠습니까?"

문공이 말했다.

"그러면 어떻게 해야 백성들로 하여금 힘껏 싸우게 할 수 있는가?"

호언이 대답했다.

"백성들로 하여금 싸우지 않을 수 없게 만드십시오. 어떻게든 나아가 싸우도록 하셔야 합니다."

문공이 말했다.

"싸우지 않을 수 없게 만들려면 어떻게 해야 하오?"

호언이 대답했다.

"공이 있는 자에게 반드시 상을 주고, 죄가 있는 자는 반드시 벌을 내리면 충분히 싸우도록 할 수 있습니다.”

문공이 물었다.

“형벌을 철저히 행하기 위해서는 어떻게 하면 좋겠소?”

“군주와 친밀하거나 총애하는 자, 또 신분이 높은 자도 법에 따라 처벌해야 합니다.”

“옳은 말이오.”

다음 날 포륙이라는 곳에서 사냥하기로 명령하고, 정오를 집합 시간으로 정했는데, 시간보다 늦게 오는 자는 군법에 따라 처벌한다고 했다. 그때 문공이 아끼는 전힐이라는 자가 시간보다 늦게 오자, 담당관이 그 처벌을 요구하자 문공은 눈물을 흘리며 고뇌했다. 그러자 담당관이 말했다.

“청컨대 전힐을 법에 따라 처벌하게 해 주십시오.”

그래서 전힐을 처벌하여 본보기로 삼고, 법을 어긴 자에게는 이와 같이 사형에 처할 것이라고 선언했다.

이런 일이 있은 뒤 백성은 모두 법을 두려워하며 이렇게 말했다.

“군주께서는 전힐을 누구보다 소중히 아끼셨다. 그런데도 법에 따라 용서 없이 처단하셨으니, 하물며 우리들에 대해서는 어떠하겠는가?”

문공은 이제 백성들이 전쟁을 할 수 있을 것이라고 생각했다. 그래서 마침내 병사를 일으켜 원을 정벌해 승리했고, 또 위나라를 정벌했다. 그리고 오록을 취했으며, 양나라를 공격했고, 곽나라와 싸워 이겼으며, 조나라를 정벌하였다. 남쪽으로는 정나라를 포위해 항복시켰다.

문공은 주변에 있는 나라를 모두 정복하고 마침내 패업을 이루었다. 그래서 제후를 모아 그 지휘에 따를 것을 다짐받고 동맹을 맺었는데, 이것이 천토지맹踐土之盟이며, 마침내 형옹에서 동맹을 맺었으므로 형옹의 의를 이루게 됐다.

문공은 한 번 병사를 일으켜 여덟 가지 공적을 세우고 드디어 패업을 이루게 된 까닭은 다른 특별한 이유가 있었던 것이 아니라 호언의 의견을 따라 전힐을 처벌했기 때문이다.

몸에 좌저痤疽라는 악성 종기가 생겼을 때, 그것을 버려두면 목숨을 잃는 경우가 발생할 수 있다. 그 종기를 째어 없애려면 지독한 통증을 참아내야만 한다. 그 종기의 뿌리가 몸속 깊숙이 박혀 있으므로, 골수까지 이것을 도려내지 않으면 치료할 수가 없기 때문이다. 그러므로 의사가 다섯 치의 돌 침으로 신체를 찌르고 병을 고치려 해도, 환자가 그 고통을 참아내지 못한다면 치료할 수가 없다.

지금 군주가 나라를 다스리는 것도 이와 마찬가지이어서, 괴로움을 참아내야만 비로소 나라가 편안해진다는 것을 알아야 한다. 나라를 다스리는 데 있어 고통을 참아 낼 각오가 서 있지 않으면 지혜 있는 사람의 말을 듣고도 난신을 벌하지 못하는 것이다.

나라를 혼란스럽게 하는 자는 반드시 중요한 신하이며, 중요한 신하는 반드시 군주의 총애를 받는 자이다. 군주가 총애하는 만큼 그들은 나라에서 막강한 세력을 가지고 있는 자들이다. 그런데 다른 곳에서 온 선비는 신분이나 지위가 뚜렷하지 않으므로, 그들이 제아무리 중요한 신하를 군주에게서 떼어 내려 해도 그것은 불가능한 일이다. 즉 이는 마치 도박에서 왼쪽 패를 오른쪽 패로 대신 쓰려는 것과 마찬가지로서, 결코 권고를 하는 자는 반드시 죽임을 당하게 된다.

# 17
# 군주가 신하를 다스리는 방법

군주 된 사람이 신하를 다스리는 데에는 여러 가지 술책이 있고, 신하의 간사함을 살피는 데에도 여러 가지 기미가 있다.

여러 가지 술책이란, 여러 신하들의 말들을 서로 비교·검토하는 것이고, 죄지은 자는 반드시 형벌을 내려 군주의 권위를 밝히는 것이며, 공이 있는 자는 반드시 포상하여 그들의 능력을 다하도록 하는 것이고, 신하의 말을 끝까지 정확히 경청하여 일일이 그 실적을 확인·문책해야 하며, 때로는 군주가 의심스런 명령을 내려 아랫사람을 시험하되 그 실력을 측량하는 것이고, 군주 스스로 충분히 알고 있으면서도 모르는 척하여 신하에게 질문하는 것이며, 일부러 말을 거꾸로 하고 일을 반대로 하여 신하를 시험하는 것 등인데, 이상의 방법은 군주가 신하를 다스릴 때 반드시 사용해야 하는 방법이다.

군주가 신하들의 행동을 보고 의견을 들음에 있어서 여러 신하들의 말을 종합 비교·검토하지 않으면 진실을 파악할 수 없고, 신하의 말을 들을 때 마치 집의 출입문이 하나인 것처럼 특정한 사람만을 통하여 듣게 되면 그 신하는 문을 막아 버리고 만다.

이상에 대한 예증을 보면, 옛날 위나라 군주가 미자하라는 자를 지나치게 총애했는데 이것을 간하기 위하여 한 난쟁이가 꿈에 아궁이를 보았다고 하며 이를 풍자한 것이 있고, 또 노나라의 애공이 입으로는 여러 신하들의 말을 들으면 미혹되는 일이 없다고 하면서 실제로는 소수의 의견만을 들어 공자에게 비난당한 일이 있다. 제나라의 어떤 사람이 하백이라는 수신水神을 보여주겠다고 군주를 속이고, 위나라의 혜시가 군주가 일을 도모할 때는 찬성하는 신하와 반대하는 신하가 각기 절반을 차지하게 되므로 결국 신하 중 절반을 잃었다고 말한 예가 있다.

또 노나라의 수우는 그 군주인 숙손을 굶주려 죽게 하고, 강을이라는 위나라 사람이 초나라 풍속을 비평하여 군주가 허명에 사로잡혀 있다고 간한 일도 있다. 그 밖에도 위나라의 사공은 나라를 잘 다스리려고 했지만 그 방법을 알지 못했기 때문에, 신하의 전횡을 막으려다 도리어 신하끼리 서로 적대하여 다투게 만든 일도 있다. 이 때문에 현명한 군주는 쇠로 담을 쌓아 화살을 막는 것처럼, 신하의 간사함이 들어올 수 없도록 경계를 게을리하면 안 된다. 그리하여 모든 사람이 시장에 호랑이가 나타났다고 거짓말을 해도 그에 미혹되지 않을 만큼 언제나 충분히 조심하지 않으면 안 된다.

# 여러 신하들의 말들을 서로 비교·검토하는 해야 한다

위나라 영공 때 미자하는 왕의 총애를 받아 위나라의 전횡을 휘둘렀다. 그런데 어느 날, 한 난쟁이가 영공을 찾아와서 이렇게 말했다.

"제 꿈이 맞았습니다."

"무슨 꿈을 꾸었는가?"

"꿈에 부엌의 아궁이를 보았더니 이렇듯 군주를 배알하는 영광을 얻었습니다."

영공은 노여워하며 말하기를,

"내가 듣기로는 군주를 배알하려는 자는 꿈에 태양을 본다고 들었다. 그런데 너는 어찌 꿈에 보잘것없는 부엌의 아궁이를 보고 나를 만났다니, 무엄하구나?"

라고 하자, 난쟁이가 대답했다.

"무릇 태양은 언제나 천하를 두루 비추므로 한 사물로는 그 빛을 가릴 수가 없습니다. 이는 마치 군주의 총명이 나라 안을 두루 비추기 때문에 한 사람만으로는 그 빛을 가릴 수 없는 것과 같습니다. 그래서 군주를 배알하려는 자는 먼저 태양을 꿈꾸게 되는 것입니다. 그런데 부엌 아궁이의 불은 한 사람이 그 앞을 가로막고 있으면 뒤에 있는 사람은 그 불빛을 볼 수가 없습니다. 제가 군주를 배알하기에 앞서 부엌 아궁이를 꿈꾸었던 것으로 미루어 보아 지금 누군가가 군주 앞에서 그 총명을 가리고 있는 듯싶습니다. 그러니 제가 꿈에서 부엌의 아궁이를 본 것도 전혀 근거가 없는 것은 아니옵니다."

이는 임금의 여러 가지 술법 가운데의 '여러 가지 사실의 검토'해야 된다는 것을 설명한 것이다. 곧 임금이 여러 가지 사실을 검토하여 신하의 잘못된 것에 대해 스스로 판단을 내리지 않으면 결국 신하들에게 가려져 권세를 잃게 된다는 것이다.

노나라 애공이 공자에게 말했다.

"속담에 '여러 사람과 의논하여 일을 도모하면 미혹에 빠지지 않는다'라는 말이 있는데, 지금 과인은 모든 일을 하면서 신하들과 상의하여 행하는데도 많은 실적을 올리지 못할 뿐 아니라 도리어 국정이 점점 더 문란해지는 것은 대체 무엇 때문이오?"

공자가 애공의 말을 듣고 대답했다.

"현명한 군주가 신하에게 물을 때에는, 그것은 한 신하만이 알고 다른 신하는 알지 못하는 것입니다. 그래서 신하들은 파당을 형성해 서로 도울 수가 없습니다. 이와 같이 위에 현명한 군주가 있어 많은 신하의 의견을 들어주게 되면, 신하 된 자는 자기의 생각을 솔직하게 건의할 수가 있습니다. 그런데 지금 노나라의 조정을 보면 군신이 모두 세도가인 계손씨의 언론에 찬성하며 그와 행동을 같이 하지 않는 자가 없으니, 이는 마치 노나라는 전체가 계손씨 한 사람에 의해 움직이는 것 같습니다. 그러니 다수의 신하와 일을 도모했더라도 그 폐해는 한 사람의 계손씨와 도모함과 같은 것입니다. 그런 까닭에 노나라의 모든 사람에게 물어보아도 나라가 어지러워지는 것을 오히려 면하기는 어려울 것입니다."

또 일설에 의하면, 제나라 대부 안영이 노나라에 초대받아 갔을 때, 애공이 물었다.

"옛 속담에 이르기를 '세 사람이 모여서 의논하면 미혹됨이 없다'고 하는데 지금 과인은 온 나라 사람들과 상의하는데도 노나라가 혼란을 면하지 못하는 것은 무엇 때문이오?"

안영이 대답했다.

"그 속담에 이른바 세 사람 중 한 사람이 실수를 하더라도 다른 두 사람이 성공을 하면 그 실패를 보상받을 수 있기 때문에, 세 사람이 모이면 미혹됨이 없다고 한 것입니다. 그러나 지금 노나라 신하들을 보면 그 수는 수천 수백 명이나 되지만 모두 입을 모아 계씨에게 이익이 되는 말만 하고 한 사람도 바른말을 하는 자가 없는 형편이므로, 인원수는 많다 하더라도 결국 한 사람이 말한 것과 다를 바 없습니다. 어찌 세 사람과 상의했다고 할 수 있습니까?"

장의는 진나라와 한나라 그리고 자국인 위나라의 세력을 이용해서 제나라와 초나라를 토벌하고자 했는데, 혜시라는 사람은 제나라와 초나라가 동맹을 맺어 전쟁을 그만두게 하자고 해서 두 사람은 위나라 왕 앞에서 논쟁을 하게 되었다. 그런데 주위의 신하들은 모두 장의의 말이 옳다며 제나라와 초나라를 공격하는 것이 유리하다고 보고 혜시의 말을 따르지 않았다. 그래서 결국 제나라와 초나라를 공격하는 일이 결정되었다. 혜시는 궁궐로 들어와 왕을 알현했다. 왕이 말했다.

"선생, 이제 논쟁을 그만둡시다. 제나라와 초나라를 공격하는 것이 나라에 이익이 된다는 것은 온 나라 사람들이 인정하는 바이오."

혜시가 말했다.

"무릇 사람들의 말은 깊이 검토하셔야 합니다. 제나라와 초나라를 공격하는 일이 진실로 나라에 이익이 되고 또 온 나라 사람들이 이에 동의했다고 하면, 위나라에서는 지자知者가 지나치게 많다고 하겠습니다. 만약 이와 반대로 제나라와 초나라를 공격하는 일이 진실로 불리한 일이라고 한다면 이 또한 온 나라 사람들이 어리석은 자의 수가 지나치게 많다고 할 수 있습니다. 본래 다른 사람과 상의하는 까닭은 그 일의 시비와 이해가 의심스럽기 때문이며, 그런 만큼 그 일이 좋다고 하는 자가 반수라면 그것이 좋지 않다고 하는 자도 반수가 되어야 합니다. 그런데 지금 나라 안에 제나라와 초나라를 공격함이 이롭다 하며 한 사람도 반대하는 사람이 없다고 한다면, 군주께서는 같이 일을 도모할 수 있는 자의 절반을 잃었다고 말할 수 있습니다. 간신에게 위협되는 군주는 이와 같이 언제나 그 나라의 반에 해당하는 의견을 잃고, 자기 마음에 드는 사람들의 의견만으로 일을 정하는 것이니, 결국 군주는 백성의 반을 잃은 셈이라 할 수 있습니다."

## 군주의 올바른 처벌이 사사로운 이익을 방지할 수 있다

제나라에서 궁궐 안의 일을 처리하는 벼슬아치인 중대부 중에 이사라는 자가 있었다. 어느 날 그는 왕을 모시고 술을 마시다가 너무 취했으므로 물러나와 회랑 문에 기대고 있었다. 그때 월형을 당해 한쪽 발꿈치가 없는 문지기가 무릎을 꿇고 말했다.

"어른께서는 남은 술이 있으면 저에게 내릴 뜻이 없으신지요?"

이사가 말했다.

"네 이놈, 저리 물러가라. 형벌을 받은 전과자인 주제에 어찌 감히 손윗사람에게 술을 달라고 한단 말이냐?"

발꿈치를 베인 문지기는 재빨리 물러났다. 얼마 후 이사가 궁궐 밖으로 나가자 발꿈치 베인 문지기는 회랑문의 난간 아래에 물을 뿌려 마치 소변을 본 모양을 만들었다.

다음 날 왕이 밖에 나오다가 이것을 보고 문지기를 꾸짖으며 말했다.

"대체 누가 이곳에다 소변을 보았느냐?"

문지기가 무릎을 꿇고 대답했다.

"누가 그랬는지 보지는 못했지만, 어젯밤 중대부 이사가 이곳에서 있었습니다."

이에 왕은 전후사정을 물어보지도 않고 이사를 사형에 처했다.

위나라 왕의 신하 두 사람과 제양군은 사이가 좋지 않았다. 제양군은 그래서 계책을 세워 거짓으로 사람을 시켜 왕의 명령이라고 하여 자기를 공격하게 해놓고 이 일이 왕의 귀에 들어가도록 해두었다. 왕이 제양군에게 물었다.

"도대체 그대는 누구에게 원한을 샀기에 이런 일이 생겼는가?"

제양군이 대답했다.

"신은 누구에게도 원한을 맺은 일이 없습니다. 그렇지만 일찍이 저 두 사람과는 평소 사이가 좋지 않았습니다만, 그러나 설마 저를 죽이려고까지 하지는 않을 것입니다."

왕은 제양군과 이 두 사람과의 관계를 주위에 있는 자에게 물었다. 주위에 있는 모든 자들이 사이가 좋지 않다고 말했으므로 마침내 두 사람을 죽여 버렸다.

중산국의 계신과 원건은 서로 원한을 맺고 있었다. 계신은 사마희와도 사이가 나빠졌다. 그래서 사마희는 사람을 시켜 비밀리에 원건을 암살했는데, 중산군은 평소의 관계로 보아 계신의 소행으로 간주하고 그를 사형에 처했다.

초나라 왕의 사랑을 받는 첩으로 정수라는 여자가 있었다. 초나라 왕이 새로 한 미녀를 얻었다. 정수는 그 미녀에게 이렇게 일러 주었다.

"왕께서는 소매로 입을 가리고 있는 것을 매우 좋아하시니, 그대도 왕을 곁에서 섬길 때는 반드시 소매로 입을 가리도록 하시오."

미녀는 궁궐 안으로 들어가 왕을 알현해 가까이 있을 때는 소매로 입을 가렸다. 왕이 이상하게 생각하여 정수에게 그 까닭을 묻자, 정수가 말했다.

"그 여인은 평소부터 왕의 옥체에서 냄새가 난다고 하여 싫어하고 있었습니다. 아마 그 때문일 것입니다."

그 후 왕이 정수와 미녀를 불러 세 사람이 한자리에 앉게 되었는데, 정수는 미리 모시는 신하에게 경계시키며 이렇게 말했다.

"오늘 만약 왕께서 어떤 말씀을 하시면 반드시 왕의 말을 듣고 빨리 거행하도록 하십시오."

그날도 미녀는 왕 가까이 갈 때는 여러 번 소매로 입을 가렸다. 왕이 거듭되는 무례를 참지 못하여 화를 내며 명하기를,

"이 계집의 코를 베어 버려라"

고 했다. 왕을 모시고 있던 자가 얼른 칼을 뽑아 그녀의 코를 베었다.

일설에 이런 말이 있다. 위나라 왕이 초나라 왕에게 미인을 보내자 초나라 왕은 매우 기뻐하여 그녀를 총애했다. 부인 정수는 왕이 그녀를 사랑하는 것을 알게 되자 자신도 역시 그녀를 왕보다 더욱 사랑하는 체하며 옷이나 노리개 따위를 가지고 싶은 대로 갖도록 했다. 왕이 말하기를,

"부인은 내가 새로 온 사람을 좋아한다는 것을 알고 과인보다 더 아끼고 있으니, 이것은 효자가 부모를 봉양하고 충신이 군주를 섬기는 것과 다를 바가 없으니 참으로 기특하도다"

라고 칭찬했다. 정수는 이로써 자기가 질투하지 않는다는 왕의 인

정을 받았으므로 새로 온 사람에게 이렇게 말했다.

"왕께서는 매우 당신을 사랑하오. 그러나 어찌된 일인지 당신의 코만은 싫어하시는 모양이니, 앞으로 당신이 왕을 뵐 때에는 소매로 항상 코를 가리도록 하오. 그러면 언제까지나 왕의 총애를 받을 수 있을 것이오."

그래서 새로 온 사람은 이 말대로 왕을 볼 때마다 항상 소매로 코를 가렸다. 그 뒤 왕은 미인의 행동을 이상하게 여겨 부인인 정수에게 물었다.

"새로 온 사람이 과인을 볼 때마다 항상 소매로 코를 가리는데, 그 이유를 알고 있소?"

부인이 대답했다.

"저도 잘 모릅니다."

왕이 다그쳐 묻자, 이렇게 대답했다.

"지난번에 그녀가 왕의 겨드랑이에서 나는 악취가 싫다고 말한 일이 있었습니다."

왕은 노여워하며 말했다.

"건방진 계집이구나. 당장 코를 베어라."

부인은 이보다 앞서 왕을 가까이 모시는 자에게 말해 두었다.

"왕이 만일 어떤 분부를 내리면 반드시 명령대로 즉시 시행하라."

왕을 가까이 모시는 자가 그래서 지체 없이 칼을 뽑아 미인의 코를 베어 버렸다.

비무극은 초나라 재상 영윤의 측근이다. 극완이 새로 영윤을 섬기게 됐는데, 영윤은 그를 매우 아꼈다. 그래서 비무극은 영윤에게 말했다.

"재상께서는 극완을 매우 아끼시는군요. 어째서 그의 집에서 주연을 열도록 하지 않습니까? 그도 반드시 명예롭게 생각할 것입니다."

재상이 그러기로 하고 당장 극완에게 명하여 집에서 주연을 준비하도록 했다. 한편 비무극은 극완에게 다음과 같이 충고했다.

"그날은 매사에 소홀함이 없도록 주의해야 하오. 재상께서는 매우 오만하여 군사를 매우 좋아하시므로 그대는 그 뜻을 받들어 안방에서 사랑채에 이르기까지 군사를 세워 두는 것이 좋을 것이오."

극완은 그래서 그대로 준비를 했다. 그런데 재상 영윤은 극완의 집에 와 보고는 그 엄청난 경계에 놀라 그 이유를 묻자 비무극이 말했다.

"재상의 신변이 위험합니다. 서둘러 이 자리를 피하십시오. 어떤 일이 일어날지는 알 수가 없습니다."

영윤은 매우 노하여 군사를 일으켜 극완의 죄를 책망하고 마침내 죽여 버렸다.

위나라 서수는 장수와 원한을 맺고 있었다. 진수라는 자가 새로이 위나라 군주를 섬기게 되었는데, 그 또한 서수와 사이가 좋지 않았다. 그래서 진수는 생각 끝에 사람을 시켜 은밀히 무고한 장수를 죽이도록 했다. 위나라 왕은 종래의 경위로 보아 서수의 소행으로 단정하고 곧 그를 죽였다.

중산국에 신분이 낮은 공자가 있었는데, 그의 말은 매우 여위었고 수레는 매우 낡았다. 왕의 측근 중에 그와 사이가 나쁜 자가 있었다. 그가 왕에게 공자를 도와줄 것을 요청하며 말했다.

"공자는 매우 가난해서 행색이 너무 초라하고 그의 말이 아주 여위었습니다. 왕께서는 말의 사료를 좀 더 늘려 주는 것이 어떻겠습니까?"

왕은 이를 허락하지 않았다. 그러나 사이가 나쁜 그 신하가 은밀히 밤에 왕의 사료 창고에 불을 질렀다. 왕은 이것이 공자의 소행인 줄 알고 그를 죽였다.

위나라에 나이 든 유생이 있었는데 제양군과 사이가 나쁜데다가 이 유생에게 원한을 품은 자가 있었다. 기회를 엿보던 그는 늙은 유생을 공격해 죽여 자기의 원한을 풀고는 제양군에게 칭찬을 받으려고 이렇게 말했다.

"신은 그가 당신을 좋아하지 않았기 때문에 당신을 위해 그를 죽였습니다."

제양군은 일의 자초지종을 알아보지 않고 그에게 상을 주었다.

일설에는 이렇게 되어 있다. 제양군의 신하 가운데 젊은 서자(전국시대 진秦과 위衛나라 등에서 가신을 서자라고 칭함)로 있던 자가 있었는데, 아무리 애써도 제양군의 총애를 받지 못했으므로 항상 그의 총애를 받을 궁리를 하고 있었다. 이때 제나라에서는 늙은 유생으로 하여금 마리산에서 약초를 캐오도록 했으므로, 제양군의 젊은 서자는 이를 계기로 공을 세울 생각으로 제양군에게 말했다.

"이번에 제나라에서 늙은 유생에게 명하여 마리산에서 약초를 캐오도록 했는데, 그것은 구실뿐이며 사실은 우리나라를 염탐하러 온 것입니다. 그러니 그를 죽여야 합니다. 만약 그를 살려두면 그는 우리나라의 비밀을 제나라에 알리고, 마치 제양군께서 그것을 누설한 것처럼 소문을 낼 것입니다. 그렇게 되면 제양군께서는 변명의 여지도 없이 죄인으로 몰리게 되니 제가 그 유생을 죽여 후환을 없애겠습니다."

제양군이 그럴듯하여 승낙했다. 그래서 다음 날 젊은 소자는 성 북쪽에서 그를 찾아내서 죽였다. 제양군은 이 일로 젊은 서자를 총애하게 되었다.

## 군주가 정권을 잃으면 신하가 정권을 획득하게 된다

위나라 손문자가 노나라의 초빙을 받아 사신으로 갔다가 계단을 오르는데 그만 실례를 범하고 말았다. 노나라 군주가 한 계단 오르면 그도 한 계단 오르고, 또 한 계단 오르면 똑같이 따라서 오르며 조금도 양보하려 하지 않은 것이다. 참다못한 숙손목자가 다가가서 말했다.

"제후의 회합에서 우리 군주께서는 당신의 위나라 군주를 한 번도 앞지른 적이 없이 언제나 나란히 계단을 오르셨소. 그런데 지금 당신은 우리 군주에게 한 계단도 뒤지지 않고 있으니, 이렇듯 그대가 나란히 서서 올라가는 것은 신하로서 매우 실례되는 일이 아니겠는가? 더구나 우리 군주께서는 그와 같은 무례함을 감수해야 할 정도의 잘못을 한 일도 없으니, 그대는 한 계단 떨어져서 뒤를 따르도록 하시오."

손문자는 이 말에 대꾸조차 하지 않고, 또 잘못을 고치려고도 하지 않았다. 목자는 그 자리를 떠나 사람들에게 말했다.

"손문자는 반드시 망할 것이다. 신하로서 군주를 뒤따르지 않고, 또 그릇된 것을 고치지 않으니, 이는 망할 징조이다."

노나라 군주는 주공단의 자손으로서, 나라는 작으나 제후의 회합에서 반드시 상좌를 차지하는 것이 상례가 되었다.

어떤 사람은 이 말을 듣고 말했다.

"천자가 능히 천하를 다스릴 만한 힘이 없으면 제후가 이를 대신하게 되는 것을 어쩔 수 없는 일이다. 예컨대 은나라 탕왕이나 주나라 무왕 등은 전에는 제후였지만, 하나라와 은나라의 천자를 대신하여 천자가 되었다. 또 제후가 그 영토를 다스릴 만한 힘이 없으면 그 신하인 대부가 제후를 대신하여 영토를 다스리게 되는 것이다. 그래서 제나라의 전씨와 진나라의 3씨(한·위·조)가 나타나게 되는 것이다. 만약 신하로서 군주를 대신하는 자는 반드시 망한다고 하면 탕·무는 왕이 되지 못했을 것이며, 제나라의 전씨와 진나라의 3씨도 나타나지 못했을 것이다.

위나라 군주를 대신할 만한 지위에 있는 손문자가 노나라 사신으로 와서 노의 군주에게 예를 지키지 않았다고 하여 이를 꾸짖을 수는 없는 것이다. 군주가 정권을 잃으면 신하가 정권을 획득하게 되는 것이다. 그런데 목자는 정권을 잃은 위나라 군주가 장차 망하리라는 말을 하지 않고, 오히려 정권을 획득한 신하가 망하리라고 했으니, 이는 잘못된 말이다. 노나라는 세력이 약화되어 위나라 대부인 손문자를 벌하지 못했고, 위나라 군주는 잘못을 고치려 하지 않은 손문자를 간파하지 못한 만큼 어둡다. 손문자는 무례를 범하고 또 그것을 시정하지 않은 두 가지 과실을 저질렀지만, 그것만으로 그가 망하리라고 말할 수는 없는 것이다. 오히려 그는 그 두 개의 과실을 능히 범할 만큼 대담했기 때문에 군주와 어깨를 나란히 할 수 있었던 것이다."

또 어떤 사람은 다음과 같이 말했다.

"군주와 신하가 그 신분의 한계를 분명히 하는 것은 일국을 바르게 다스리는 데 반드시 필요한 것이다. 신하로서 그 군주의 지위를 뺏는 것은 신하의 세력이 지나치게 비대했기 때문이다. 군신의 관계는 양립할 수 없는 운명을 지니고 있다. 그러므로 힘이 없이 우연히 그 지위를 얻는다 해도 그 영화는 오래갈 수 없다. 자기에게 실력이 없으면, 상당한 지위를 얻게 되더라도 언젠가는 다른 사람이 그 지위를 탈취하고 마는 것이다.

또 자기에게 실력이 있으면, 비록 사퇴한다 하더라도 결국은 군주의 지위에 오르게 되는 것이다. 그것은 백성이 그에게 권세를 주었기 때문이다.

예를 들면, 옛날 하나라의 걸왕은 민산을 정벌하고 그곳의 아름다운 여성을 데려다가 자기를 섬기게 했지만, 그 번영은 오래가지 않고 나라는 망하고 말았다. 또 주왕은 자기를 간언한 비간의 가슴을 가르는 난폭한 짓을 했지만, 결국 주나라 무왕에 의하여 멸망하고 말았다. 그러므로 일시의 세력을 믿고 자만하는 자는 길이 그 번영을 누릴 수가 없는 것이다.

은나라 탕왕은 그 이름을 바꾸어 하나라를 섬겼지만 금세 세력이 번창하여 하나라를 대신하여 천하의 왕이 되었다. 주나라의 무왕은 한때는 비난을 받기도 했지만 끝내는 은나라를 대신하여 천하의 왕이 될 수 있었다.

조훤은 한때 막강한 세력을 지니고 있었지만 그 힘이 부족했던 탓에 끝내는 백성의 배반으로 산 속에 들어가 일생을 보낼 수밖에 없었고, 전성자는 처음에는 일국의 대부였지만 후에 제나라의 군주가 되어 이웃 나라인 진나라까지 정복했던 것이다. 요컨대 옛날의 탕왕이나 무왕이 왕이 되고, 제나라 진나라가 새로이 군주를 맞게 된 것은 반드시 군주의 지위를 탈취하여 그렇게 된 것은 아니고, 그만한 자격이 있었기 때문에 군주가 된 것이다.

그런데도 실력을 기르는 데 힘쓰지 않고 단지 군주로서 많은 사람 위에 군림하기만을 바란다면 이것은 의에 어긋난 것이며, 덕에서 일탈한 행위이다. 의에 어긋나는 것은 일이 실패하는 원인이 된다. 또

덕에서 일탈하는 것은 곧 원망이 모이는 까닭인 것이다. 그런데도 패망을 살피지 못한 이유는 무엇인가? 결국 다수를 적으로 삼게 되면 망할 도리밖에 없는 것이다."

## 군주가 밝고 엄하면 신하들은 충성할 것이며, 군주가 게으르고 어두우면 신하들은 속이려 든다

노나라 대부 양호는 3환(桓: 노나라의 3경, 곧 맹손씨·계손씨·숙손씨)을 쳐부술 생각으로 군사를 일으켰으나 이기지 못하고 제나라로 달아났다. 그때 제나라의 경공은 양호를 맞아 중용했다. 이에 포문자가 간하기를,

"옳지 않습니다. 양호는 노나라에서 계씨에게 중용되었지만, 세력이 강해지자 자기를 총애한 계씨를 치려고 했습니다. 이는 그 부를 탐했기 때문입니다. 지금 군주는 계손보다 더 부유하고 제나라는 노나라보다 대국입니다. 그는 결코 성의 있는 자가 아니며, 이렇게 남을 기만하는 자는 배척하지 않으면 안 됩니다"

라고 했다. 경공은 이 말에 수긍하고 양호를 잡아들여 세력을 키우지 못하게 했다.

어떤 사람이 말했다.

"만석군의 아들을 보면, 그 재물을 지키기 위해 몰인정하기 마련이다. 제나라 환공은 5패의 우두머리였는데, 나라를 서로 차지하려고 그 형을 죽였다. 이렇듯 이익을 위해서는 형제간의 친함도 저버리는 것인데, 하물며 부자나 형제간이 아닌 군신 간은 어떻겠는가? 신하된 자가 그 세력을 길러 군주를 위협하거나 죽이는 것은 어쩔 수 없

는 일이다. 큰 나라를 자기 것으로 할 수 있고 큰 이익을 거둘 수만 있다면 군신의 친분 같은 것은 무시되고 만다. 즉 만승의 대국을 지배하는 큰 이익을 얻을 수만 있다면 어느 신하가 양호처럼 되지 않겠는가? 일이란 은밀하고 교묘하게 하면 성공하고, 조잡하게 하면 실패하게 마련이다. 신하가 난을 일으키지 않는 것은 아직 준비가 갖추어져 있지 않기 때문이다. 신하는 누구나 양호와 같이 모반할 마음을 품고 있는데 군주가 그것을 깨닫지 못하는 것은, 그들이 은밀하고 교묘하게 처신하고 있기 때문이다. 양호는 천하를 탐한 자로서, 기회만 오면 군주를 치려고 마음먹고 있었다. 그러나 그는 소홀하고 졸렬한 방법을 사용했기 때문에 실패한 것이다.

그런데 포문자가 경공에게 제나라의 교묘한 신하에 대해 간하지 않고 다만 양호를 배척해야 한다고 말한 것은 그의 생각이 부족한 탓이다. 신하의 충성과 불충은 오직 군주가 행하는 바에 달려 있다. 군주가 밝고 엄하면 신하들은 충성할 것이며, 군주가 게으르고 어두우면 신하들은 속이려고 들 것이다. 미세한 것을 간파하는 능력을 명찰이라 하고, 죄를 범한 자를 가차 없이 응징하는 것을 엄정이라 한다.

제나라에도 교묘하게 음모를 꾀하는 자가 있는 것을 깨닫지 못하고, 단지 노나라 신하로서 난을 일으켰다가 실패한 양호만을 배척해야 한다고 말하는 것은 참으로 생각이 얕은 어리석은 말이 아닌가?"

어떤 사람이 말했다.

"인仁과 탐貪은 같은 마음에 깃들어 있지 않다. 그러므로 공자 목이는 송나라 군주의 지위에서 물러났고, 초나라 태자 상신은 자기를 폐하려는 부왕을 죽였다. 또 정나라 거질은 동생에게 나라를 넘겨주었고, 노나라 환공은 형인 은공을 죽였다. 5백(五伯: 제환공·진문공

·진목공·송양공·초장공)은 타국을 굴복시켜 그 위에 선 왕들인데, 그중 환공이 형이 죽이고 나라를 취한 사실만을 들어 모든 사람이 다 그렇다고 한다면, 천하를 들어 마음이 바르고 청렴한 자는 한 사람도 없을 것이다. 그리고 군주가 밝고 엄하면 신하들은 충성을 다할 것이다. 양호는 노나라에서 난을 일으켰으나 이루지 못하자 제나라로 달아났다. 만약 그를 죽이지 않으면 제나라는 노나라에서 일어났던 난을 계승한 꼴이 된다. 군주가 밝으면 양호를 벌함으로써 자국의 난을 미연에 방지하려고 할 것이다. 이것이 기미를 살필 줄 아는 명찰함인 것이다.

옛날 말에 이르기를 '제후는 나라를 자기 부모나 형제와 같이 소중하게 여긴다'고 했다. 군주가 엄하다면 양호의 죄를 묵인하지 않고 반드시 벌할 것이다. 일국의 신하로서 그 나라를 배반했다는 것은 결코 구제할 수 없는 중죄인 것이다. 곧 양호를 벌함으로써 신하들로 하여금 충성을 다하도록 할 수 있는 것이다. 그리고 제나라 신하 가운데도 교묘하게 내란을 기도하는 자가 있는데도 군주에게 그것을 일깨워 주지 않고 양호만을 응징하라고 한 것은 잘못이라고 비평한 것은 그 사람의 그릇된 생각이다. 아직 드러나지 않은 죄를 경계하며, 반란을 일으킨 분명한 죄를 벌하지 않는 것은 망령된 처사이다. 이제 노나라의 반란자를 벌하여 간악한 신하들을 두렵게 해야만 계손·맹손·숙손 등과 친선을 도모할 수 있을 것이다. 그러므로 포문자의 설은 도리에 벗어난 것이라고 비평해서는 안 되는 것이다."

## 현명한 군주는 노여움을 마음속에 간직한 채 밖으로 드러내지 않는다

정나라 군주는 고거미라는 사람을 발탁하여 대부의 우두머리로 삼고자 했다. 태자인 소공은 고거미를 미워했으므로 말렸지만 군주는 듣지 않았다.

그 후 군주가 죽자 소공이 즉위했는데, 고거미는 소공이 자기를 죽이지 않을까 두려워하여, 신묘일에 소공을 죽이고 소공의 아우인 단을 왕으로 세웠다.

군자는 이 일을 논하여 다음과 같이 말했다.

"소공은 고거미가 능히 그러한 악행을 저지를 만한 인물이라는 것을 미리 알고 배척하려 했으니 지혜가 밝은 사람이라고 할 수 있다. 단지 그를 제어하는 데 그 실행이 늦어 도리어 죽임을 당한 것은 아까운 일이다."

또 노나라 대부인 공자 어는

"고거미가 그 군주를 죽이고 세력을 얻기는 했지만, 그 번영이 길이 이어지지 못할 것이다. 훗날 반드시 세력이 쇠퇴하여 그 집은 멸망하게 될 것이다. 그것은 그 미움에 대한 보복이 지나쳤기 때문이다"

라고 비평했다. 어떤 사람이 말했다.

"공자 어의 말은 이치에 맞지 않는다. 소공이 그 신하의 횡포를 막지 못하고 죽임을 당한 것은, 상대를 빨리 제거하지 못했기 때문이다. 또 고거미가 죽음을 면한 것은 자기에게 박해를 가하려고 하는 소공을 그에 앞서 재빨리 처치했기 때문이다. 요컨대 그 시기를 잃느냐 잃지 않느냐가 일의 성공과 실패를 결정하는 것이다. 일국의 군주가 된 자는 그 신하를 제압할 만한 힘을 갖추어야 하는데, 그러기 위해서는 누가 좋다든지 싫다든지 하는 식으로 신하에 대한 감정을 밖으로 나타내서는 안 되는 것이다.

현명한 군주는 노여움을 마음속에 간직한 채 밖으로 드러내지 않는다. 군주가 노여움을 나타내면 신하는 죄를 두려워하고, 군주의 미움을 받은 자는 자칫하면 자기가 죽임을 당할지 모른다고 크게 경계하며, 결국 군주가 자기를 죽이기 전에 먼저 군주를 제거해야겠다고 생각하여 음모를 꾸미고 군주를 노리게 된다. 그렇게 되면 군주는 위태로워진다.

여기에는 많은 실례가 있는데, 위나라 군주가 영대에 많은 신하를 모아놓고 연회를 벌였을 때, 저사라는 자가 무례를 범하여 군주가 진노했으나 죽이지 않았다. 그러나 저사는 그대로 있다가는 자기 몸이 위태로울 것이라고 생각하고 먼저 군사를 일으켜 군주를 쳤으므로, 위나라 군주는 타국으로 도망가는 신세가 되었던 것이다.

또 정나라 영공은 초나라 군주로부터 큰 거북을 선물받아 신하들과 함께 그 요리를 먹기로 했는데, 그 일족인 자공이 군주보다 먼저 손으로 떼어 먹었다. 군주는 무례한 놈이라 하여 쫓아 버렸을 뿐 그를 주벌하지 않았는데, 그 뒤 자공에 의해 목숨을 잃은 깃이다. 이깃은 모두 자기의 생각하는 바를 즉시 실행할 만한 결단력이 없어 초래하게 된 재화인 것이다.

그러니 일의 시시비비를 가리다 보면 아무것도 안 되므로, 옳다고 생각한 일은 즉시 이를 실행하고, 나쁘다고 생각한 일은 즉시 이를 뿌리 뽑아야 하는 것이다. 그렇게 하지 못하면 오히려 죽임을 당할 수 있다. 신하를 미워하는 태도를 명백히 나타내고도 그를 죽이지 않았다는 것은 결국 신하를 제어하는 권병權柄을 갖지 못한 때문이다. 군주 가운데는 후일의 나를 살피는 통찰력이 부족할 뿐 아니라 혹은 그것을 사전에 알고도 가차 없이 처단할 만한 결단력이 부족한 자가 있다. 이에 소공은 미움을 밖으로 나타내고도 죄를 보류시켜 죽이지 않았으니, 고거미는 군주에게 증오심을 품고 있다가 죽임을 당할까 두려워한 나머지 꼭 성공한다는 보장도 없으면서도 요행을 바라는 난을 일으키게 된 것이다. 이것은 전적으로 소공이 그 신하의 불의를 미워하되 그를 제거함에 있어 시기를 잃은 결과라고 하겠다."

어떤 사람은 다음과 같이 말했다.

"미워하는 상대에 대한 보복이 철저한 군주는 작은 죄를 중형으로 다스린다. 작은 죄를 중형으로 다스린다는 것은 후환을 자초하는 것이다. 이른바 옥환獄患이라는 것은 처형의 이유가 부당한 데 있는 것이 아니라, 그것을 원망하는 자가 많은 데 있다. 그 예를 들어 보면 진나라 여공은 세 사람의 극씨를 멸망시켰기 때문에 훗날 난서·중행언이 난을 일으켜 여공은 죽임을 당했다.

또 정나라 자도는 백훤을 죽임으로써 식정의 반란을 초래했고, 오나라 왕 부차는 오자서를 죽임으로써 자기에게 간할 자를 잃었기 때문에 월나라 왕 구천이 그를 정벌하고 패업을 이뤘던 것이다. 요컨대 위나라 군주가 추방되고 정나라 영공이 신하에 의해 목숨을 잃은 것은 저사를 죽이거나 자공을 벌하지 않았기 때문이 아니고, 노여움을 드러내지 않아야 하는데도 드러내고, 죽여서는 안 되는데 죽이려 했기 때문이다. 만약 죄에 상당한 노여움을 표시하고 처벌하더라도 인심에 거스를 정도가 아니었다면 노여움을 표시함으로 인한 재난은 없었을 것이다. 군주가 즉위하기 전에 죄지은 자를, 즉위한 뒤에도 잊지 않다가 처벌한다는 것은 잘못이다. 이러한 이유로 인하여 제나라 호공이 대부 추마수에게 죽임을 당한 것이다. 군주가 그릇된 일을 행한 것만으로도 후환이 있는데, 하물며 신하로서 이것을 행함에 있어서야 말할 나위가 있겠는가? 죄를 처벌함이 이치에 맞지 않는데도 미워하는 상대를 처벌한다는 것은, 천하 만민과 원수를 맺는 것이나 다를 바가 없다. 그리하여 신하의 손에 죽임을 당한다 해도 오히려 당연한 일이 아니겠는가?"

## 법술이 국가의 기강을 세운다

유세할 때 일은 은밀하게 해야 성공하고, 그 말을 남이 알면 실패한다. 그 예로 옛날 정나라 서북쪽에 호라는 작은 나라가 있었다. 정나라 무공은 늘 물과 풀이 풍부한 호나라를 집어삼킬 마음을 먹고 있었다. 그러나 호나라 사람들이 말을 잘 타고 활을 잘 쏘며 용감하고 사나울 뿐만 아니라 정나라를 늘 삼엄하게 경계하고 있었기 때문에 무공은 함부로 경거망동할 수가 없었다. 그리하여 교활한 무공은 음모를 꾸몄다. 그는 먼저 대신에게 후한 예물을 딸려 보내 호나라에 청혼을 했다. 그것이 책략인 줄 모르는 호나라 왕은 기꺼이 정혼을 받아들였다. 정나라 공주가 호나라로 시집가는 날 두 나라에서는 성대한 혼례가 거행되었다. 공주는 또 시중드는 아리따운 여자들을 데리고 가서 온종일 질탕하게 마시고 춤추게 함으로써 호나라 임금이 가무와 여색과 놀이에 빠져 헤어나지 못하게 만들었다.

얼마 후 무공은 문무백관을 소집하여 물었다.

"나는 군사를 동원해 전쟁을 준비하고 있소. 경들이 보기에 어느 나라를 치면 좋겠소?"

모두들 서로 얼굴만 쳐다볼 뿐 감히 말하는 사람이 없었다. 관기사라는 대부가 평소에 무공이 호나라에 눈독을 들이고 있었음을 알고 있었다.

"먼저 호나라를 치는 것이 좋겠습니다."

무공은 관기사의 말이 떨어지자마자 크게 노하여 무섭게 꾸짖었다.

"어리석은 놈! 호나라는 나의 형제와 같은 나라인데 땅을 빼앗으라고 부추기다니! 어서 저 놈의 목을 베어 본보기로 삼아라."

이 소식이 호나라에 전해지자 호나라 군주는 더욱더 정나라를 신뢰하게 되었다. 그래서 날이 갈수록 정나라에 대한 경계가 느슨해지고 군사훈련도 하지 않게 되었다. 어느 날 밤 정나라는 기습공격을 함으로써 크게 힘들이지 않고 호나라를 정복할 수가 있었다.

화씨 성을 가진 초나라 사람이 아직 다듬지 않은 옥돌을 초산에서 발견해 초나라 여왕에게 바쳤다. 여왕이 옥을 다듬는 세공사에게 감정을 시켰더니 세공사가 말했다.

"이것은 아주 평범한 돌덩이입니다."

여왕은 자기를 속이려 했다고 생각하여 크게 노하여 화 씨의 왼쪽 발을 잘라 버렸다. 여왕이 죽고 무왕이 즉위하자 화 씨는 또 그 옥돌을 무왕에게 바쳤다. 무왕은 옥 다듬는 세공사에게 감정을 시켰는데, 그는 또 이렇게 말했다.

"이것은 아주 평범한 돌덩이입니다."

그러자 무왕은 화 씨가 자기를 속이려 했다고 해서 이번엔 오른쪽 발을 잘라 버렸다.

얼마 후 무왕이 죽고 문왕이 즉위했다. 화씨는 그 옥돌을 끌어안고 형산 아래 앉아 사흘 밤낮을 피눈물이 흐르도록 울었다. 문왕이 이 소식을 듣고 사람을 보내 화씨에게 그 까닭을 물었다.

"세상에 발 잘리는 형벌을 받은 자가 한둘이 아닌데 왜 그대는 그리 구슬피 울고 있느냐?"

화씨가 말했다.

"저는 두 발을 잃은 것 때문에 슬피 우는 것이 아니라 옥돌을 돌덩이로 여기고 충성을 속임수로 여기는 것이 마음 아파 우는 것입니다."

그러자 왕은 옥 다듬는 세공사에게 화씨가 바친 옥돌을 쪼개 보게 했더니 과연 훌륭한 옥이 나왔다. 그리하여 이룰 '화 씨의 옥'이라고 이름 붙이게 되었다.

대체로 주옥은 제왕들이 매우 가지고 싶어 하는 보배이다. 화 씨가 비록 아름답게 다듬지 않은 옥돌을 바쳤다 해도 왕에게 해가 될 것은 없다. 그러나 두 발을 잘리고 나서야 보배로 인정을 받았으니, 보물로 인정받기란 이처럼 어려운 것이다. 그런데 지금 군주들은 법술에 대해서는 화씨의 옥 얻기를 애쓰는 만큼 법술로써 여러 신하와 백성들의 사사로운 욕심과 간사함을 금하려고 애쓰지 않는다. 그러므로 통치술을 익힌 인재가 아직 죽음을 당하지 않았다면 제왕의 보옥이 이직 비쳐지지 않은 것이다.

군주가 술로 나라를 다스리는 방법을 쓰면 대신들은 권력을 함부로 휘두르지 못할 것이며, 가까이 있는 신하들도 감히 방자하게 세도를 부리지 못할 것이다. 관청에서 법률로 나라를 다스리는 방법을 실행하면 떠돌던 백성들은 밭으로 나가 경작을 하고, 떠돌이 협객들은 전쟁터로 나가 위험을 무릅쓰고 싸울 것이다. 그러므로 법술로 나라를 다스리면 신하와 백성들은 군주에게 복종한다.

군주가 대신들의 의견을 내치고, 또 백성들의 사소한 비방을 무시하며 독자적인 법으로 나라를 다스리는 시책을 펴 나가지 못한다면, 통치술에 정통한 인재가 비록 목숨을 잃을지라도 그의 주장은 제대로 평가받지 못할 것이다.

가짜는 아무리 포장을 잘 해도 가짜이고 진짜는 아무리 허술해도 진짜이다. 돌덩이를 옥이라 할 수 없고, 옥을 돌덩이라고 할 수 없다. 잘못된 판단 때문에 객관적 사물의 본래 성질을 바꿀 수 없으므로, 본래 사물이 가지고 있는 객관적 사실을 근거하여 틀에 박힌 사고의 단위를 고쳐야 한다.

이 이야기는 왕이 인재를 선발할 때는 반드시 신중하고 세밀한 태도를 지녀야 한다는 것에 비유된다. 옥이 돌에 쌓여 있을 때는 원석을 다듬을 수 있는 세공사가 없어 식별할 수 없었던 것처럼 인재도 흔히 완벽할 수 없고 결함이 없을 수 없다. 이러한 흠 때문에 그 사람의 재능을 말살해서는 안 된다. 원석을 다듬을 수 있는 재주를 갖고 있는 지도자가 겉을 싸고 있는 돌을 잘 쪼개 보면 그 속에서 진정한 옥을 찾을 수 있다.

또 왕의 잘못된 판단과 행동에 대해서 쓴소리로 목숨을 걸고 간언할 수 있는 화 씨와 같은 사람이 없다면, 군주들은 화씨의 옥 얻기를 포기해야 할 것이다. 법술로써 신하와 백성의 사사로운 욕심과 간사함을 금해야 나라가 평정이 되는데, 잘못을 인정하지 않는 화 씨의 끔찍한 희생이 없었다면 제왕의 보옥으로 인정받지 못했을 것이다.

옛날에 오기는 초나라 도왕에게 초나라 풍속에 관해 다음과 같이 지적했다.

"대신들의 권한이 너무 크고 귀족으로 봉해진 사람이 너무 많습니다. 이와 같으면 위로는 군주를 핍박하게 되고 아래로는 백성들을 학대하게 됩니다. 이는 나라가 가난해지고 군대가 약해지는 길입니다. 설사 귀족의 자손이라 해도 삼대를 내려가면 그 작위와 봉록을 회수하고, 모든 벼슬아치들의 봉록을 줄이며, 필요 없는 관서를 폐지하고, 정예 병사를 선발하고 훈련시키십시오."

도왕은 이를 실행하다 일 년 만에 세상을 떠났다. 그러자 오기는 초나라 사람들에 의해 사지가 찢기는 죽음을 당했다.

옛날 상왕이 진나라 효공에게 백성들을 다섯 가구 또는 열 가구를 단위로 해서 서로 고발하도록 하고 연대 책임을 지도록 하자는 건의를 했다. 그리고 『시경』과 『서경』을 불태우고 법령을 널리 알리며, 세도가의 청탁을 물리치고 왕실에 공로가 있는 자들을 등용하며, 벼슬을 얻으려고 떠돌아다니는 백성을 근절시키고, 농사를 짓거나 전쟁에 참가하는 백성들을 표창하라고 권했다. 효공이 그의 말대로 실행하니 군주는 존경을 받으며 편히 지내게 됐고 나라는 부강해졌다. 그러나 팔 년이 지나 효공이 세상을 떠나자, 상앙은 진나라에서 소가 끄는 수레에 묶여 사지가 찢기는 거열형을 당했다.

초나라는 오기의 의견을 받아들이지 않아서 영토가 줄어들고 사회가 혼란스러워졌으며, 신나라는 상앙의 법을 실행하여 부강해졌다. 두 사람의 주장은 모두 정당했는데, 오기는 사지를 찢기고 상앙은 거열형을 당한 것은 무엇 때문인가? 대신들은 법이 실행되는 것이 싫었기 때문이다. 지금 천하는 대신들이 권세를 탐내고, 간사한 백성들은 혼란함을 편안히 여기고 있으니, 진나라나 초나라의 풍조보다 더욱 심각하다.

군주들은 도왕이나 효공만큼 신하의 말을 잘 따르는 이가 없으니,

통치술을 익힌 인재가 어떻게 두 사람 같은 위험을 무릅쓰고 자신의 법술로 나라를 다스리는 방법을 밝힐 수 있겠는가? 이것이 이 시대에 패왕이 나오지 않고 어지럽기만 한 까닭이다.

이 이야기는 인재를 선발할 때는 반드시 신중하고 또 신중을 해야 하는 태도를 지녀야 한다는 비유이다. 옥이 돌에 싸여 있을 때는 옥을 다듬을 수 있는 사람이 아니고서는 옥을 보배로 여길 수 없다. 마찬가지로 인재도 완벽하고 결함이 없을 수는 없다. 이러한 결점이나 약점 때문에 그 사람의 재능을 무시해서는 안 된다. 옥돌을 다듬을 수 있는 재주를 가진 군주가 바로 겉을 싸고 있는 돌을 잘 쪼개 보면 그 속에서 진정한 옥을 찾을 수 있는 기회를 가질 수 있다. 화씨는 군주에게 옥을 바쳤다가 두 발이 모두 잘린 뒤에야 옥의 진가를 알아주는 군주를 만났지만, 오기와 상앙은 법의 올바른 시행을 제안했다가 결국 사지가 찢기는 벌을 받아 대신의 조롱을 받았다.

이 세 마리가 돼지 몸에서 서로 격렬하게 다투고 있었다. 지나가던 한 늙은이가 이들 곁을 지나다가 물었다.

"무엇을 가지고 다투는 거냐?"

이 세 마리가 대답했다.

"우리는 이 돼지 몸에서 가장 살찐 곳을 차지하려고 다투는 것입니다."

늙은이가 웃으며 말했다.

"너희들은 섣달이 되어 사람들이 살진 돼지를 잡아 그 털을 불에 그슬려도 무섭지 않은 것은 아니겠지?"

이 세 마리는 깊이 깨닫고 싸움을 그만두고 곧장 돼지 털 속으로 파고 들어가 마구 피를 빨아 먹기 시작했다. 이 돼지가 갈수록 야위어 갔기 때문에 사람들은 아무도 그 돼지를 잡으려고 하지 않았다.

돼지는 살찌는 것을 두려워한다. 돼지가 살찔수록 몸속의 이가 죽을 날이 가까이 다가온다. 이 세 마리는 더 큰 위험이 도사리고 있는 것은 까맣게 모르고 가까운 잇속에 눈이 어두워 살찐 부분을 서로 먹으려고 다투었다. 이익에는 눈앞의 이익도 있지만, 먼 훗날의 이익도 있다. 눈앞의 이익은 먼 훗날의 이익을 고려해야 실패가 없다. 좁은 안목으로 당장 눈앞에 닥친 작고 현실적인 이익에만 마음을 쏟아 지나치게 이익을 따지고 끝없이 다투기만 한다면 먼 훗날의 큰 이익을 잃어버리거나 '빈대 잡으려다 초가삼간 태우는 꼴'이 될 것이다.

벌레 가운데 희라는 기생충이 있는데, 몸 하나에 입이 둘이 있어서 먹을 것을 다투어 서로 물어뜯기 때문에 그 결과 제 몸을 죽이고 만다. 이와 마찬가지로 신하들이 서로 정권쟁탈을 하다가 끝내는 그 나라를 망하게 하는 것은 모두 희라는 벌레의 소행과 다를 것이 없다.

건물을 세우려면 벽을 만들어야 하는데, 벽의 속은 흙으로 만들지만 겉은 하얀 가루를 칠하여 장식을 한다. 또 그릇도 그대로 쓰면 더러워지며, 씻어야만 깨끗해진다. 사람의 몸도 그러한 것이어서, 나날이 몸을 닦으면 백토나 칠을 할 필요가 없는 경지에 이르며, 그러한 칠을 하지 않아야만 과실이 적은 것이다.

제나라 공자 규가 노나라에 망명해 제나라에 대하여 반란을 일으키려고 하자, 그 동생인 환공은 사신을 보내 형의 동정을 살피도록 했다.

사신은 이렇게 보고 했다.

"그는 웃고 있지만 그 마음은 즐거운 것 같지 않았으며, 사물을 보아도 정말로 보고 있는 것은 아닌 것처럼 생각되었습니다. 그 태도로 미루어 볼 때 반드시 반란을 계획하고 있는 것이 분명합니다."

그러자 환공은 노나라 사람을 시켜 공자 규를 죽여 버렸다.

옛날 사람들은 자기의 눈으로 남의 얼굴은 볼 수는 있었지만 자신의 얼굴은 볼 수 없었기 때문에 거울이라는 것을 만들어 그것으로 자기 얼굴을 보았다. 또 인간은 지혜가 있어도 그것으로 남을 평가할 수 있지만 자기를 잘 알 수는 없었기 때문에 도라는 것으로 자기를 바르게 파악했다.

그러므로 거울에 얼굴을 비쳐보고 얼굴에 흉터가 있다는 것을 알았다 하더라도 거울에 죄가 있는 것이 아니며, 옛 성현의 도에 비쳐보고 자기의 과실을 알았다 하더라도 도를 원망할 수 없는 것이다.

만약 눈이 있어도 거울이라는 것이 없다면 수염이나 눈썹을 바로 다듬을 수가 없으며, 또 자기의 언행이 도를 잃게 되면 어떠한 과실이 있어도 이것을 알 수가 없다.

서문표라는 사람은 대단히 성미가 급해서 그 성질을 고치려고 언제나 부드러운 가죽 끈을 허리에 차고 그것을 봄으로써 마음을 누그러뜨렸다고 한다. 이와는 반대로 동안우는 지나치게 마음이 느긋해서 일을 단호히 처리하지 못했기 때문에 언제나 허리에 활을 차고 다니면서 스스로 마음을 긴장시키려고 했다. 그러므로 여유 있는 것으로 부족한 것을 채워 주고, 장점으로 단점을 보충하는 군주를 현명한 군주라고 한다.

무릇 세상에는 움직일 수 없는 세 가지 이치가 있으니, 첫째, 자기의 지혜만으로는 성립시키지 못할 일이 있으며, 둘째, 자기 혼자의 힘만으로 들어 올릴 수 없는 일이 있으며, 셋째, 강한 것만으로는 남을 이길 수 없는 일이 있는 것이다.

그러므로 비록 요임금과 같은 지혜가 있다 하더라도 많은 사람들의 도움이 없다면 큰 공을 세울 수가 없으며, 진나라의 힘센 용사 오획과 같은 천하장사라 하더라도 남의 도움이 없이는 제 몸을 들어 올릴 수 없고, 맹분과 하육과 같은 용사라 하더라도 나라가 바른 법에 의하여 다스려지지 않고서는 영원히 승리할 수는 없다.

그래서 세력이 있어도 세력만으로는 성취되지 못하는 일이 있고, 일의 성질상 이룰 수 없는 것도 있다. 오획은 1,000균의 물건을 거뜬히 들어 올리는 장사였지만 제 몸은 가볍게 다루지 못했는데, 이것은 그의 몸이 1,000균보다 무거워서가 아니라 자세가 들기에 불편했기 때문이다. 이주가 시력이 매우 좋아서 백 보나 떨어진 곳에 있는 것도 쉽게 볼 수 있었지만 제 눈썹은 볼 수가 없었는데, 이것은 백 보는 가깝고 제 눈썹이 멀어서가 아니라 이치상 불가능했기 때문이다.

그러므로 현명한 군주는 오획이 자기 몸을 들어 올리지 못한다고 하여 책망하지 않으며, 이주가 제 눈썹을 보지 못한다고 하여 비난하지도 않는다. 그 능력을 발휘하기에 알맞은 지위를 주기 때문에 사람들이 적은 노력으로 공과 이름을 세운다.

때[時]에는 가득 찰 때와 텅 빌 때가 있고, 일에는 이로운 것과 해로운 것이 있으며, 생물은 태어남과 죽음이 있다. 이와 같은 것들은 뜻대로 되는 법이 아닌데도 군주가 이 세 가지 때문에 기뻐하고 노여워하는 기색을 나타내면 쇠와 돌처럼 절개가 굳은 선비라도 마음이 군주에게서 떠날 것이고, 성현의 능력을 갖춘 인물도 군주의 천박함을 넘볼 것이다.

현명한 군주는 사람의 가치를 잘 파악하되, 자신은 감추고 나타내지 않아야 한다. 요임금도 혼자서는 천하의 현명한 군주가 될 수 없었고, 오획이 제 몸을 들 수 없었으며, 맹분과 하육과 같은 용사도 혼자 힘으로 승리할 수 없었으므로, 이것을 명백히 파악했을 때 비로소 모든 사람의 위에서 그 사람의 실력을 바르게 알 수가 있다. 이러한 이치를 명확히 법률로 나라를 다스리면 신하의 행위를 관찰하는 방법이 완전히 갖추어진다.

제나라가 대군을 이끌고 노나라에 쳐들어와서 노나라 국보인 참정 讒鼎이라고 하는 솥을 내어 주어야만 물러간다고 하였다(참讒은 솥 이름으로 참소를 싫어한다는 정치적 의지가 담긴 솥을 말한다). 노나라 왕은 거절할 수가 없어서 제나라 사자에게 할 수 없이 참의 모양을 본뜬 모조품을 만들어 성대한 의식을 갖추어 보냈다.

그러나 제나라 왕은 솥을 이리저리 만져 보고 살펴보다가 고개를 갸우뚱거리며 말했다.

"이것은 가짜다."

그러자 노나라 사신은 깜짝 놀라 얼른 말했다.

"자세히 살펴보십시오. 틀림없는 진짜입니다."

제나라 왕이 말했다.

"좋다. 너희 노나라의 음악가 악적자 춘이 보물 솥을 두고 연주한 음악이 유명하다고 들었다. 그를 불러 내 앞에서 연주하게 하여라."

노나라 왕이 이 소식을 듣고서 증자의 제자 악정자 춘에게 제나라로 가서 솥이 진짜라고 증언하도록 부탁했다. 악정자 춘이 왕에게 물었다.

"왕께서는 무엇 때문에 진짜 솥을 보내지 않으셨습니까?"

노나라 왕이 대답했다.

"나는 노나라 국보인 솥을 매우 아끼기 때문이오."

그러자 악정자 춘이 말했다.

"군주께서 그것을 아끼듯이 신은 음악가로서 명예를 아끼는 사람입니다"

라고 왕명을 거절했다. 임시방편의 거짓은 한순간은 넘어갈 수 있지만 언젠가는 들통이 나게 마련이다. 노나라 왕은 솥 하나를 지키려고 유명한 음악가를 보내 가짜 솥에 대해 위기를 모면하려고 하다가 신의와 명예를 모두 잃어 버렸다. 세상에 아무리 귀한 보물이라고 하더라도 사람의 생명보다 더 존엄하고 귀중한 것은 없다. 어리석은 노나라 왕은 잠시 거짓으로 위기를 모면하려고 했지만 악정자 춘은 왕의 이러한 노림수를 이미 꿰뚫어 본 것이다.

탕왕은 걸왕을 멸망시켰지만, 천하 사람들이 자신을 탐욕스럽다고 욕할 것을 두려워해 무광에게 천하를 양보하기로 했다. 그러나 한편으로는 무광이 정말로 천하를 받을까 보아 걱정이 되었다. 어떤 사람이 무광에게 말했다.

"탕왕은 군주를 시해한 오명을 당신에게 전가하기 위해 천하를 양보한다고 한 것입니다."

그러자 무광은 황하에 몸을 던져 죽었다.

송나라 대부인 자어가 공자를 재상 벼슬에 해당하는 태재에게 소개했다. 공자가 만나고 나가자, 자어가 들어가서 공자에 대한 평가를 물으니 태재가 말했다.

"내가 공자를 만나고 나니, 당신이 이나 벼룩 같은 소인배로 보이네. 나는 오늘 군주에게 그를 만나 보게 할 것이네."

자어는 공자가 군주에게 존중받게 될 것이 두려워 태재에게 다음과 같이 말했다.

"군주께서 공자를 만나 보면, 또한 당신도 마치 이나 벼룩처럼 여길 것입니다."

그래서 태재는 공자를 다시는 만나지 않았다.

위나라 혜왕이 구리 땅에서 제후들과 회맹을 열고 새로운 천자 자리에 앉히려고 했다. 이때 팽희가 한나라 왕에게 말했다.

"왕께서는 그의 말을 듣지 마십시오. 큰 나라는 천자가 있는 것을 싫어하고, 거꾸로 작은 나라는 그것이 유리하다고 생각합니다. 만일 왕께서 큰 나라와 더불어 그 제의를 따르지 않는다면, 위나라가 어찌 작은 나라와 함께 천자를 세울 수 있겠습니까?"

승후와 악래는 은나라의 주왕을 따랐기 때문에 붙지 않아도 처벌받지 않을 것은 알았지만, 주왕이 주나라의 무왕에게 멸망당할 줄은 몰랐다. 비간과 오자서는 자신의 군주가 반드시 망할 것은 알았지만 자신들이 죽게 될 줄은 몰랐다. 그래서 말했다.

"승후와 악래는 군주의 마음을 알 수 있었지만 일의 형세는 알지 못했고, 비간과 오자서는 일의 형세는 알았지만 군주의 마음은 몰랐다. 그러나 성인은 이 두 가지를 다 갖추고 있다."

양주의 동생 양포가 흰옷을 입고 나갔다가 비를 만나자 흰옷을 벗고 검은 옷으로 갈아입고 돌아왔다. 그의 개가 양포를 알아보지 못해 짖자, 양포는 화가 나서 개를 때리려고 했다. 이때 양주가 말했다.

"때리지 말라. 너 또한 이렇게 할 것이다. 너의 개가 나갈 때는 하얀색이었는데 검은색이 되어 돌아왔다면, 너도 어찌 이상하게 여기지 않을 수 있겠느냐?"

혜시가 말했다.

"하나라 때의 명궁인 예가 깍지를 끼고 어깨띠를 둘러 활을 당기면 관계가 소원했던 월나라 사람들도 다투어 과녁을 잡을 것이다. 그런데 어린아이가 활을 잡으면 이 아이의 어머니도 방 안으로 들어가 문을 닫을 것이다."

그러므로 이렇게 말한다.

"확실하게 믿을 수 있으면 월나라 사람도 예를 의심하지 않고, 확실하게 믿을 수 없으면 어머니도 어린아이를 피한다."

# 18
## 나라를 패망으로 이끄는
## 군주의 10가지 과실

작은 일에 대한 충성이 도리어 큰 충성을 해치는 적이 되는 경우가 있다. 옛날 초나라 공왕이 진나라 여공과 언릉에서 전쟁을 벌였는데, 초나라 군대는 패배하고 공왕도 눈에 부상을 입었다. 전투가 한창 치열할 때 사마 자반이 목이 말라 마실 것을 찾으니, 곡양이 술을 한잔 가져와 바쳤다. 자반이 말했다.

"아니 이건 술이 아닌가?"

그러자 곡양이 이렇게 대답했다.

"술이 아닙니다."

자반이 술을 받아 마셨다. 자반은 본래 술을 좋아했는데, 문제는 일단 술에 입을 대면 입에서 떼지 않을 만큼 좋아하여 만취해 버리는 습관이 있었다.

전투는 초나라가 패배할 것 같아 지자 공왕은 다시 반격하려고 사람을 시켜 사마 자반을 불렀으나, 사마 자반은 가슴이 아프다는 핑계로 군주의 명령을 거절했다. 공왕은 말을 달려서 직접 진영 안에 있는 자반의 막사로 들어갔는데, 술 냄새가 진동하자 그냥 돌아왔다. 공왕은 신하들에게 말했다.

"오늘 전투에서 부상을 입고, 이제 믿을 사람은 사마 자마뿐이라고 생각했다. 그런데 사마 자반이 이처럼 취했으니 이것은 초나라의 사직을 망각하고 우리 백성들을 가엾게 여기지 않는 행동이다. 이제 나는 다시 싸울 기력이 없다."

그리고 군대를 철수시키고 돌아가 사마 자반의 목을 베어 저잣거리에 내걸었다. 자반의 하인인 곡양이 술을 바친 것은 자반에게 적의가 있어서 그랬던 것이 아니었다. 곡양이 충심으로 그를 사랑했었던 것이 도리어 그를 죽이게 한 원인이 되었다. 그러므로 작은 충성을 베푸는 것이 더 큰 충성을 해칠 수 있다고 한비자는 말한 것이다.

작은 이익을 구하려다 큰 이익을 해치는 경우도 있다. 옛날에 진나라 헌공이 괵나라를 공격하기 위해 우나라에 길을 빌리려고 했다. 순식이 간하였다.

"왕께서는 수극의 옥과 굴 땅에서 생산된 명마를 우공에게 뇌물로 주고 길을 빌려 달라고 하면 우리에게 길을 빌려 줄 것입니다."

헌공이 말했다.

"수극의 옥은 우리 선왕의 보물이며, 굴 땅의 명마는 과인의 준마인데, 그것만 받고 길을 빌려 주지 않는다면 장차 어찌하겠소?"

순식이 대답했다.

"저들이 우리에게 길을 빌려 주지 않으려 한다면 그 선물들을 감히 받지 못할 것입니다. 만일 우리 선물들을 받고 길을 빌려 준다면 이것은 마치 안에 있는 창고에서 보물을 꺼내 밖에 있는 창고에 넣어 두는 것과 같고, 안에 있는 마구간에서 준마를 꺼내 밖에 있는 마구간으로 옮겨 두는 것과 같습니다. 공께서는 걱정하지 마십시오."

헌공이 말했다.

"그렇게 하시오."

그래서 순식을 시켜 수극의 옥과 굴 땅의 명마를 우공에게 선물로 주면서 길을 빌려 달라고 요청했다. 우공은 본래 재물에 욕심이 많았으므로 그 옥과 명마를 가지고 싶은 마음에 길을 빌려 주려고 했다. 이때 궁지기가 간언했다.

"길을 빌려 주어서는 안 됩니다. 우리 우나라에 괵나라는 마치 수레에 보輔가 있는 경우입니다. 보는 수레를 의지하고 수레 또한 보에 의지합니다. 우나라와 괵나라의 형세가 바로 이와 같습니다. 만일 길을 빌려 준다면 괵나라는 아침에 망하고 우나라는 그날 저녁에 뒤따라 망하는 지경에 이를 것입니다. 원컨대 절대로 진나라의 요구를 들어주지 마십시오."

그러나 우공은 궁지기의 간언에도 불구하고 진나라에게 길을 빌려 주었다. 순식은 괵나라를 정벌하고, 자기 나라로 돌아온 지 삼 년 만에 군사를 일으켜 우나라까지 정벌해 승리를 거두었다. 순식은 한 손엔 명마를 끌고 한 손에는 옥을 들고 헌공에게 바쳤다. 헌공은 기뻐하며 말했다.

"아! 옥은 그대로구나. 비록 말의 나이는 더 먹었지만!"

그러므로 우공의 군대가 괴멸당하고 영토까지 빼앗긴 까닭은 무엇 때문인가? 작은 이익에 마음이 끌려 큰 해를 염려하지 않았기 때문이다. 그래서 작은 이익을 돌보다가 큰 이익을 해친다고 한 것이다.

편벽한 행동은 몸을 망치는 경우가 있다. 지난날 초나라 영왕이 신 지방에서 제후들을 불러 모아 회맹을 열었다. 이때 송나라의 태자가 늦게 도착하자 그를 체포해 가뒀으며, 서나라 왕은 모욕을 주고, 제나라 대부인 경봉은 구속하였다. 이에 중사사가 간언하며 말했다.

"제후들과 회합을 할 때는 예가 없어서는 안 됩니다. 이것은 나라가 존립하느냐 망하느냐를 결정하는 중요한 관건입니다. 옛날 걸왕이 유융 지방에서 제후들과 회맹을 열었으나 유민이 배반했고, 주왕이 여구 지방에서 제후들과 사냥모임을 할 때 서융과 북적이 반란을 일으켰던 것은 모두 예를 갖추지 못했기 때문에 일어났던 일입니다. 왕께서는 이를 헤아려 보십시오."

그러나 영왕은 그의 말을 듣지 않고 자기 뜻대로 하였다. 그 후 일 년도 못 돼 영왕이 남쪽으로 유람을 갔을 때, 신하들이 그 틈을 타서 왕위를 찬탈하니 영왕이 굶주리다가 마침내 건계 지방에서 죽었다. 그러므로 군주가 행동을 편벽하고 방자하게 하여 제후들에게 무례하다면 자신을 망치는 지경에 이르게 된다는 것이다.

음악에 빠지면 곤궁해지는 경우이다. 옛날에 위나라 영공이 진나라로 가는 도중에 복이라는 물가에서 뒤따르는 행렬의 수레와 말을 풀고 숙소를 정해 하룻밤 묵기로 했다. 한밤중에 새로운 곡조를 타는 음악 소리가 들려오자 영공은 저절로 흥이 났다. 사람을 시켜 주위 사람들에게 이 음악에 대해 알아보게 했으나 모두 들어 본 적이 없다고 했다. 이에 왕실의 음악 담당인 사연을 불러 말했다.

"어디선가 새로운 음악을 연주하고 있어 사람을 시켜 주위 사람들에게 알아보게 했소. 그런데 모두들 들어 본 적이 없다고 하니 그것은 마치 귀신이 타는 곡조 같소. 그대가 나를 위해서 들은 것을 적어 주시오."

사연은 말했다.

"그렇게 하겠습니다."

그러고는 조용히 자리에 앉아 거문고를 뜯으며 곡조를 적었다. 사연은 다음 날 말했다.

"신이 그 음악을 옮겨 적었으나 아직 익숙하지 못합니다. 하루를 더 머물며 연습했으면 좋겠습니다."

영공이 말했다.

"좋소."

그래서 하루를 더 머물렀다가 다음 날 연주가 익숙하게 되자 진나라로 떠났다.

진나라 평공이 시이 지방의 누각에서 주연을 베풀었다. 모두들 술 기운이 좀 돌았을 때 영공이 일어나 말했다.

"새로운 악곡이 있어 들려 드리고자 합니다."

그러자 평공이 말했다.

"좋습니다."

이에 사연을 불러 사광의 옆에 앉아 거문고를 뜯게 했다. 곡의 연주가 아직 끝나지도 않았는데, 사광이 사연의 손을 눌러 연주를 못하게 하며 말했다.

"이 곡은 나라를 망치는 음악입니다. 끝까지 연주해서는 안 됩니다."

평공이 물었다.

"이 음악은 어디에서 온 것이오?"

사광이 말했다.

"이 곡은 사연이 만들어 은나라 최후의 천자인 주왕에게 바친 퇴폐적인 음악입니다. 무왕이 주왕을 정벌할 때에 사연은 동쪽으로 달아나 복수에서 투신자살했습니다. 그러므로 이 음악은 틀림없이 복이라는 물가 근처에서 들었을 것입니다. 예전에 이 음악을 들은 자는 반드시 그 나라를 잃었으므로 이 곡을 끝까지 연주하게 해서는 안 됩니다."

그러자 평공이 이렇게 말했다.

"과인이 좋아하는 것은 음악이니, 그대가 그 곡을 끝까지 연주하시오."

사연이 그 음악의 연주를 마치자 평공이 사광에게 물었다.

"이것은 무슨 곡조요?"

"이 곡은 바로 청상입니다."

평공이 물었다.

"청상의 곡조가 정말 가장 슬픈 곡이오?"

사광이 말했다.

"청치만은 못합니다."

평공이 다시 물었다.

"청치의 곡조를 들어 볼 수 있겠소."

사광이 대답했다.

"안 됩니다. 예로부터 청치의 곡은 모두 덕과 의를 갖춘 왕만이 들었습니다. 지금 공께서는 덕이 부족하니 들으실 수 없습니다."

평공이 말했다.

"과인이 좋아하는 것은 음악이오. 그 음악을 들어 보고 싶소."

사광이 청치의 곡 연주가 끝나자, 평공은 술잔을 들고 일어나 사광을 위해 건배하고는 돌아와 앉으며 물었다.

"곡조 중에서 청치보다 더 슬픈 것은 없소."

사광이 대답했다.

"청각만은 못합니다."

그러자 평공은 또 말했다.

"청각의 가락을 들을 수 있겠소?"

그러자 사광이 대답했다.

"지금의 군주께서는 덕이 낮으시니 들으실 수 없습니다. 만일 들으셨다가 화가 미칠까 두렵습니다."

평공이 말했다.

"과인은 늙었소. 좋아하는 것이라곤 음악뿐이니 꼭 들었으면 하오."

사광은 마지못해 청각의 곡조를 연주했다. 한 번 연주하자 검은 구름이 서북쪽에서 일어났고, 거듭 연주하자 큰바람이 불고 큰비가 쏟아져 휘장이 찢어지고 제사 그릇이 깨지며, 기와가 떨어져 박살났다. 그러자 앉아 있던 사람들이 혼비백산해 달아났으며 평공도 두려워 궁정의 내실로 가서 숨었다.

그 뒤 진나라는 오래도록 가물어 삼 년이나 밭에서 작물이 나지 않았다. 평공도 심한 병에 걸려 나라를 다스릴 수 없었다. 그래서 "나라를 다스리는 데 힘쓰지 않고, 끊임없이 음악만 좋아한다면 자신은 막다른 상태에 빠지게 된다"고 한 것이다.

탐욕 때문에 몰락한 예이다. 옛날에 지백요라는 자가 조·한·위 나라의 군사를 이끌고 범씨와 중항씨를 쳐서 멸망시켰다. 그는 자기 나라로 돌아와 병사들을 쉬게 한 지 여러 해가 되자 한나라에 사신을 보내 영토를 요구했다. 한강자는 주지 않으려고 했으나 신하 단규가 간언했다.

"주지 않을 수 없습니다. 지백의 사람됨이 이로움을 좋아하고 오만무도합니다. 그가 영토를 요구했는데 주지 않는다면 반드시 한나라를 공격해 올 것입니다. 왕께서는 그에게 땅을 주십시오. 왕께서 영토를 주면 이것이 버릇이 되어 또 다른 나라에도 땅을 요구할 것입니다. 그 나라 중에는 반드시 지백의 말에 복종하지 않는 나라가 있을 것이고, 지백은 반드시 그 나라를 침공할 것입니다. 그와 같이 하면 한나라는 재난을 피할 수 있을 것입니다. 사태의 변화를 지켜보십시오."

한강자가 말했다.

"그렇게 하겠소."

이에 사자를 보내 일만 가구의 현 하나를 지백에게 바쳤다. 그러자 지백은 기뻐했다.

지백은 또 위나라에 사신을 보내 영토를 요구했다. 위선자는 영토를 바치지 않으려고 했다. 조가가 간언했다.

"지백이 한나라에게 영토를 요구했을 때 한나라는 그에게 영토를 내주었습니다. 지금 위나라에게도 영토를 요구하는데 만약 들어주지 않는다면 위나라는 안으로는 스스로 강하다고 여기시만 밖으로는 지백의 화를 불러올 것입니다. 지백에게 영토를 주지 않으면 반드시 위나라를 침공해 올 것이니 주는 것만 못합니다."

위선자는 하락하고 사신을 시켜 일만 가구의 현 하나를 지백에게 바쳤다.

지백은 또 조나라로 사신을 보내 옛날 채와 고랑 지방을 요구했으나 조나라 양자는 주지 않았다. 그러자 지백은 은밀히 한나라, 위나라와 조약을 맺고 조나라를 치고자 했다. 양자는 장맹담을 불러서 말했다.

"지백의 사람됨은 겉으로는 친한 척해도 마음속으로는 거리를 두는 성품이오. 그는 세 차례나 한과 위나라는 사신을 보내면서도 과인에게는 보내지 않았으니 반드시 과인의 나라를 침공할 것이 분명한데 이제 우리는 어디를 근거지로 하면 좋겠소?"

장맹담이 말했다.

"동알우는 조간자의 유능한 신하로 진양 지방의 수령으로 있을 때 그곳을 잘 다스렸으며, 윤탁이 이어받아 또 잘 다스렸기 때문에 아직까지 그 교화가 남아 있습니다. 왕께서는 진양을 근거지로 삼으시면 될 것입니다."

양자는 그의 말을 따르기로 했다. 이에 연릉생을 불러 거기장군으로 임명하여 먼저 진양으로 향하게 하고 왕은 그 뒤를 따랐다. 양자가 도착하여 진양의 성곽 및 각 관청의 창고를 점검해 보았다. 그러나 성곽은 견고하지 않았고, 창고에는 식량도 없었으며, 관청에는 저축해 놓은 돈도 없고, 갑옷이나 무기도 없었으며, 성을 방어하는 시설조차 없었다. 양자는 두려워서 곧바로 장맹담을 불러 말했다.

"과인이 성곽과 각 관청을 점검해 본 결과 갖추어져 있는 것이라고는 아무것도 없는데, 장군은 어떻게 적과 상대할 수 있겠소?"

장맹담이 대답했다.

"소신이 듣건대, 옛 성인들은 정치를 펴면서 재물을 백성들에게 두지 관의 창고에 쌓아 두지 않는다고 했으며, 백성들을 가르치는 데 힘쓰지 성곽을 수리하는 일은 중시하지 않는다고 했습니다. 왕께서는 지금 명령만 내리십시오. 그러면 백성들은 삼 년간 먹을 양식만을 남기고 나머지는 관의 창고로 옮겨 올 것이고, 돈도 삼 년간 쓸 현금만을 남기고 나머지는 관청으로 가져올 것이며, 또 집안일에 꼭 필요한 인력만 남기고 나머지 사람은 모두 성곽을 수리하는 일에 참가하러 올 것입니다."

그날 저녁 왕이 명령을 내리자, 이튿날 창고에 식량을 더 이상 쌓을 수 없을 정도가 되었고, 돈을 받아 놓을 곳이 없을 만큼 모아졌으며, 무기도 더 이상 받을 수 없을 정도가 되었다. 닷새 만에 성곽 보수가 끝났으며 방어시설의 설치도 완료되었다. 왕은 장맹담을 불러 물었다.

"성곽은 수리가 끝났고, 방어진을 구축되었고, 돈과 양식도 충분하며, 갑옷과 무기도 넉넉하오. 그러나 화살이 없으니 이를 어쩌면 좋겠소"

장맹담이 말했다.

"신이 지난날 동알우가 진양을 다스릴 때는 공공건물의 담을 모두 갈대나 쑥대나 가시나무로 엮어 만들었다고 들었습니다. 그 높이가 열 자가량 되니 왕께서는 이를 잘라서 사용하십시오."

그래서 그의 말대로 화살을 만들어 써 보니 대나무에 견줄 수 없을 만큼 견고했다. 왕이 물었다.

"화살은 이것으로 충분하지만 화살촉은 어씨해야 하오?"

장맹담이 말했다.

"신은 동 선생이 진양을 다스릴 때 관저와 사택에 있는 기둥의 주춧돌을 모두 동으로 만들었다고 들었습니다. 왕께서는 이를 뽑아서 사용하십시오."

그의 말대로 이를 파서 사용했더니 동이 남았다. 이렇게 무기가 정비되고 방어진이 모두 완비되었을 무렵 과연 세 나라의 군대가 이르렀다. 동맹군은 진양의 성벽을 공격했으나 삼 개월이 지나도록 함락시키지 못했다. 그래서 동맹군은 군사를 풀어 성을 포위한 채 진양성 옆으로 흐르는 강줄기를 터서 성안으로 흘러 들어가게 했다. 진양성을 포위한 지 삼 년이 되자, 성안에서 나무 위에 움집을 짓고 솥을 걸어 취사를 했던 조나라 백성들은 돈과 식량이 떨어졌고 병사나 벼슬아치들도 병들어 갔다. 양자가 장맹담에게 말했다.

"식량과 재력이 떨어졌고 벼슬아치와 병사들도 병들어 가니 우리는 더 이상 버틸 수가 없을 것 같소. 항복하려고 하는데 어느 나라에 항복하는 것이 좋겠소?"

장맹담이 말했다.

"신이 듣건대, '망할 나라를 지켜 내지 못하거나 위급함을 안전함으로 바꾸지 못한다면, 지략이 있는 자들을 중시할 필요가 없다'고 했습니다. 왕께서는 지금 계략을 잘못 생각하고 있습니다. 신이 은밀히 한과 위나라 왕을 만나 보고자 하니 허락해 주십시오."

장맹담은 한과 위나라 왕을 만났다.

"신은 '입술이 없으면 이가 시리다(순망치한脣亡齒寒)'는 말을 들었습니다. 지금 지백이 한과 위나라의 두 왕을 거느리고 조나라를 공격해 우리나라는 거의 멸망할 지경에 이르렀습니다. 조나라가 망하면 다음은 한과 위나라의 차례일 것입니다."

한과 위나라 왕이 말했다.

"우리도 그처럼 될 것이라고 생각하오. 그렇지만 지백의 사람됨이 포악하고 인정이 야박하니 우리가 일을 도모했다가 발각된다면 반드시 그 화가 이르게 될 것이고, 그렇게 되면 어떻게 하겠소?"

장맹담이 말했다.

"계획이 단지 두 분의 입에서 나와 소신의 귀로 들어왔을 뿐이니 다른 사람은 절대 알지 못할 것입니다."

이에 두 나라의 군대가 지백을 반역할 것을 약속하고 장맹담과 더불어 거사 날짜를 결정했다. 장맹담은 다시 야밤을 틈타 진양성으로 돌아가 두 왕의 모반에 동의했음을 양자에게 보고했다. 양자는 장맹담을 맞아 두 번 절하고는 두려워하면서도 기뻐했다.

한과 위나라의 두 왕은 밀약을 맺고 장맹담을 돌려보낸 뒤 지백에게 조회하러 갔다가 나오는 중에 우연히 군문 밖에서 지과를 만났다. 지과는 그들의 낯빛에 수상쩍은 점이 있다고 여겨 지백을 만나 말했다.

"그들의 표정을 보니 장차 마음을 바꿀 뜻이 있는 듯합니다."

그러자 지백이 말했다.

"어째서 그렇게 보았소?"

지과가 말했다.

"그들의 행동이 방자하고 기세등등하며 여느 때의 태도와 같지 않습니다. 주군께서 먼저 손을 쓰는 것이 좋을 듯합니다."

지백이 말했다.

"나와 그들과의 맹약은 굳건하오. 조나라를 격파하고 나서 그 땅을 셋으로 나누기로 했소. 과인이 그들을 가까이 대하고 있으니 결코 나를 속이지 않을 것이오. 우리 군대가 진양을 포위한 지 삼 년이나 됐고 머지않아 성이 함락되면 그 모든 성과를 누리게 될 것인데, 어째서 다른 마음을 갖겠소? 절대 그렇지 않을 것이오. 그대는 의심을 풀고 걱정하지 마시오. 그리고 그런 말을 입에 담지 마시오."

이튿날 아침 한과 위나라의 두 왕은 지백에게 조회하고 나오는 길에 또다시 군문 앞에서 지과와 마주쳤다. 지과가 지백을 알현하고 물었다.

"주군께서는 어찌하여 신의 말을 그들에게 말씀하셨습니까?"

"그것을 어떻게 알았소?"

"오늘 두 왕이 조회하고 나오는 길에 신을 보더니 낯빛이 바뀌며 저를 주시했습니다. 이는 반드시 어떤 변심이 있는 것이니 주군께서는 곧바로 그들을 처형하는 것이 좋습니다."

"그대는 더 이상 이 일을 거론하지 마시오."

"안 됩니다. 반드시 그들을 처단하십시오. 만일 그렇게 하실 수 없다면 그들을 더욱 가까이하십시오."

"가까이하라니 어째서요?"

"위선자의 참모는 조가이며, 한강자의 참모는 단규입니다. 이들은 모두 그 군주의 계획을 바꿀 수 있습니다. 주군께서는 조나라를 격파하고 나면 그 둘을 저마다 일만 가구의 현에 봉한다고 약속하십시오. 그렇게 하면 이들 두 군주의 마음은 바꾸지 않을 수 있습니다."

"조나라를 격파하고 나서 그 땅을 셋으로 나누기로 했소. 또 두 사람에게 저마다 일만 가구의 현을 준다면 내가 얻는 것이 적으니 그렇게 할 수 없소."

지과는 자신의 말이 받아들여지지 않자 물러나서 자신의 성을 보 씨로 고쳤다. 약속한 날 밤이 되자, 조 씨는 지백이 만든 수로의 제방을 지키는 파수병을 살해하고 물줄기를 지백의 진영으로 흐르게 했다. 지백의 군대는 물줄기를 잡느라 혼란스러웠고, 한과 위나라는 양옆에서 공격했다. 양자는 병사들을 이끌고 앞에서 습격해 지백의 군사를 크게 쳐부수고 지백을 사로잡았다.

지백은 자신을 죽음에 이르게 하고 군대도 잃고 나라도 셋으로 분할되어 천하의 웃음거리가 되었다. 그래서 이렇게 말한다.

"탐욕스럽고 괴팍하며 이익만 좋아하는 것은 나라를 멸망시키고 목숨을 잃게 되는 근원이다."

무희와 음악에 빠져 국정을 돌보지 않는 경우도 있다. 옛날에 서융의 왕이 유여를 진나라의 사절로 보냈다. 진나라의 목공이 그에게 물었다.

"과인이 일찍이 나라를 다스리는 이상적인 통치술에 대해서는 들어 보았으나 실제로 그렇게 되는 상황을 직접 본 적은 없소. 옛날의 현명한 군주들이 나라를 얻고 잃었던 까닭이 대부분 무엇 때문이었는지 듣기 원하오."

"신이 일찍이 들은 바로는 항상 검소하면 나라를 얻게 되고 사치하면 나라를 잃게 된다고 했습니다."

"과인은 체면을 가리지 않고 그대에게 도에 대해 물었거늘, 그대는 검소함만으로 과인에게 대답하는 것은 무슨 까닭이오?"

"신이 듣건대 옛날 요임금이 천하를 다스릴 때는 흙으로 만든 그릇에 밥을 담아 먹었으며, 흙으로 만든 병에 물을 담아 마셨다고 합니다. 그런데도 영토가 남쪽으로는 교지에 이르고 북쪽으로는 유도에 이르며, 동서 양쪽으로는 태양과 달이 뜨고 지는 곳까지 미쳤으니 복종하지 않는 사람이 없었습니다.

요임금이 천하를 선양하여 순임금에게 전해지자 순임금은 식기를 만들기 위해 산의 나무를 베어 재료로 삼아, 그릇을 만들고 그 위에 옻칠을 해서 궁궐에서 식기로 사용했습니다. 그러자 제후들은 사치가 지나치다고 여겼고 열세 나라가 순왕실에 복종하지 않았습니다.

순임금이 천하를 선양해 우임금에게 전해지자 우임금은 제기를 만들었는데, 그릇의 겉은 옻칠을 하고 안에는 붉은색으로 그림을 그렸으며, 무늬를 넣지 않은 흰 비단으로 침구를 만들었습니다. 또 물풀인 장초로 자리를 만들고 가장자리에는 아름다운 수술을 달았으며, 술잔마다 색칠을 하고 접시마다 문양을 넣었습니다.

이와 같이 사치가 더욱 심해지자, 서른세 나라가 복종하지 않았습니다. 하왕조가 망하고 은왕조가 계승하자, 천자가 지나다니는 큰길을 만들며 아홉 개의 깃발을 세웠습니다. 그릇에 조각을 새겨 넣고 술잔에 모양을 새겼으며, 네 벽면에는 칠을 했고 자리와 침구에도 무늬를 넣었습니다. 이처럼 사치가 더욱 심해지자 오십세 나라가 복종하지 않게 됐습니다. 귀족들은 모두 훌륭히 치장하는 것만 알았으므로 그에 복종하려는 사람들이 갈수록 줄어들었습니다. 그래서 신은 검소함이 나라를 얻는 도라고 말씀드린 것입니다."

유여가 나가자 목공은 곧 내사인 요를 불러 말했다.

"과인은 이웃 나라에 성인이 있으면 적국에는 근심거리가 있다고 들었소. 이제 보니 유여는 성인이오. 과인은 이 일이 염려되는데, 앞으로 어쩌면 좋겠소."

내사 요가 대답했다.

"신이 들건대 융왕이 기거하는 곳은 외지고 누추하며 거리도 멀어서 중원의 음악을 들어 본 적이 없다고 합니다. 왕께서는 융왕에게 무희와 여자 악사를 보내어 정치를 어지럽게 하고, 그런 뒤 유여가 돌아가게 될 날을 늦춰 달라고 요청하면 그가 융왕에게 간언할 시간이 없을 것입니다. 그렇게 하면 군주와 신하 사이에 틈이 생길 테니 그런 후에 계책을 도모하십시오."

"그렇게 하시오."

그러고는 내사 요를 시켜 무희 열여섯 명을 융왕에게 보냈다. 그리고 유여의 귀국 일을 늦춰 줄 것을 요청하니, 융왕은 별 생각 없이 허락했다. 융왕은 무희를 보고 기뻐하며 주연을 열고 날마다 음악과 가무에 빠져 한 해가 지나도록 자리를 옮기지 않아 소와 말이 반이나 죽었다.

유여는 그제야 돌아와 융왕에게 간언했으나 융왕은 받아들이지 않았고, 유여는 마침내 그곳을 떠나 진나라로 들어갔다. 진목공은 그를 맞아 가장 귀한 지위인 상경의 벼슬자리를 내렸다. 그리고는 융나라의 군력과 지형을 물은 뒤 군사를 일으켜 정벌하니, 열두 나라를 손에 넣고 영토는 천리나 넓힐 수 있었다. 그래서 사람들은 이렇게 말한다.

"무희와 음악에 빠져 나라의 정치를 돌보지 않는 것이 나라를 망치는 화가 된다."

유람을 자주 즐기면 나라가 위태롭게 되는 경우이다. 옛날 전성자가 바닷가에서 놀다가 이에 재미를 붙여 대부들에게 명을 내렸다.

"돌아가자고 말하는 자가 있으면 처형하겠다."

안탁취가 말했다.

"군주께서 바다에서만 놀며 이를 즐기고 계실 때에 신하 가운데 정권을 노리는 자가 있다면 어찌하시렵니까? 군주께서는 이곳에서 즐거울지라도 나라를 잃고 나면 어찌 되겠습니까?"

그러자 진성자가 화가 나서 말했다.

"과인이 돌아가자고 말하는 자는 사형에 처한다고 명령했소. 그대는 지금 과인의 명령을 어긴 것이다."

그러고는 즉시 창으로 그를 찌르려고 했다. 안탁취가 말했다.

"옛날 하나라의 폭군 걸왕이 간언했던 충신 관용봉을 죽이고, 은

나라의 폭군 주왕이 간언 했던 왕자 비간을 살해했는데, 이제 왕께서 신을 죽인다면 간언을 하다 죽음을 당한 세 번째 충신으로 길이 남게 될 것입니다. 신은 나라를 위해 간언한 것이지 저 자신을 위해 그런 것은 아닙니다."

그리고는 목을 길게 빼고 앞으로 나서며 말했다.

"왕께서 제 목을 치십시오."

군주는 깨달은 바가 있어 창을 버리고 수레를 몰아 도성으로 돌아갔다. 그로부터 사흘이 지난 뒤 도성 사람들 가운데 자신을 수도로 돌아오지 못하게 하려고 모의한 자가 있었음을 알게 됐다. 진성자가 제나라를 계속 유지할 수 있었던 것은 안탁취의 공로였다. 그래서 사람들은 말했다.

"도성을 떠나 먼 곳까지 놀러 다니는 것은 몸을 위태롭게 하는 길이다."

군주가 잘못이 있는데도 충신의 말을 듣지 않으면 비웃음을 산 경우이다. 옛날 제나라 환공은 수차례에 걸쳐 제후들을 모아 회맹을 열어 천하를 바로잡음으로써 춘추시대 다섯 패자의 우두머리가 되었다. 관중이 그를 보좌했으나 나이가 들어 더 이상 보좌할 수 없어 물러나 집에서 쉬고 있었다. 환공이 찾아가 물었다.

"중부께서는 집에서 병들어 계신데, 불행히도 이 병 때문에 자리에서 일어나지 못하게 된다면 장차 누구에게 정치를 맡기면 좋겠소?"

관중이 대답했다.

"소신은 늙었습니다. 물어볼 것이 못 됩니다. 비록 그렇지만 신이 듣기로는 '신하를 잘 아는 데는 그 왕만 한 사람이 없으며, 자식에 대해 잘 아는 것은 그 아비만 한 이가 없다'고 합니다. 왕께서는 마음속에 생각했던 바를 먼저 말씀해 보십시오."

환공이 말했다.

"포숙아는 어떻겠소?"

그러자 관중이 말했다.

"안 됩니다. 포숙아는 사람됨이 지나치게 곧고 고집이 세며 일 처리에 있어서 너무 과격한 면이 있습니다. 강직하면 백성들에게 포악할 우려가 있고, 고집이 세면 백성의 마음을 잃게 되며, 과격하면 아랫사람들이 등용되기를 꺼리게 됩니다. 그는 마음에 두려워하는 바가 없으니 패왕의 보좌역은 아닙니다."

환공이 또 물었다.

"수조는 어떠하오?"

관중이 말했다.

"안 됩니다. 사람의 본성이란 누구나 자기 몸을 아끼기 마련입니다. 군주께서 질투심이 강하고 여색을 매우 좋아하자 수조는 스스로 거세해 후궁들을 관리하였습니다. 자신의 몸을 아끼지 않는 자가 어찌 그의 왕을 사랑할 수 있겠습니까?"

환공이 또 물었다.

"그렇다면 위나라 공자 개방은 어떠하오?"

관중이 대답했다.

"안 됩니다. 제나라와 위나라 사이는 열흘 거리에 불과합니다. 개방은 왕을 섬긴다는 이유로 그 비위를 맞추려고 십오 년 동안 부모를 찾아가 보지 않았습니다. 이것은 인정에 어긋나는 일입니다. 자신의 부모도 섬기지 않으면서 또 어찌 왕을 섬길 수 있겠습니까?"

환공이 물었다.

"그러면 역아는 어떠하오?"

관중이 대답했다.

"안 됩니다. 역아는 군주의 미각만을 위할 뿐입니다. 한번은 왕께서 맛보지 못한 것은 사람 고기뿐이라고 하자, 역아는 그의 맏아들을 삶아 바쳐서 왕이 맛보게 했습니다. 사람의 마음으로 자기 자식을 사랑하지 않는 자가 없습니다. 그런데 그 아들을 삶아 요리를 해 왕께 바쳤으니, 자기 아들도 사랑하지 않으면서 또 어찌 왕을 사랑할 수 있겠습니까?"

환공이 물었다.

"그렇다면 누가 좋겠소?"

관중이 대답했다.

"습붕이면 괜찮습니다. 그는 사람됨이 안으로는 굳은 마음을 지녔고, 밖으로는 예의가 바르며 욕심이 적고 신의가 두텁습니다. 안으로는 마음이 굳건하므로 표준으로 삼을 만하며, 밖으로는 예의가 바르므로 큰일을 맡길 수 있습니다. 또 욕심이 적으므로 백성을 잘 다스릴 수 있고, 신의가 두터우니 이웃 나라들과 친교를 맺을 수 있습니다. 이것이 패왕을 보좌할 사람이 갖춰야 할 조건일 것입니다. 왕께서는 그를 등용하십시오."

환공이 말했다.

"그렇게 하겠소."

일 년이 넘어 관중이 세상을 떠났다. 그러나 환공은 습붕을 등용하지 않았고 수조에게 자리를 주었다. 수조가 나라의 대사를 관장하게 된 지 삼 년쯤 되었을 때 환공은 남쪽의 당부를 유람하고 있었다. 그때 수조가 역아, 위나라의 공자 개방과 대신을 이끌고 반란을 일으켰다. 환공은 목마르고 굶주린 채 남문의 침궁에서 죽었다. 환공의 시신은 죽은 지 석 달이 지나도록 거둬 주지 않아서 시체가 부패되었다. 환공의 군대는 천하를 주름잡고 자신은 다섯 패자의 우두머리가 됐지만, 마침내 신하들에게 시해당하고 고귀한 명성까지 잃어 천하의 웃음거리가 되었다. 무엇 때문인가? 관중의 충언을 받아들여 그대로 쓰지 않은 잘못 때문이다. 그래서 이렇게 말했다.

"잘못이 있으면서도 충신의 말을 듣지 않고 독선적으로 뜻대로만 일을 처리한다면, 고귀한 명성이 실추되고 비웃음을 당하는 원인이 된다."

자기 나라의 역량은 헤아려 보지 않고 다른 제후의 힘에 기대려고 한다면 영토를 잃는 재난이 발생한다. 옛날에 진나라가 한나라의 의양을 공격했다. 그러자 한나라의 군주는 초조했다. 공중붕이 한나라의 군주에게 말했다.

"동맹국도 믿을 수 없습니다. 어찌 장의를 통해서 진나라에 화친을 구하는 것만 같겠습니까? 진나라에 큰 도읍을 바치면서 남쪽의 초나라를 함께 치자고 한다면, 이는 진나라로부터의 재난을 풀어내서 그 피해를 초나라로 넘기는 것입니다."

군주가 말했다.

"좋은 의견이다."

곧 공중붕을 보내 서쪽의 진나라와 화친을 맺도록 했다. 초나라 왕은 그 소식을 듣고 걱정이 되어 진진을 불러 말했다.

"한나라의 공중붕이 진나라와 동맹을 맺기 위해 서쪽으로 갔다고 하는데, 장차 어찌하면 좋겠소?"

진진이 말했다.

"진나라가 한나라로부터 도읍을 하나 얻고 나서 정예 군사를 이끌고 한나라와 서로 연합해 남쪽의 초나라를 공격하려고 하는 것은, 진나라 왕들이 종묘를 제사 지낼 때 기원하던 것이므로, 우리 초나라에 닥칠 피해는 필연적인 것입니다. 왕께서는 급히 사신을 보내 수레마다 온갖 예물을 싣고 한나라 왕께 바친 뒤에 '우리나라는 비록 작지만 모든 군대를 동원하였으니, 진에 대하여 소신대로 뜻을 펴시기 바랍니다. 그러나 귀국의 사신을 보내어 초나라 군대의 충동 상황을 살펴보시기 바랍니다'라고 말하십시오."

한나라는 초나라로 사신을 보냈고, 초나라 왕은 군대를 이끌고 한나라로 가는 길목에 진영을 구축했다. 그리고 한나라의 사신에게 말했다.

"군주께 말씀드려 주십시오. 우리 군대는 즉시 국경으로 들어가겠소."

사신이 돌아와 한나라 군주에게 보고하자, 매우 기뻐하며 공중붕이 진나라로 들어가는 일을 중지시켰다. 공중붕이 말했다.

"안 됩니다. 진나라는 실제 힘을 바탕으로 우리를 해롭게 하는 것이고, 초나라는 허튼소리로 우리를 구원하겠다는 것인데, 초나라의 허튼소리를 듣고 강한 진나라로부터 닥칠 실제적인 화를 경시하는 것은 나라의 뿌리를 위태롭게 하는 것입니다."

그러나 한나라 왕은 듣지 않았다. 공중붕은 화가 나서 자기 집으로 물러나 열흘이 넘도록 조정에 나가지 않았다.

의양의 상황이 더욱 급박해지자, 한나라 왕은 급히 사신을 초나라로 파견해 구원병을 요청했다. 계속 사신을 보냈지만 초나라 원정군은 끝내 오지 않았고 마침내 의양은 함락되어 천하 제후들에게 웃음거리가 되었다. 그래서 이렇게 말했다.

"자기 나라의 역량은 헤아려 보지 않고 다른 제후의 힘에 기대려고 한다면 영토를 잃는 재난이 발생할 것이다."

나라가 작은데도 예의를 갖추지 않고 신하의 간언도 듣지 않는다면, 나라가 망하고 대가 끊어지는 상황을 맞게 되는 경우이다.

옛날 진나라의 공자 중이가 망명을 떠났다. 그가 조나라에 들렀을 때, 조나라 왕은 그의 옷을 벗기고 그를 조롱하였다. 이부기와 숙첨이 앞에서 모시고 있었는데, 숙첨이 왕에게 말했다.

"제가 진나라의 공자의 모습을 보니 비범한 구석이 있습니다. 그런데 왕께서는 그를 무례하게 대하셨습니다. 만일 그가 자기 나라로 돌아갈 기회가 생긴다면 군사를 일으킬 것이니 조나라가 해를 입을까 걱정됩니다. 왕께서는 차라리 그를 죽여 버려 후환을 없애는 편이 좋습니다."

그러나 왕은 이 말을 듣지 않았다. 이부기는 집에 돌아와서도 계속 마음이 편치 못했다. 그의 아내가 그 이유를 물었다.

"당신은 밖에서 돌아온 뒤로 계속 언짢은 기색이 있는데, 무슨 일이 있었습니까?"

"나는 군주의 복은 신하에까지 오지 않으나, 화는 신하에게까지 미친다고 들었소. 오늘 우리 왕께서 신나라 공자를 불러 무례하게 대우했는데, 나도 그 앞에 있었소. 이 때문에 편치 않소."

"제가 보기에도 진나라 공자는 만승지국의 왕이 될 상이고, 좌우에 따르는 자들은 큰 재상이 될 만한 자들입니다. 지금은 세력을 얻지 못해 본국을 떠나 망명길에 있는데, 우리 조나라를 방문했다가 무례한 대우를 받았으니, 그가 자기 나라로 돌아간 뒤에 다른 나라를 정벌한다면 먼저 조나라를 공격할 것입니다. 당신은 미리 그와 교분을 맺어 두심이 좋을 것 같습니다."

"그렇게 하는 것이 좋을 듯하오."

그리고 곧바로 단지 안에 황금을 넣고 그 위에 음식을 덮은 뒤 다시 그 위에 옥을 올려서 한밤에 사람을 시켜 공자에게 보냈다. 공자는 심부름꾼을 맞아들여 두 번 예를 갖추고 음식은 거두었으나 옥은 사절하였다.

그 후 공자가 조나라를 떠나 초나라로 돌아갔다가 다시 진나라로 들어갔다. 삼 년이 지나자 진나라 목공은 여러 신하들을 불러 회의했다.

"지난날 진나라 헌공이 과인과 교분이 두터웠음을 모르는 자가 없을 것이오. 그런데 불행히도 헌공이 죽은 지 십 년이 됐는데, 뒤를 이은 세자가 변변치 못하오. 나는 그 진나라의 종묘와 사직을 보존하지 못할까 염려되오. 이런 지경에서 진나라가 바로 설 수 있는 방책을 마련하지 않는다면 사람 간에 사귀는 도리가 아니라 보오. 나는 중이를 도와 진나라로 돌아가게 하려는데, 어떻게 생각들 하오?"

신하들은 모두 입을 모아 말했다.

"지당하신 말씀입니다."

이에 군대를 일으켜 전차 오백 대와 정예 기마병 이천, 보병 오만으로 중이를 도와 진나라로 들어가 그 나라의 군주를 세웠다. 중이는 즉위한 지 삼 년이 지난 뒤에 군사를 일으켜 조나라를 쳤다. 그리고 사람을 보내 조나라 왕에게 이렇게 말했다.

"숙첨을 포승으로 묶어 성 아래로 내려 보내라. 나는 그를 처형하고 나서 저잣거리에 목을 매달 것이다."

또 이부기에게 일러 이렇게 말했다.

"우리 진나라의 군대가 성 밑에 있으므로 그대가 피할 곳은 없다. 그대가 사는 마을 입구에 표시를 해 둔다면 과인은 군사들이 감히 침범하지 못하도록 명령하겠다."

조나라 사람들 가운데 이 소문을 듣고 친척까지 이끌고 와 이부기가 사는 마을에서 보호받고자 하는 자들이 칠백여 가구나 됐다. 이는 예의를 갖춘 결과이다. 조나라는 진나라와 초나라 사이에 끼여 있는 작은 나라로서, 그 군주는 마치 달걀을 쌓아 놓은 것처럼 위험했다. 그럼에도 강한 나라의 공자에게 무례를 범했으니, 이것이 대가 끊긴 원인이다. 그래서 이렇게 말했다.

"나라가 작은데도 예의를 갖추지 않고 신하의 간언도 듣지 않는다면, 나라가 망하고 대가 끊어지는 상황을 맞게 될 것이다."

# 19
## 호미로 막을 곳을 가래로 막는 경우

　형상을 갖춘 물체 가운데 큰 것은 반드시 작은 것에서 발전해 나온 것이고, 오랜 시간을 지나온 사물이 수적으로 많아진 것은 반드시 작은 것에서부터 발전해 나온 것이다. 그래서 말하기를,

　"천하의 어려운 일은 반드시 쉬운 데서 이루어지고, 천하의 일은 반드시 작은 일로부터 이루어진다"

고 했다. 이 때문에 사물을 제어하려면 미세할 때에 시작해야 한다. 그래서 말하기를,

　"어려운 것을 도모할 때는 쉬운 것에서 시작하고, 큰 것을 하고자 할 때는 작은 것에서 시작한다"

고 했다. 천 장이나 되는 제방도 땅강아지와 개미의 구멍 때문에 무너지고, 백 척이나 되는 집도 굴뚝 틈새의 불씨로 잿더미가 된다.

그래서 백규白圭[4]는 제방을 순수하다가 작은 구멍을 막았으며, 나이든 사람들은 불씨를 막기 위해 굴뚝의 틈새를 막는다. 이 때문에 백규는 수해를 당하지 않았고, 나이든 사람들은 화재를 당하지 않았다. 이것은 모두 쉬운 일을 조심해 재난을 피한 것이며, 작은 것을 삼가여 큰 재앙을 멀리한 것이다.

유명한 의사 편작扁鵲[5]이 한번은 채나라 환후를 찾아가 잠시 서서 환후를 살펴보고 말했다.

"병이 나셨군요. 아직은 피부 속에 질병이 있지만 빨리 치료를 하지 않으면 더욱 악화될 것입니다."

환후가 이 말을 듣고 웃으며 말했다.

"내게는 병이 없소."

편작이 돌아가기를 기다려 환후는 사람들에게 말했다.

"저 의원은 이득을 좋아해 질병이 없는 사람을 치료하여 자기 재주를 과시하고 싶은가 보구나."

열흘이 지나서 편작은 다시 환후를 찾아와 기색을 살피고는 병이 이미 살까지 번졌으니 치료하지 않으면 더욱 위험해질 것이라고 말했다. 그러나 환후는 아랑곳하지 않았다. 편작이 돌아간 후 환후는 매우 기분이 언짢아했다.

그리고 다시 열흘이 지난 후 편작은 또 환후를 찾아와서는 병이 위장에까지 깊숙이 들어가 있으니 빨리 치료하지 않으면 생명이 위

---

4) 전국시대 위나라 사람으로 이름은 단이고, 물을 다스리는 일에 있어서는 우임금보다도 앞선다는 자부심을 가졌던 인물이다.

5) 성명은 진월인秦越人으로 중국 전국시대의 의학자이다. 장상군長桑君에게 의학을 배워 금방禁方의 구전과 의서를 받아 명의가 되었고, 괵나라(B.C. 655년 멸망) 태자의 급환을 고쳐 죽음에서 되살렸다는 이야기가 유명하다. 흔히 인도의 기파耆婆와 함께 명의의 대명사가 되고 있으며, 진秦나라의 태의령승太醫令丞인 이혜李醯에게 죽음을 당했다고 한다.

태로울 것이라고 말했지만 환후는 여전히 아랑곳하지 않았다.

또 열흘이 지났다. 멀리서 환후를 바라본 편작은 발길을 돌려 달아나 버렸다. 환후는 매우 이상하게 여기고 사람을 보내 편작에게 그 까닭을 묻도록 했다. 편작이 심부름꾼에게 말했다.

"병이 피부에 있을 때는 찜질로 치료하면 되고, 살 속에 있을 때는 침을 꽂으면 되고, 장과 위에 있을 때는 약을 달여 복용하면 됩니다. 그러나 병이 골수에 있을 때는 운명을 관장하는 신이 관여한 것이라 어찌할 방법이 없습니다. 지금 환후의 병은 골수에까지 파고들었으므로 나도 어쩔 수가 없습니다."

그로부터 닷새가 지난 뒤 환후는 몸에 심한 통증이 있어 사람을 시켜 편작을 찾았지만, 편작은 이미 진나라로 달아난 뒤였다. 환후는 결국 죽었다.

그러므로 훌륭한 의사가 질병을 치료할 때는 피부에 있을 때 고치려고 하는데, 이것은 모두 작은 것에서 해결하려고 한 것이다. 무릇 일의 화와 복 역시 질병이 피부에 있을 때 치료하는 이치와 같다. 그러므로 성인은 일찍 이를 보고 처리한 것이다.

사람이 병이 나면 빨리 의사의 치료를 받아야 한다. 채나라 환후는 병을 감추고 의사를 꺼려하여 질질 끌다 더욱 병을 악화시키더니 끝내 골수에까지 침입하여 고칠 수 없게 되었다.

다른 일들과 마찬가지로 병세도 정지해 있는 것이 아니라 끊임없이 생성 발전하고 있어서 치료하지 않으면 더욱더 악화될 뿐이라는 것은 누구나 알고 있다. 사람의 잘못이나 결점도 제때에 고쳐야지 자라도록 방치해 두면 점점 커지고 심해져 결국 생각지도 못한 지경에까지 이르게 된다.

옛날 진나라 공자 중이가 나라를 떠나 망명할 때 정나라를 지나게 됐다. 이때 정나라 왕은 중이에게 예의를 갖추어 대접하지 않았다. 숙첨이 군주에게 간언했다.

"중이는 현명한 공자입니다. 왕께서는 그를 후하게 예우해 덕을 쌓아 둘 필요가 있습니다."

정나라 왕은 그의 말을 듣지 않았다. 숙첨은 또 간언했다.

"그를 후하게 예우하지 않으시려거든 죽여서 후환이 없도록 하는 것이 좋습니다."

정나라 왕은 또 듣지 않았다. 공자는 진나라로 돌아가게 됐고, 이후에 병사를 일으켜 정나라를 격파시켜서 여덟 개의 성을 차지했다.

진나라 헌공은 곽나라를 공격하기 위해 군사를 동원했다. 진나라의 군대가 우나라를 지나가야만 했기 때문에 진나라 헌공은 우나라 군주에게 진귀한 백벽白璧이라는 구슬을 바치고 길을 빌려 달라고 부탁했다.

우나라의 대부 궁지기가 군주에게 간언했다.

"그들의 요구를 들어주어서는 안 됩니다. 우나라와 곽나라는 입술과 이와 같은 관계입니다. 입술이 없으면 이가 시린 법입니다. 입술이 없는데 이가 어떻게 지탱할 수 있겠습니까? 지금 진나라가 곽나라를 치도록 내버려 둔다면 우리는 우나라에게 망하게 될 것입니다."

그러나 우나라 군주는 대부 궁지기의 말을 듣지 않고 진나라 헌공의 백벽을 받아들이고 길을 빌려 주었다. 진나라는 곽나라를 빼앗고 돌아오는 길에 우나라를 멸망시켰다.

이 두 신하는 모두 재앙이 피부에 있을 때 서둘러 치료하려고 했으나, 두 군주는 이를 따르지 않았다. 그러므로 숙첨과 궁지기 또한 우나라와 정나라의 편작이라고 할 수 있지만 두 군주는 듣지 않았기 때문에 정나라는 파괴되고, 우나라는 망한 것이다. 그래서 다음과 같이 말했다.

"안정되었을 때 유지하기 쉽고, 조짐이 없을 때 계획하기 쉽다."

궁지기는 곽나라와 우나라가 '입술과 이'처럼 불가분의 관계에 있음을 알았다. 그래서 그는 우나라 군주보다 훨씬 앞을 내다보는 안목을 가지고 있었다. 객관적인 사물들은 서로 이해관계가 없는 듯이 보이지만 서로 보이지 않게 관계하고 서로 제약한다. 어떤 사물이 소멸하면 다른 사물의 존재 조건이 제거되는 경우가 있다. 우나라 군주는 이런 점을 보지 못하고 다만 목전의 이익에만 눈이 멀었던 것이다.

옛날 주왕이 사람을 시켜 상아 젓가락 한 벌을 만들게 했다. 그것을 본 기자는 매우 걱정스러웠다. 상아 젓가락에는 반드시 질그릇 접시보다는 옥 접시가 어울릴 것이며, 옥 접시와 상아 젓가락을 사용하게 되면 채소나 좁쌀보다는 코끼리 꼬리나 표범의 태와 같은 산해진미를 차리는 데 신경 쓸 것이고, 코끼리 꼬리나 표범의 태를 먹게 되면 거친 베옷을 입거나 초가집에 살지 않고 반드시 비단 옷을 입고 고대광실에 살려고 하리라는 것을 알았기 때문이다. 이렇게 향락과 욕망을 끝없이 확대시켜 온 백성의 고혈을 짜내 한 사람의 욕망을 채우는 데 쓰는 나라는 존망이 위태로울 것이다. 기자는 주왕의 최후가 두렵기 때문에 상아 젓가락을 만든 처음을 걱정한 것이다.

그로부터 오 년이 지나자, 주왕은 육포와 포락炮烙[6]을 만들고, 술지

---

6) 포락은 포락지형炮烙之刑의 준말로서 불에 달군 쇠로 담금질하는 형벌을 말한다. 은나라 주왕이 구리기둥에 기름을 발라 숯불에 걸쳐 달군 뒤, 그 위로 죄인을 맨발로 걸어가게 했는데 건너다

게미가 쌓인 언덕을 오르고, 술 채운 연못에서 놀았다. 그래서 주는 드디어 망하게 됐다. 그러므로 기자는 상아 젓가락을 보고 천하의 화를 미리 알았던 것이다. 이른바 성인은 작은 일로 전체를 꿰뚫어 보며 실마리를 통해 나중에 일어날 결과를 예측하는 것을 명明이라 했다.

개미구멍이 제방을 무너뜨리고, 호미로 막을 곳을 가래로 막게 되는 경우도 결국 젓가락 한 벌이 나라의 멸망을 예고한다. 기자의 이 예측은 정치적 현상에 대한 소박한 과학적 예측으로 간주할 수 있다. 과학적 예견이란 주관적인 공허한 억측이 아니라 현실적이고 유용한 구체적인 것이다. 사태가 발전하는 일정한 규칙을 파악하여야 비로소 작은 일로 전체를 꿰뚫어 보며 작은 것으로 큰 것을 예측할 수 있다.

구천은 오나라로 돌아가 신하가 되었을 때, 직접 방패와 창을 가지고 오나라 왕을 위해 앞장섰다. 그래서 고소에서 부차를 죽일 수 있었다. 문왕은 주왕에 의해 옥문에 구금됐지만 안색조차 바꾸지 않았으므로, 뒷날 무왕이 목야에서 주왕을 사로잡을 수 있었다. 그래서 사람들은 말한다.

"유약함을 지키는 것을 강함이라고 한다."

월나라 왕이 패자가 됐던 것은 신하가 되는 치욕을 견디어 냈기 때문이고, 무왕이 군주의 자리에 오른 것은 치욕을 참았기 때문이다. 그래서 말했다.

"성인에게는 치욕이 없는데, 치욕으로 생각하지 않기 때문에 치욕이 없는 것이다."

또한 재물에 연연하지 않아 화를 미연에 방지한 경우도 있다. 송

---

가 미끄러져 불에 떨어져 죽게 한 참혹한 형벌이다.

나라의 한 시골 마을에 아첨하기를 매우 좋아하는 사람이 살고 있었다. 한번은 이 시골농부가 아직 가공하지 않은 옥 덩이를 손에 넣게 되어 아첨할 수 있는 좋은 기회가 왔다고 생각하고 옥 덩이를 가지고 급히 관청으로 달려가 새로 부임한 자한에게 받쳤다. 자한이 한사코 거절했지만 아첨꾼은 어깨를 으쓱거리고 웃음을 지으며 말했다.

"이 옥 덩이는 어르신처럼 덕이 높고 인망이 중하신 분에게나 어울리지 재물을 탐내고 뇌물을 좋아하는 소인배에게는 당초에 어울리지 않는 것입니다. 어르신께서 거두어 주십시오."

자한이 정색을 하며 말했다.

"다시는 귀찮게 굴지 말게. 그대는 옥을 보배로 생각하지 몰라도 나는 그대의 옥을 받지 않는 것을 보배로 여긴다네."

이것이 바로 농부는 옥을 바라지만, 자한은 바라지 않는다는 것이다. 그래서 말했다.

"욕심을 부려 얻으려 하지 않으면, 얻기 어려운 재화를 귀하게 여기지 않는다."

자한은 이처럼 매사에 일을 잘 처리했다. 사람에 따라 사건에 따라 여러 가지 다른 태도를 보이고 근본적으로 상반되는 견해를 나타내기도 하는 것은 개인의 수양과 안목, 지식과 세계관 따위의 주관적인 조건이 다르기 때문이다. 이 송나라 아첨꾼은 옥 덩이를 보배로 여겼지만 자한은 엄격하게 자신을 가다듬고 뇌물을 탐하지 않는 바른 기풍을 보배로 여긴 것이다.

지백은 구유를 정벌하려고 했지만, 길이 험해서 군대가 지나가지 못했다. 그래서 큰 종을 만들어 구유의 군주에게 선물로 보냈다. 구유의 군주는 매우 기뻐하며, 이 종을 나라 안으로 운반하기 위해 좁은 길을 넓히려고 했다. 이때 적장만자가 말했다.

"안 됩니다. 모름지기 이처럼 거대한 선물을 보내는 것은 작은 나라가 큰 나라를 섬기는 예입니다. 그런데 지금은 지백 같은 대국의 군주가 우리 소국에 대하여 이런 물품을 보낸 것으로 보아 장차 우리나라를 공격하려는 계책이 분명합니다. 큰 나라에서 종을 앞서 보내 왔으니, 큰 군대가 반드시 뒤따라올 것입니다. 결코 받아들여서는 안 됩니다."

그러나 구유의 군주는 이를 듣지 않고 마침내 종을 받기로 했다. 그리하여 적장만자는 수레의 폭을 작게 개조한 다음 좁은 길을 빠져나가 제나라로 달아났다. 이로부터 칠 개월 만에 구유는 멸망했다.

초나라가 진나라를 정벌하자, 오나라는 진나라를 구하기 위해 출병을 했다. 양쪽 군대는 서로 삼십 리를 두고 사이에 두고 서로 대치하고 있었는데, 열흘 동안이나 계속하여 비가 내리다가 밤이 되니 별이 보이기 시작했다. 초나라 사관 의상이 장군 자기에게 말했다.

"열흘 동안 비가 퍼붓는 사이 적군은 한곳으로 모여들어 진군할 준비를 갖추었을 것이니 오나라 군사들이 반드시 공격할 것입니다. 그러니 서둘러 이에 준비하는 것이 좋습니다."

그래서 초나라 진영을 정비하고 있는데 진영이 아직 완성되지 않을 때, 오나라 군대가 쳐들어왔다. 그러나 초나라의 진영이 정연한 것을 보고는 되돌아갔다. 이때 의상이,

"오나라 군사는 아군을 공격하기 위해 왕복 60리를 행군했으므로, 장수들은 틀림없이 쉬고 있고 병사들은 반드시 식사를 하고 있을 것입니다. 이때 우리가 30리만 행군해서 공격한다면 반드시 적을 패망시킬 수 있습니다"

라고 하니 초군은 의상을 말에 따라 오나라 군사를 무찔렀다.

# 20
## 큰 그릇은 늦게 만들어진다

조나라 양왕이 왕오기로부터 수레 모는 방법을 배웠다. 배운 지 얼마 되지도 않았는데 자기가 어느 정도 배웠다고 여긴 양왕은 왕오기와 실력을 겨루어 보고 싶었다. 막 수레를 몰고 들판에 이른 그는 휙휙 채찍을 휘두르며 말을 빨리 몰아 왕오기를 따라 잡으려고 했다. 그러나 세 차례나 말을 바꾸어 탔지만 뒤처지기만 할 뿐 아무리 해도 따라잡을 수가 없었다. 조양자는 기분이 매우 언짢아 왕오기를 불러 놓고 꾸짖었다.

"그대는 왜 수레 모는 기술을 다 가르쳐 주지 않았느냐?"

왕오기가 대답했다.

"제가 알려드리지 않고 숨긴 것이라곤 하나도 없습니다. 다만 군주께서 그것을 지나치셨기 때문입니다. 무릇 수레를 모는 데는 중요한 규칙이 있습니다. 우선 말의 상태를 잘 살펴보고 끌채를 씌우고 적당히 느슨하게 죄어 말이 편안하도록 해야 합니다. 동시에 수레를 모는 사람은 기운을 가라앉히고 말이 달리는 도중에 일어나는 상황을 주의 깊게 관찰해야 합니다. 이렇게 해야 빨리 달릴 수 있고 멀리까지 달릴 수 있습니다. 그런데 군주께서는 앞으로 달려가면 제가 따라 잡을까 염려하고 뒤에 처지면 필사적으로 따라잡으려 하여 조급한 마음으로 채찍만 힘껏 휘두르시니 잘 몰 수가 없었던 것입니다. 두 사람이 경주할 때는 선후가 있게 마련인데, 군주께서는 앞으로 가려고만 하고 말이 살고 죽는 것은 전혀 살피지 않았기 때문에 뒤처지게 된 것입니다."

'빨리 하고자 하면 오히려 이루지 못한다(욕속불달欲速不達).' 조나라 양왕이 오직 이기는 것에만 마음을 다했을 뿐 지형지물이나 말의 상태, 말과 끌채, 말과 수레의 조화를 살피지 않았다. 오직 채찍을 휘둘러 앞지르려고만 하고 말의 생사에 대해서는 살피지 않았기 때문에 말이 수레와 따로 놀게 되고 말을 다루지 못해 뒤처지게 된 것이다.

어떤 사람은 자신이 기대한 목적에 도달하고, 어떤 사람은 도달하지 못하지 못하는 경우가 있다. 그것은 근본적으로 예정한 목적과 행동 방식이 사물의 객관적 법칙에 부합하지 못한시 부합한지에 달려 있다. 또 어떤 일을 수행하기 위해서는 열심히 노력하여 소기의 성과를 거두어야 하는데, 피나는 노력 없이 성과만 바라는 이런 이치를 양왕에게 자세히 설명한 것이다.

초나라 장왕은 즉위한 지 삼 년이 되도록 아무 명령을 내린 적도 없고 어떠한 정치개혁도 하지 않았다. 문무백관들은 그가 무슨 생각을 품고 있는지 도무지 헤아릴 길이 없었다. 곁에서 모시고 있던 우사마가 왕에게 조심스럽게 물었다.

"남산에 큰 새가 한 마리 살고 있다고 합니다. 3년 동안 날갯짓도 하지 않고 날지도 않으며 울지도 않고 깃을 다듬지도 않았는데, 그 새의 이름을 아는 사람도 없다고 합니다. 왜 그랬을까요?"

왕이 대답했다.

"3년 동안 날갯짓을 하지 않은 것은 장차 날갯짓을 크게 하고자 함이요, 날지 않고 울지도 않은 것은 장차 백성들을 살피려는 것이다. 지금은 비록 날지 않아도 한번 날면 반드시 하늘을 가를 것이며, 비록 울지 않았어도 한번 울면 반드시 사람들을 놀라게 할 것이오. 그대의 말뜻을 알겠소."

반년이 지나자 장왕은 힘써 나라의 정사를 돌보았는데, 단번에 열 가지 불합리한 법률을 뜯어 고치고 아홉 가지 새로운 법률을 제정하고 백성의 원성이 자자한 대신 다섯을 죽이고 재능 있는 선비 여섯을 뽑아 요직에 맡겼다. 그리하여 초나라가 크게 다스려졌다. 그리고 병사를 일으켜 제나라를 공격해 서주에서 격파시켰으며, 황하와 형옹 사이에서 진나라와 싸워 승리하고, 제후들을 송나라로 불러 모아 마침내 천하의 패자가 되었다.

장왕은 작은 일에 연연하지 않았으므로 위대한 명성을 이룰 수 있었고, 능력을 다른 사람에게 서둘러 보이지 않았으므로 큰 공을 세울 수 있었다. 그래서 이렇게 말했다.

"큰 그릇은 늦게 이루어지며, 음성은 잘 들리지 않는다."

초나라 장왕은 춘추 오패의 한 사람으로 그 이름에 부끄럽지 않을 정도로 정치를 잘했다. 그가 쓸데없는 말을 하지 않고 실상이 없는 정령政令을 펴지 않았기 때문에 정치를 한 지 3년이 되도록 '아무것도 하지 않는 듯'했지만 그는 결코 아무것도 하지 않은 것이 아니다. 신중하게 조사하고 연구하여 백성들의 사정을 자세히 살펴 방침을 세우고 역량을 쌓은 것이다. 그래서 정치를 하자마자 곧 백성들의 복리를 증진시키고 폐해를 제거하며 거침없이 일을 처리하여 초나라를 잘 다스렸으니 '한번 날아 하늘을 찌르고', '한번 울어 사람을 놀라게' 했던 것이다. 요즘에는 '한번 울어 사람을 놀라게 한다'는 말이 착실하게 힘써 사물이나 사태를 살피지 않고 주제넘게 나서기 좋아하고 단번에 이름을 날리려는 사람들을 비꼬는 뜻으로 쓰이고 있다.

초나라 장왕이 월나라를 정벌하려고 하자 두자가 간언했다.

"왕께서는 무엇 때문에 월나라를 정벌하려고 하십니까?"

"월나라는 정치가 어지럽고 병력이 약하기 때문이오."

"저는 사람의 지혜가 눈과 같아 두렵습니다. 지혜는 눈과 같아 백보 밖을 볼 수 있지만 자신의 눈썹은 볼 수 없습니다. 왕의 병사는 진秦나라와 진晉나라에 패배해 수백 리의 영토를 잃었는데, 이것은 병력이 쇠약한 것입니다. 장교가 국내에서 도적질을 하고 있지만 벼슬아치들은 이를 금지시킬 수 없는데, 이것은 정치가 어지러운 것입니다. 왕의 병력이 쇠약하고 정치가 어지러운 것은 월나라보다 더한데도 월나라를 정벌하려고 하니, 이것은 지혜가 눈과 같은 것입니다."

왕은 월나라를 공격하려는 계획을 멈추었다.

그래서 지식의 어려움은 다른 사람을 보는 데 있는 것이 아니라 자신을 보는 데 있는 것이다. 그러므로 사람들은 말한다.

"스스로 자신을 보는 것을 일컬어 밝다(명明)고 한다."

공자의 제자인 자하와 증자가 어느 날 길에서 우연히 만났다. 자하의 몸을 살펴보던 증자가 물었다.

"형님께서는 전에는 뼈만 남아 앙상하더니 어째서 요즘은 그렇게 풍채가 좋아지셨소?"

자하가 우쭐대며 대답했다.

"싸움에서 이겼기 때문이야."

"그게 무슨 뜻입니까?"

"서당에서 요, 순, 우, 탕임금의 도덕 인의를 매우 숭배하였네. 그런데 거리에 나가 세속의 부귀영화를 보니 역시 마음이 동요되더군. 이 두 가지 생각이 내 마음속에서 끝없는 갈등을 일으켰다네. 그래서 먹는 것도 잊고 잠도 못 잤기 때문에 말랐었네."

"그러면 지금은 어느 것이 이겼습니까?"

자하는 자신의 살찐 몸을 자랑하며 말했다.

"선왕의 인의가 이겼다네. 그래서 이렇게 몸이 좋아지지 않았나."

이 때문에 뜻을 이루기가 어렵다는 것은 다른 사람을 이기는 데 있는 것이 아니라 자기 스스로를 이기는 데 있다고 할 것이다. 그래서 말했다.

"스스로를 이기는 것을 일컬어 강強하다고 한다."

또한 주나라에는 옥으로 만든 판이 있었다. 주왕은 교격을 주나라로 보내 구해 오도록 했지만, 문왕은 교격에게 그것을 주지 않았다. 그러나 비중이 와서 구하자 그것을 주었다. 이것은 교격은 현명했지만, 비중은 덕행이 없는 자였기 때문이다. 주나라는 현명한 사람이 뜻을 얻은 것을 싫어했기 때문에 비중에게 준 것이다. 문왕이 위수에서 태공을 등용한 것은 그를 귀하게 여겼기 때문이고, 비중에게 옥으로 된 판을 준 것은 그 역할을 아꼈기 때문이다. 그래서 이렇게 말했다.

"스승을 귀하게 여기지 않고 도움이 되는 자를 아끼지 않는다면, 비록 지혜로울지라도 매우 어리석은 것이다. 이를 일컬어 오묘한 진리라고 한다."

노자는 "자기를 이기는 것을 강하다고 한다"고 말한다. 의지로 자기를 다스려 갖가지 사사로운 마음과 잡념을 이기는 것이 어렵다는 것을 강조한 말이다. 사람에게 수양이 절실히 필요하다는 것은 현실 사회에서 갖가지 이해득실에 얽매이는 사사로운 이익을 추구하는 것 때문이다. 자기를 이길 수 있었어야만 강한 사람이라고 것을 입증한다. 한비자는 이러한 이치를 구체적으로 밝히기 위해 자아의 수양이 어렵다는 것을 말한다.

# 21
## 명분이 있어야 실리가 있다

진나라가 형나라를 공격하자[7] 제나라 환공이 형나라를 구원하려고 했다. 포숙아가 말했다.

"구하러 가기엔 너무 이릅니다. 형나라는 아직 망하지 않았고, 진나라는 지치지 않았습니다. 진나라가 지치지 않는다면 제나라는 위세가 오르지 않습니다. 또 대체로 위급한 나라를 도와주는 공덕은 멸망하는 나라를 살려 내는 것보다 큰 덕이 못 됩니다. 왕께서는 구원할 때를 늦춰 진나라가 지칠 때를 기다리는 것이 좋습니다. 그렇게 하면 제나라는 실제적인 이로움이 있게 되고, 형나라가 망했을 때 다시 살려 내면 높은 명성이 있을 겁니다."

---

7) 이 당시 진나라는 형나라의 서쪽, 제나라는 형나라의 동쪽에 있었다. 그러므로 형나라는 진나라와 제나라 사이에 끼여 있는 형세였다.

포숙아 말을 듣고 환공은 형나라를 구원하지 않았다.

오자서가 초나라에서 달아나다가 국경의 수비병에게 붙잡혔다. 오자서가 수비병에게 말했다.

"왕이 나를 잡으려고 하는 것은 나에게 아름다운 구슬이 있다고 생각하고 있기 때문인데, 지금 나는 벌써 그것을 잃어버렸다. 나를 붙잡으면 장차 그대가 구슬을 뺏어 삼켰다고 말할 것이다."

그래서 병사는 하는 수 없이 오자서를 풀어 주었다.

경봉慶封[8]이라는 자가 제나라에서 난을 일으키고 월나라로 달아나려고 하자, 그의 가족 가운데 한 사람이 말했다.

"진나라가 가까운데, 어째서 진나라로 가지 않소?"

그러자 경봉이 말했다.

"월나라는 멀리 있으니 재난을 피하기에 유리합니다."

그 사람이 말했다.

"반란을 일으키려는 마음을 바꾸면 진나라에서 살아도 되지만, 그 마음을 바꾸지 않는다면 비록 멀리 있는 월나라라고 하더라도 안전할 수 있겠소?"

지백이 위나라의 선자에게 땅을 요구했을 때, 선자가 내주지 않으려고 하자 임장이 말했다.

"주지 않으려는 이유가 무엇입니까?"

"이유 없이 땅을 요청했기에 주지 않으려는 것이오."

"지백이 이유 없이 땅을 요구했으므로 이웃 나라들이 반드시 두려

---

8) 춘추시대 제나라 대부로 최저와 함께 제나라의 장공을 시해하고 경공을 세운 뒤에 우상과 좌상을 나눠 맡았다. 뒤에 반란을 일으켜 최저를 죽였으나 권력을 잡지 못하고 오나라로 도망하였다. 기원전 538년에 초나라 영왕이 오나라를 정벌할 때에 죽었다.

위할 것입니다. 그가 욕심이 많아 만족할 줄 모르니 천하가 반드시 두려워할 것입니다. 왕께서는 그에게 땅을 주십시오. 그러면 지백은 반드시 교만해져서 적을 가볍게 볼 것이고, 이웃 나라들은 두려워서 서로 친해질 것입니다. 서로 친해진 병사들로 적을 얕보는 나라에 대항하면 지백의 운명은 길지 않을 것입니다. 『주서周書』에 '장차 상대를 이기려고 하면 반드시 잠시 그를 도와주어야 한다. 장차 상대를 갖고자 한다면 반드시 요구하는 바를 줘야 한다'고 했습니다. 왕께서는 땅을 줘서 지백이 교만해 지도록 하는 것이 좋습니다. 군주께서는 어찌해서 천하로써 지백을 무찌르려고 생각하지 않고, 유독 우리나라가 지백의 목표가 되게 하십니까?"

"좋소."

그리고 지백에게 일만 가구가 사는 고을을 주었다. 지백은 매우 기뻐했고, 조나라에게도 땅을 요구했다. 조나라가 땅을 주지 않자, 지백은 조나라의 도읍인 진양을 포위했다. 그러자 한나라와 위나라가 밖에서 등을 돌려 배반하고 조나라가 안에서 맞받아 공격하니, 지백은 이로써 멸망했다.

진나라 강공이 누각을 세우기 시작한 지 삼 년이나 됐다. 그때 초나라 왕이 군대를 일으켜 무력으로 제나라를 공격하려고 하자 임망이 말했다.

"기근이 들어도 적병을 불러들이게 되고, 질병이 돌아도 적병을 불러들이게 되며, 혼란스러워도 적병을 불러들이게 됩니다. 왕께서 누각을 세우기 시작한 지 삼 년이 지났습니다. 지금 초나라 왕이 군대를 일으켜 제나라를 공격하려는 것은 신이 보건대 제나라를 공격한다는 것은 소문이고 사실은 진나라를 습격하려는 것입니다. 대비를 하는 것만 못합니다."

그래서 진나라가 동쪽 국경을 지키자 초나라 사람들은 행군을 멈췄다.

제나라가 송나라를 공격하자, 송나라는 장손자를 남쪽의 초나라로 보내 구원을 요청하도록 했다. 초나라에서는 매우 기뻐하며 구원해 줄 것을 허락했다. 그런데 장손자가 근심스런 표정으로 돌아오자 수레를 몰던 자가 말했다.

"구원해 주기로 약속했는데도 지금 그대는 근심스런 기색이니, 어찌된 일입니까?"

장손자가 말했다.

"송나라는 작지만 제나라는 크다. 작은 송나라를 구하려다가 큰 제나라의 미움을 받을 것이다. 이것은 사람들이 우려하는 일인데도 초나라 왕이 기꺼이 승낙한 것은 반드시 우리가 굳게 수비하려는 것이다. 우리가 굳게 수비하면 제나라는 지치게 될 것이고, 결국 초나라에 이롭게 될 것이다."

장손자가 송나라로 돌아왔다. 제나라 사람들이 송나라의 성 다섯 개를 점령했는 데도 초나라 구원병은 끝내 도착하지 않았다.

위나라 문후가 조나라의 길을 빌려 중산 땅을 공격하려고 했지만, 조나라 숙후는 이를 허락하지 않으려고 했다. 조각이 말했다.

"왕께서는 잘못하고 계십니다. 위나라가 중산을 공격해 빼앗지 못하면 반드시 지치게 될 것입니다. 지치게 되면 위나라는 약해질 것이고, 그 나라가 약해지면 조나라는 강해질 것입니다. 위나라가 중산을 함락시킨다 해도 반드시 조나라를 통과하지 않고는 다스릴 수 없으므로 중산은 우리 것이 됩니다. 그러므로 군대를 동원하는 것은 위나라지만 땅을 얻는 것은 조나라입니다. 왕께서는 반드시 허락해야 합니다. 그런데 허락하면서 너무 기뻐하면 그들이 왕께 이로움이 생긴다는 점을 알아채고 반드시 행군을 멈출 것입니다. 왕께서는 어쩔 수 없어서 길을 빌려 주는 것처럼 보이는 것이 좋습니다."

치이자피가 전성자를 모셨다. 전성자가 제나라를 떠나 연나라로 달아날 때, 치이자피가 국경을 통과하는 증명서를 갖고 따라왔다. 국경의 경비를 위해 만든 초소에 이르자, 치이자피가 전성자에게 말했다.

"당신은 물이 마른 연못에 사는 뱀에 관해 들어 본 적이 있습니까? 큰 가뭄이 들어 연못이 마르면 뱀은 다른 곳으로 옮겨 가려고 합니다. 작은 뱀이 큰 뱀에게 '네가 앞에서 기어가고 내가 뒤에서 따라가면, 사람들은 금방 알아보고 반드시 때려죽일 것입니다. 그러니 차라리 내가 너의 꼬리를 물고 네가 나를 얹고 기어가면 사람들은 모두 우리를 이상하게 생각하고 우리를 신군神君으로 여겨 두려워하고 공경할 것이다'고 말했습니다. 이리하여 큰 뱀은 작은 뱀을 업고 작은 뱀은 큰 뱀의 꼬리를 문 괴상한 뱀 떼들이 큰길에 나타났을 때, 사람들은 놀라 허둥대며 어쩔 줄을 모르고 사방으로 달아나면서 '신이 나타났다'고 소리쳤습니다. 지금 당신은 아름답고 저는 초라합니다. 당신이 저를 빈객으로 삼으면, 사람들은 당신을 천승의 수레를 갖고 있는 제후로 생각하겠지만, 당신이 저의 시종이 된다면 저를 만승의 수레를 갖고 있는 재상으로 여길 것입니다. 당신께서 저의 시종이 되는 것이 훨씬 좋은 방법입니다."

전성자는 그래서 관문을 통과하는 증명서를 갖고 치이자피를 따랐다. 이들이 숙소에 이르자, 여관 주인은 매우 정중하게 대접하고 술과 고기를 바쳤다.

뱀이 사실상 기어가는 방법만 바꾸었을 뿐인데 신이 나타난 줄 알고 놀라서 어쩔 줄을 모르는 사람들의 모습에서 같은 사물이라도 표현 방식에 따라 천차만별임을 알 수 있다. 그러나 아무리 변해도 근본을 떠날 수 없으며 본질은 한가지이다. 현상이 아무리 뒤섞이고 복잡하게 변화하더라도 사물의 비본질적인 면을 제거하면 사물의 본질을 똑바로 알 수 있으며 맑은 이성을 유지할 수 있다. 그렇지 않으면 '허상'에 속아 넘어가게 마련이다.

온에 살고 있는 지방 사람들이 주나라로 가려고 했지만, 그 나라는 다른 나라 사람들을 받아들이지 않았다. 관리가 물었다.

"다른 나라 사람이오?"

그러자 온에 살고 있는 사람이 이렇게 대답했다.

"이 나라 사람입니다."

마을 사람들에게 그에 관해 물었지만 아는 자가 없었으므로 벼슬아치들은 그를 옥에 가두었다. 군주는 사람을 시켜 그에게 물었다.

"당신은 주나라 사람도 아니면서 스스로 다른 나라 사람이 아니라고 내세우는데, 어떤 이유에서인가?"

그가 대답했다.

"신이 어렸을 때 외운 시에는 '온 하늘 아래 천자의 땅이 아닌 곳이 없고, 모든 땅 끝까지 천자의 신하가 아닌 자가 없다'고 했습니다. 지금 왕께서는 천자이시고, 저는 천자의 신하입니다. 어찌 한 개인의 신하이며, 또 다른 나라 사람이라고 하겠습니까? 그래서 이 나라 사람이라고 한 것입니다."

군주는 그를 풀어 주도록 했다.

한나라 선왕이 규류에게 물었다.

"나는 공중과 공숙을 모두 등용하고 싶은데 가능하겠소?"

규류가 대답했다.

"불가능합니다. 진나라는 육경六卿을 등용했다가 나라가 나누어졌고, 간공은 전성과 갑자 두 사람을 등용했다가 자신이 피살됐으며, 위나라에서는 서수와 장의를 함께 등용했다가 서하 밖의 영토를 잃었습니다. 지금 왕께서 두 사람을 함께 임용한다면, 세력이 많은 자는 패거리를 지을 것이고, 세력이 적은 자는 다른 나라의 힘을 끌어들일 것입니다. 그러면 신하들 가운데 어떤 자는 안으로는 패거리를 만들어 군주를 속일 것이고, 밖으로는 다른 제후와 결탁해서 영토를 떼어 줄 것입니다. 그렇게 되면 왕의 나라는 위태로워질 것입니다."

소적매가 술에 취해 곯아떨어졌다가 가죽옷을 잃어버렸다. 송나라 왕이 말했다.

"술에 취했다고 해서 가죽옷을 잃어버릴 수 있소?"

그러자 그가 대답했다.

"걸왕은 술에 취해서 천하를 잃었습니다. 『상서』의 『강고』에 '모이주毋彝酒'라고 했는데, 이주란 항상 술을 마시는 것입니다. 항상 술을 마시면, 천자는 천하를 잃고 백성은 몸을 잃게 됩니다."

# 22
## 삶의 지혜가 학문보다 실용적이다

어느 해 봄 관중과 습붕이 제나라 환공을 따라 고죽국을 정벌하러 나섰다. 질질 끌던 전쟁은 겨울에 되어서야 끝났는데 돌아가는 길에 대군은 그만 사막에서 길을 잃고 말았다. 그때 관중이 말했다.

"늙은 말은 지혜가 많은 동물입니다. 늙은 말을 앞세우십시오."

그래서 늙은 말 몇 필을 앞세우고 뒤를 따라가 마침내 길을 찾았다. 사람과 말이 황량한 산에 이르렀다. 여러 날이 되도록 마실 물을 찾을 수가 없었으므로 말과 병사들은 목이 말라 한 걸음도 움직일 수가 없었다. 그때 습붕이 말했다.

"개미는 겨울에는 양달에 언덕을 쌓고 여름에는 응달에 언덕을 쌓습니다. 그리고 개미굴은 언제나 물길 위에 있습니다."

그리하여 개미 굴 밑을 팠더니 정말로 물이 솟아나왔다.

관중의 총명함과 습붕의 지혜로도 알지 못하는 일에 봉착하면 늙은 말과 개미에게 가르침을 받기를 주저하지 않았다. 그런데 지금 사람들은 자신의 어리석음을 알면서도 성인의 지혜를 본받을 줄 모르니, 이 또한 잘못된 일이 아닌가?

늙은 말과 개미의 지혜를 삶의 스승으로 삼는다면 만물의 영장인 사람의 존엄성을 손상시키는 것이라 생각하겠지만 그렇지 않다. 사람의 존엄성은 자연의 위대한 섭리를 따라 살아가는 동물들에게 삶의 지혜를 배우는 데 있다. 사람의 이성으로 철저한 조사와 연구를 통해서 갖가지 자연법칙을 찾아낼 수 있고, 이를 실행에 옮겨 자연에 순응해야만 유용하고 편리한 생활을 영위할 수 있다. 2,400백 년 전 그리스의 역사가 헤로도투스는 하얀 개미를 이용하면 금광을 찾는 데 도움이 될 수 있다는 가설을 내놓았다. 이것은 금광을 찾는 지질 탐사에 주목할 만한 이론이다. 중국에도 이보다 2백여 년 전에 개미굴을 이용하여 물길을 찾는 자료로 삼았다는 기록이 있으니 옛날 사람들의 삶의 지혜를 엿볼 수 있다.

초나라 왕은 여기저기 신선을 수소문하여 장생불사하는 약을 구하려고 했다. 어느 날 한 나그네가 찾아와 불사약을 바치려고 했다. 불사약을 갖고 궁으로 들어가던 심부름꾼(알자謁者)에게 왕실 경비 담당자가 물었다.

"그게 무슨 약인가? 먹을 수 있는 것인가?"

심부름꾼이 대답했다.

"불사약인데 왜 먹지 못하겠습니까?"

그러자 왕실 경비 담당자가 약을 빼앗아 입안에 털어 넣고 삼켜버렸다.

이 말을 들은 초나라 왕은 노발대발하여 사람을 시켜 그를 죽이도록 했다. 왕실 경비 담당자가 사람을 보내 왕을 설득하며 말했다.

"왕실 경비 담당자가 먹을 수 있는 것인가 물었더니, '먹을 수 있다'고 대답했으므로 먹은 것이니 그의 잘못이 아니라 심부름꾼의 잘못입니다. 그리고 나그네가 약을 바치면서 불사약이라고 했습니다. 또한 경비원이 먹자마자 왕에게 죽임을 당한다면 그것은 불사약이 아니라 틀림없이 죽음을 재촉하는 약일 것입니다. 이것은 나그네가 왕을 속였다는 것을 말합니다. 왕께서 이 죄 없는 사람을 죽인다면 세상 사람들에게 우리 왕은 자기를 속이는 사람을 내버려 둔다는 것을 알게 되니, 석방하는 것이 낫습니다."

그래서 초나라 왕은 그를 죽이지 않고 놓아 주었다.

초나라 왕은 불사약을 굳게 믿고 비싼 값을 치렀다. 초나라 왕이 만약 그 경비원을 죽였다면 불사약이 가짜라는 것을 온 세상 사람들에게 발표하는 꼴이 되어 위신이 땅에 떨어질 뿐만 아니라 신선을 찾아 구한 것이 속임수에 지나지 않았다는 비웃음을 샀을 것이다. 그 경비원은 바로 이런 빈틈을 노려 죽음을 면했다.

이와 같은 통치자는 웃음거리가 되는 것을 면하기 어렵다. 그러한 사람은 온 세상 사람들을 속이려고 할 뿐만 아니라 자기 스스로를 속이려 한다. 그렇지 않았다가는 자신의 입지를 하루도 지킬 수 없기 때문이다.

조나라 사람인 전사가 추나라 왕을 속였다. 추나라 왕은 사람을 시켜 그를 죽이게 했다. 전사는 두려웠으므로 이 일을 혜자에게 말했다. 혜자는 추나라 왕을 알현하고 이렇게 말했다.

"지금 어떤 사람이 왕을 알현하면서 한쪽 눈을 감았다면 어찌하겠습니까?"

"나는 반드시 그를 죽일 것이오."

"맹인은 두 눈을 감고 있는데, 왕께서는 어찌 죽이지 않습니까?"

"그들은 눈을 감지 않을 수 없기 때문이오."

"전사는 동쪽으로는 제나라 왕을 속이고, 남쪽으로는 초나라 왕을 속였는데, 그가 다른 사람을 속이는 것은 맹인과 같은 경우입니다. 왕께서는 어찌 원망하십니까?"

그래서 왕은 전사를 죽이지 않았다.

노나라 목공은 이웃 나라인 제나라와 동맹을 맺지 않고 오히려 노나라에서 먼 진나라와 초나라에 아들과 딸을 사절로 보내 노나라가 어려움을 당할 때 그들의 도움을 얻으려고 했다.

이서라는 대신이 목공에게 말했다.

"어떤 사람이 큰 강에 빠져 죽어 가는데 언덕에 있는 사람이 '멀리 있는 월나라 사람들이 헤엄을 가장 잘 치니 빨리 사람을 보내 구조를 요청하게나'라고 한다면 이 사람은 살아날 수 있겠습니까?"

"말도 안 되지. 월나라가 얼마나 먼 곳인데. 월나라 사람이 아무리 헤엄을 잘 쳐도 물에 빠진 사람을 반드시 살리지는 못할 것이다."

"그러면 노나라 서울에 큰 화재가 발생했는데 어떤 사람이 '바닷물이 가장 많으니 빨리 사람을 보내 바닷물을 길어 와 불을 끄자'고 한다면 되겠습니까?"

"안 되고 말고. 바닷물을 길어 오기도 전에 서울은 이미 잿더미가 되겠지."

"그렇습니다. '먼 데 있는 물로는 가까이 일어난 불을 끌 수 없지요' 지금 진나라와 초나라가 매우 강대하기는 하지만 노나라에서 멀리 떨어져 있습니다. 노나라에 갑자기 어려운 일이 생긴다면 멀리 있는 물로 가까이 일어난 불을 끄려는 것과 같습니다. 제나라는 우리의 이웃 나라이니 제나라와 국교를 맺지 않으면 실제로 노나라의 근심은 해결하지 못할 것입니다."

노나라 목공은 진나라와 초나라가 강대하다는 것만 생각하고 정작 도움이 필요할 때 도움을 얻기에는 현실적이고 객관적인 조건의 제약을 받는다는 사실을 소홀히 했다. 바닷물은 아무리 길어 와 사용해도 끝이 없고 마르지 않는다. 그러나 거리가 너무 멀어 그것으로는 서울의 화재를 끌 수가 없다. 갖가지 사물과 현상 사이에 관계는 현실적이고 객관적인 조건의 제약을 받는다. 객관적인 조건과 공간, 시간에 의하여 변화하는 모든 것은 어떤 구체적인 조건에서는 정확한 인식과 방법이 되지만 다른 상황에서는 잘못될 경우가 있다. 아무리 좋은 조건일지라도 시간과 공간이라는 객관적이고 현실적인 상황에 부합되지 못한다면 그것은 공염불에 지나지 않는다.

백락(伯樂)[9]이 두 사람에게 뒷발질하는 말을 골라내도록 했다. 두 사람은 함께 진나라의 재상 조간자의 마구간으로 가서 말을 관찰했다. 한 사람이 뒷발질하는 말을 고르자, 다른 사람이 뒤를 따라가며 말 엉덩이를 세 번이나 쳤지만 그 말은 뒷발질을 하지 않았다. 이리하여 말을 고른 사람은 자기가 말을 잘못 보았다고 생각했다. 그런데 다른 한 사람이 이렇게 말했다.

"당신이 말을 잘못 본 것이 아니오. 이 말은 어깨가 굽고 무릎뼈가

---

9) 고대에 말을 식별하는 방법과 부리기에 탁월한 재능을 보인 사람이다. 백락은 두 사람인데, 한 사람은 춘추시대 중기 진나라 목공 때의 사람으로 성은 손(孫)이고 이름은 양(陽)이며, 자가 백락이다. 다른 한 명은 춘추시대 말 조간자의 마부 왕량이다. 여기서 말하는 백락은 왕량을 말한다.

부어올랐소. 무릇 뒷발질하는 말은 뒷발을 들어 앞발에 기대기 마련입니다. 무릎뼈가 부어올라 기댈 수 없으니 뒷발을 들지 못한 것입니다. 당신은 뒷발질하는 말을 보는 데는 뛰어나도 부은 무릎뼈를 보는 데는 서투르군요."

무릇 일에는 반드시 귀결되는 바가 있으나, 무릎뼈가 부어오른 다리로는 무거운 몸을 감당할 수 없다는 것은 오로지 지혜로운 자만이 알 수 있다. 그래서 혜시가 이렇게 말했다.

"원숭이를 우리 속에 가두면 돼지와 개가 된다."

그러므로 정세가 불리하면 능력을 발휘하지 못하게 된다.

## 일을 성취하는 데도 지혜가 필요하다

말을 잘 다루는 사람이 초나라 왕에게 배알을 청하였다. 그런데 다른 많은 기사들이 그의 재주를 시기하여 뜻을 이루지 못했으므로, 이번에는 사슴을 잘 잡을 수 있다고 말함으로써 왕을 만나게 되었다.

이렇게 해서 비로소 왕을 만나게 되었는데 왕이 그 사람의 재주를 시험하기 위해 친히 기사가 되어 사슴을 쫓았으나, 좀처럼 잡히지 않았다. 이번에는 그가 말을 몰고 사슴을 간단히 붙잡자 왕은 그 뛰어난 재주를 칭찬했다. 그는 그 기회를 이용하여 다른 기사들이 자기의 재주를 시기한 것을 말하면서, 끝내 말을 잘 다룬다고 아뢰지 못하고 능히 사슴을 잡을 수 있다고 말한 이유를 밝힌 다음 자기 뜻을 이루었다.

초나라 왕이 공손조에게 진나라를 정벌하도록 명령했다. 한 노인이 그를 전송하며 말했다.

"진나라는 강성하니 신중히 하지 않으면 안 된다."

"노인께서는 걱정하지 마십시오. 저는 어른을 위해 진나라를 무찌를 것입니다."

"좋습니다. 저는 진나라의 수도 남쪽 문밖에 여막을 짓겠습니다."

"무엇 때문입니까?"

"저는 구천을 비웃을 것입니다. 다른 나라를 정벌하는 일을 다른 사람은 이처럼 쉽게 하거늘, 구천 혼자만 어째서 10년 동안 그 어려움을 겪은 것입니까?"

## 열 길 물속은 알아도 한 길 사람의 속은 모른다

진진이 위나라 혜왕에게 총애를 받자, 혜시가 말했다.

"반드시 왕의 주변 사람들을 잘 섬기도록 하시오. 무릇 버드나무는 옆으로 심어 놔도 살고, 거꾸로 심어 놔도 살며, 꺾어서 심어놔도 또한 산다오. 그러나 열 사람이 심고 한 사람이 뽑는다면 버드나무를 살릴 수 없소. 무릇 열 사람이 생명력 있는 나무를 심어도 한 사람을 이기지 못하는 까닭이 무엇이겠소? 나무를 심기는 어렵지만 뽑아 버리는 것은 쉽기 때문이오. 당신이 비록 왕에게 자신의 모습을 잘 심었을지라도 당신을 제거하려는 자가 많다면 반드시 위태로울 것이오."

습사미가 전성자를 알현했을 때, 전성자는 그와 함께 누각에 올라 사방을 둘러보았다. 삼면이 모두 탁 트였는데, 남쪽을 보았을 때 습사미의 집이 있는 나무가 시야를 가렸다. 전성자는 아무 말도 하지 않았지만 습사미는 돌아와서 사람을 시켜 그것을 베도록 했다. 도끼질을 해 나무가 좀 파였을 때, 습사미는 나무 베는 일을 그치도록 했다. 그러자 그의 집사가 말했다.

"어찌 그렇게 빨리 변하십니까?"

습사미가 말했다.

"옛날 속담에 '깊은 연못 속의 물고기를 아는 사람은 불길하다'라는 말이 있소. 전성자는 큰일을 꾸미고 있는데, 내가 그의 미묘한 부분까지 보고 안다면 나는 반드시 위험해질 것이오. 나무를 베지 않는 것은 죄가 되지 않지만, 다른 사람이 말하지도 않은 것을 알고 있다면 그 허물은 클 것이오. 그래서 베지 못하게 하는 것이오."

양주가 송나라 동쪽을 지나다가 여관에 묵게 되었다. 그 주인에게는 두 명의 첩이 있었는데, 못생긴 여자는 총애를 받고 아름다운 여자는 천대를 받고 있었다. 양주가 그 까닭을 묻자, 여관 주인이 이렇게 말했다.

"아름다운 여자는 스스로 아름답다고 생각하지만 나는 그녀의 아름다움을 알지 못합니다. 못생긴 여자는 스스로 못생겼다고 하지만 나는 그녀의 못생김을 알지 못합니다."

양주가 제자들에게 말했다.

"행동이 현명하면서 스스로 현명하다고 생각하는 마음을 버린다면 어디 간들 존중받지 않겠는가?"

위나라 사람이 자식을 시집보내면서 다음과 같이 가르쳤다.

"반드시 개인적으로 재산을 모아 두도록 해라. 다른 사람의 부인이 되었다가 내쫓기는 경우는 늘 있는 일이고, 죽을 때까지 함께 사는 것은 요행이다."

그래서 그녀는 은밀하게 재산을 모았으며, 그녀의 시어머니는 며느리의 개인 재산이 많다고 생각해서 내쫓았다. 자식이 친정으로 돌아왔을 때의 재물은 시집갈 때 가지고 간 것의 두 배나 되었다. 그녀의 아버지는 자식을 잘못 가르친 자신을 죄스러워하지 않고 자신이 총명해서 재산을 늘렸다고 생각했다. 지금 신하들 가운데 벼슬자리에 있는 자는 모두 이러한 무리들이다.

노단이 중산의 왕에게 세 차례나 유세했지만 받아들여지지 않았다. 그래서 그는 금 오십 근을 풀어 왕의 주위 사람들에게 주었다. 뒤에 다시 노단이 왕을 만났을 때, 미처 말도 하지 않았으나 왕은 그에게 음식을 베풀었다. 노단이 궁궐을 나오자 숙소로 돌아가지 않고 그대로 중산을 떠났다. 그의 수레를 모는 사람이 의아하게 생각되어 물었다.

"다시 알현했을 때 비로소 우리를 잘 대해 주었는데, 무슨 연유로 떠나십니까?"

그러자 노단이 말했다.

"다른 사람의 말을 듣고 나를 잘 대해 주었으니, 반드시 다른 사람의 말에 따라 나를 죄줄 것이다."

그런데 그가 국경을 나가지도 않았는데 어떤 공자가 중산의 왕에게 그를 헐뜯었다.

"노단은 조나라를 위해 염탐하러 왔을 것입니다."

중산의 왕은 그 말을 듣고 노단을 붙잡아 벌을 수었다.

전백정은 인재를 좋아해서 자기 왕을 온전히 모셨지만, 백공승은 인재를 좋아해서 초나라를 혼란스럽게 했다. 그들은 똑같이 인재를 좋아했으나 그들을 부려서 하려는 일은 달랐기 때문이다. 공손자는 스스로 발을 잘라서 백리해를 높은 지위에 오르게 했고, 수조는 스스로 거세해서 환공에게 아첨했다. 그들이 자신의 몸에 형벌을 가한 것은 같지만 그것을 통해서 하려는 일은 달랐다.

# 23

# 유세의 위력

위나라 주조가 궁타라는 사람에게 말하기를,

"나를 위해 제나라 왕의 신임이 두터운 당신이 중계 역할을 해주시오 즉 제나라의 왕이 나를 구제하여 위나라에서 권력을 잡도록 해주신다면 나는 장차 위나라를 움직여서 제나라 왕을 섬기도록 하겠습니다"

라고 했다. 궁타가 말했다.

"그렇게 말해서는 뜻을 이룰 수 없소. 외국의 힘을 빌린다는 것은 당신이 위나라에서 세력이 없다는 것을 나타낸 것이므로, 제나라 왕은 그러한 자를 도와 위나라에 세력이 가지고 있는 자의 원한을 사려고는 하지 않을 것이오. 그러니 당신은 제나라 왕에게 '왕의 뜻을 말씀해 주시면 신은 위나라로 하여금 왕명을 받들도록 조처하겠습니다' 하고 말하는 편이 좋을 것이오. 그렇게 하면 제나라 왕은 당신을 위나라의 세력이 있는 자로 믿어, 반드시 어떤 일을 의뢰하게 될 것이오. 따라서 당신은 제나라에서도 세력을 얻게 되니, 결국 제·위나라 양국에서 동시에 세력을 얻게 되는 것이오."

송나라의 한 영윤이 송군의 모후의 자문역으로 중용되었는데, 어느 날 백규라는 사람이 영윤에게 말했다.

"주군께서 장성하여 친히 정사를 하게 되면, 공은 자연히 밀려나고 말 것입니다. 지금 왕은 어려서 명성을 얻으려고 힘쓰고 있으니, 초나라가 왕의 효심을 칭찬하게 주선하는 것이 좋습니다. 그러면 왕은 공의 자리를 빼앗지 않고, 공을 매우 존경하고 높은 자리에 임용할 것이며, 공은 항상 송나라를 다스리게 될 것입니다."

초나라 왕이 오나라를 정벌하려고 하자, 오나라에서는 저위와 궤융을 보내 초나라 군대를 술과 고기로 위로하도록 했다. 초나라 장군이 말했다.

"이 자를 붙잡아 죽여서 그 피를 북에 칠하라"

하고는 다시 궤융에게,

"너는 이곳으로 오면서 점을 쳤는가?"

하고 물었다. 그러자 궤융이 쳐보았다고 대답하자,

"점괘가 길했는가?"

라고 물었다.

"그렇소. 길조였소."

초나라 장군이 물었다.

"지금 너를 죽여 그 피를 북에다 바르려고 하는데, 길조라니 어떻게 된 일이냐?"

"그러므로 길한 것이오. 우리 오나라에서 나를 이곳으로 보낸 것은 장군의 태도를 살피기 위한 것이었습니다. 장군이 만약 노여워한다면 오나라는 도랑을 깊게 파고 방어벽을 높게 쌓아 방비를 게을리하지 않을 것이고, 장군이 노여워하지 않는다면 안심해서 수비를 늦출 작정이었습니다. 지금 장군이 노하여 나를 죽이면 오나라는 반드시 경계하며 굳게 지킬 것이므로 오히려 오나라로서는 다행입니다. 그것은 한 신하를 위한 것이 아니고, 나라 전체를 위하여 다행한 일입니다. 무릇 나 한 명을 죽여 한 나라가 보존된다면, 어찌 길조가 아니고 무엇이겠습니까? 그리고 나를 죽여 그 피를 북에 칠해도 죽은 후에는 지각이 없는 법이므로 무슨 짓을 해도 내 알 바가 아닌 것입니다. 또 만약 죽은 후에도 지각이 있다면 나는 전쟁 중 그 북을 쳐야 할 때에 북소리가 울리지 않도록 할 것입니다."

이 말은 들은 초나라 장군은 그를 죽이지 않았다.

월나라는 이미 오나라를 이기고 다시 초나라에서 병사를 빌려 진나라를 공격하려고 했다. 초나라 사관으로 있는 의상이 초나라 왕에게 말했다.

"월나라는 오나라를 쳐부쉈지만 용사들은 죽었고, 정예 병사들은 전멸했으며, 갑옷으로 무장한 장졸들은 부상을 입었습니다. 그런데도 그들이 지금 우리나라에 원군을 청하여 진나라를 치고자 하는 것은 그들이 피폐해 있다는 것을 우리나라에 드러내지 않기 위해서입니다. 군주께서 오히려 병사를 일으켜서 월을 공격하고 그들이 취한 오나라를 땅을 나누어 받는 것이 상책일 것입니다."

초나라 왕이 이 말에 따라 군사를 일으켜 월나라를 공격했다. 그러자 월나라 왕은 노여워하며 초나라를 치려고 했는데, 대부인 문종이 간하기를,

"안 됩니다. 지금 우리의 용감한 병사들은 거의 다 죽었고 장수는 부상을 당했으며 무기는 망가졌습니다. 초나라와 싸움을 해 보았자 도저히 승산이 없을 것입니다. 그러니 초나라 왕에게 땅을 나눠주고 화해하시는 것이 상책입니다"

라고 하였다. 그래서 월왕은 노산의 북쪽 오백 리의 사방의 영토를 잘라 초나라에 나눠 주었다.

한나라와 조나라가 서로 다툼이 생겨 먼저 한나라 왕이 위나라 군사를 요청하며 말했다.

"당신의 군사를 빌려 조나라를 정벌하기를 원합니다."

이에 위나라 문후는,

"과인은 조나라와는 형제와 같이 친한 사이이므로 그 뜻을 따를 수가 없습니다"

라고 대답했다. 그 후 조나라도 위나라에 가서 원병을 청했으나 문후는 전과 같은 말을 하며 응하지 않았다.

한나라와 조나라 사신은 모두 병사를 얻지 못해 화를 내면서 돌아갔다. 그러나 시간이 지난 뒤에 문후가 이 두 나라를 화해시키기 위해 그러한 조치를 취했다는 것을 알고 곧 모두 위나라 왕에게 조회해 경의를 표시했다.

제나라 공족인 정곽군이 설 땅에 성을 쌓으려고 했다. 그러자 그 불가함을 간하자는 자가 많았으므로 정곽군은 귀찮게 여겨 찾아오는 사람이 있어도 안내하지 말라고 일러두었다.

어느 날, 제나라 사람 가운데 만나기를 청하는 자가 있었는데, 그가 이렇게 말했다.

"나는 단지 세 마디만 말씀드리기를 청합니다. 만약 그 이상이 될 때에는 신을 삶아 죽여도 좋습니다."

그래서 정곽군이 그를 만나 보았다. 그는 정곽군의 앞에 와서 느닷없이 '해대어海大漁'라는 세 마디를 말하고는 돌아가려고 했다. 정곽군이 그를 붙잡아오게 하여 그게 무슨 뜻이냐고 물었다.

"저는 감히 끓는 물에 잠기는 위험을 무릅쓰면서까지 농담을 하지 않습니다"

하고는 더 이상 말하지 않겠노라고 거절했다. 정곽군이 다시 부탁하자 그는 비로소 입을 열었다.

"군주께서는 바다의 큰 물고기에 관해서 들어 아실 것입니다. 큰 물고기가 물속에 있을 때에는 그물로도 붙잡을 수 없고, 작살로도 잡을 수 없지만, 일단 땅 위에 튀어 올라 물에서 벗어나면 청개구리나 개미에게 물어 뜯겨도 제 마음대로 할 수가 없습니다. 지금 제나라는 군주에게 있어 바다에 해당한다고 할 수 있으니, 군주께서 언제까지나 제나라의 정권을 장악하신다면 설 땅에다 쌓고자 하는 성 따위는 어떻게 되든 좋을 것입니다. 또한 군주께서 제나라를 잃는다면 비록 설에다 성을 높이 쌓아 하늘에까지 이른다 한들 오히려 무슨 이익이 있겠습니까?"

이 말에 정곽군은 그의 말이 옳다고 여겨 설 땅의 축성 공사를 멈추게 하고 설 땅에 성을 쌓지 않았다.

초나라 왕의 동생이 진秦나라에 사신으로 갔는데, 진나라에서는 그를 억류하여 돌아가지 못하게 했다. 한 중사가 말했다.

"신에게 백 금을 준다면 신이 동생 분을 구출하게 할 수 있습니다."

그리하여 초나라 왕으로부터 백 금을 받아 싣고 진晋나라로 가서 먼저 대부 숙향을 만나 말했다.

"초나라 왕의 동생이 진秦나라에 있는데, 진나라에서 돌려 보내주지 않습니다. 그러니 이 백 금을 받으시고 그분을 석방될 수 있도록 좀 도와주시기 바랍니다."

숙향은 백 금을 받고는 진晉나라 군주인 평공을 만나 말하기를,

"호구에 성을 쌓는 것이 좋겠습니다."

라고 권했다. 평공이 말했다.

"무슨 말입니까?"

그러자 숙향이 대답했다.

"초나라 왕의 동생이 진나라에 억류되어 있는데, 이것은 진나라가 초나라를 능멸한 행위이므로, 우리가 만약 호구에 성을 쌓게 되면 진은 이를 금지할 것입니다. 그렇게 되면 이편에서는 '초나라 왕의 아우를 돌려보내라. 그러면 우리도 성을 쌓지 않겠다'라고 말하는 것입니다. 그들이 이 말에 따라 초나라 아우를 보내 준다면 우리는 초나라에 큰 은혜를 베푸는 셈이 되고, 또 그들이 이 말을 듣지 않는다 해도 이것은 초나라와의 적대관계를 계속 유지하려는 생각이니, 우리에게 호구의 축성을 금지하라고 강력히 주장하지는 못할 것입니다. 어떻게 되든 우리에게 손해될 것이 하나도 없습니다."

평공은 이 말에 따라 호구의 성을 쌓으며 진秦나라의 군주에게 말했다.

"우리 두 나라의 평화를 위하여 초나라 왕의 동생을 보내 준다면 우리는 성을 쌓지 않을 것이오."

그래서 진秦나라는 진晉나라와도 등을 돌리면 불리하다고 생각하여 초나라 왕의 동생을 돌려보냈다. 초나라 왕은 매우 기뻐하며 금 백 일을 진晉나라에 보내 사의를 표했다.

## 세 치의 혀에 놀라 태자를 책봉한 환공

어떤 사람이 제나라 환공에게 수수께끼를 냈다.

"1난, 2난, 3난이란 무엇입니까?"

환공은 알지 못하여 관중에게 물었다.

"1난이란 우優, 즉 가무하는 광대를 가까이하고 충심으로 나라를 섬기는 선비를 멀리하는 것이고, 2난이란 군주가 도읍을 떠나 때때로 바닷가를 유람하는 것이고, 3난이란 군주가 늙도록 태자를 옹립하지 않는 것입니다."

환공은 그 말에 수긍하고, 길흉을 점쳐 택일하지도 않고 서둘러 종묘에서 태자 책봉식을 거행했다.

어떤 사람이 말했다.

"관중은 수수께끼의 정답을 맞히지 못했다. 첫째로, 선비를 쓰는 것은, 선비가 군주에게 가까이 있다든가 멀리 있다든가 하는 것과는 무관하다. 그리고 광대는 평소 주인의 흥을 돋우는 자이므로 군주가 가까운 곳에 두고 즐기는 것은 당연한 일이다. 따라서 광대를 가까이하고 선비를 멀리하더라도 나라를 다스리는 데 있어 어려움은 없는 것이다.

둘째로, 군주가 세력을 쥐고 있으면서도 그 본래의 권세를 쓰지 못하고 단지 도읍을 떠나 함부로 유람을 떠나지 않는다는 것은, 곧 자기 한 사람의 힘으로 한 나라를 다스리려고 하기 때문이다. 한 사람의 힘으로 일국을 지배하는 것은 어려운 일이다. 만약 군주가 지혜를 분별하는 데 밝다면, 멀리 떠나 있다 하더라도 간사한 짓을 하는 자가 있으면 여러 신하들의 보고에 의하여 이것을 알 수 있을 것이며, 또 은폐된 일도 능히 간파하고 이를 법으로서 제지할 충분한 준비만 갖추어져 있다면 나라의 도읍을 떠나 바닷가를 유람하더라도 국내에 내란 같은 것은 일어나지 않을 것이다. 그렇게 되면 서울을 떠나 먼 곳을 유람하더라도 신하에게 위협을 받거나 죽임을 당하지 않도록 대비하는 것은 어려운 일이 아니다.

셋째로, 서둘러 태자를 세운 예를 들어 보면, 초나라 성왕은 상신을 태자로 삼았으나 그 후 공자 직을 태자로 세우고자 했기 때문에, 태자 상신은 난을 일으켜 끝내 성왕을 시해하였다. 또 공자 재가 주나라에 태자였을 때 공자 근은 왕의 총애를 받다가 끝내는 동주에서 반란을 일으켜 주나라는 동서로 분할되었던 것이다. 그러나 이것은 모두 태자 책봉이 늦어졌기 때문에 일어난 재난이 아니다.

대체로 군주가 태자와 서자를 동등하게 대우하여 권세를 둘로 나누지 않고, 서자의 지위를 낮추며 다른 공자에게 세력을 주지만 않는다면, 군주가 늙은 다음에 태자를 세운다 하더라도 해될 것은 없는 것이다. 즉 관중이 태자 책봉이 늦어지면 나라를 다스리기가 어렵다고 한 것은 잘못된 말이다.

소위 난사難事라는 것은, 신하에게 권세를 빌려 줄 경우에도 자기를 침범하지 못하도록 하는 것이 1난이요, 후궁을 존중한다 하더라도 정실과 같은 반열에 두지 않는 것이 2난이요, 서자를 사랑하더라도 적자의 지위를 위태롭게 하지 않고, 오직 한 신하의 말만을 들을 경우에도 군주와 세력을 겨루지 못하게 하는 것이 3난이다. 이상의 세 가지야말로 참으로 어려운 일이라고 할 수 있는 것이다."

# 24
## 지혜와 현자에 관련된 이야기

### 한 사람의 지혜에는 한계가 있으니, 곧 중과부적衆寡不敵이다

정나라 자산이 동장이라는 마을을 지나는 데 어떤 부인의 곡하는 소리가 들려왔다. 자산은 수레를 멈추게 하고는 그 부인의 곡성을 신경을 집중하여 들었다. 그런 다음에 관리를 보내 그 부인을 잡아오게 하여 신문을 했는데, 과연 제 손으로 남편을 목을 졸라 죽였다는 사실을 알게 되었다. 며칠 후, 마부가 물었다.

"대부께서는 그 일을 어떻게 미리 아셨습니까?"

"그 울음소리는 겁에 질려 있었다. 무릇 사람이란 사랑하는 사람이 병들면 근심하고 죽지나 않을까 두려워하며, 마침내 죽으면 슬퍼하는 법이다. 그런데 그 부인의 곡소리는 슬퍼하는 것이 아닌 두려워하는 소리인지라 그녀가 나쁜 짓을 저질렀음을 눈치 챈 것이다."

어떤 사람이 말했다.

"자산은 나라를 다스리는 데 있어 지나치게 번잡스럽다. 부정한 일에 대해 일일이 재상인 그의 이목이 미치기를 기다려 비로소 이것을 잡는다고 하면, 정나라에서 검거되는 범법자의 수는 아주 적을 것이다. 국가의 사법을 담당한 관리에게 맡기든가 또는 일반 백성들로 구성된 자치단체나 조직에 맡기지 않고, 나라를 다스리는 도구인 법률을 확립하는 데 힘써야 함에도 불구하고 단지 자기 지혜의 밝음만 믿고 정신을 소모하여 범법자를 잡는다는 것은 천하를 다스리는 술수를 터득하지 못한 자라고 할 수밖에 없다. 말하자면 나라에 사건은 많으나 한 사람의 지혜에는 한계가 있으니, 곧 중과부적衆寡不敵인 것이다.

한 사람의 꾀와 생각만으로는 일국의 사건을 다 알 수가 없다. 그러므로 모든 일을 상세히 알기 위해서는 사람들에게 일을 분담시키고 그들의 지혜 분별을 모아서 일체의 사물을 다스리도록 하지 않으면 안 되는 것이다. 또 일반 백성은 많지만 위에 있는 자는 적다. 따라서 중과부적인, 군주가 아무리 유능하다 하더라도 신하를 널리 알수가 없는 것이다. 그러니 신하로 하여금 백성을 잘 감독하게 하고 그 의견을 모으면 모든 사정에 통할 수가 있다. 이와 같이 조직을 활용한다면 군주는 몸소 수고하지 않더라도 일은 다스려지고, 지혜를쓰지 않더라도 범법자를 찾아낼 수 있는 것이다. 송나라 사람이 이런 말을 했다. '새들이 무리지어 날아갈 때 만약 활을 쏘아 그것들을 전부 맞히겠다고 한다면, 이는 활의 명수인 예도 불가능한 일이다. 그러나 만약 천하에 그물을 친다면 세상의 모든 새는 한 마리도 그

물 밖으로 빠져나갈 수 없을 것이다.' 그와 마찬가지로 사악을 발견함에 있어 큰 그물이 있으면 그것을 빠져나갈 수 있는 죄인은 한 사람도 없을 것이다. 이 이치를 깨닫지 못하고 자기 혼자서 모든 사물을 생각하고 자기의 지혜를 예의 화살과 같은 것으로 하여 천하의 죄인을 남김없이 잡으려고 한다면, 제아무리 자신이 지혜롭다 하더라도 할 수 없는 일이다. 노자가 말하기를 '지혜로서 나라를 다스리려는 것은 나라의 적이다'라고 했는데, 이것은 자산을 적절히 표현한 말이라 하겠다."

## 여러 사람이 한 사람을 속이기는 쉽다

조나라에 패한 위나라에서는 태자와 대신 방공龐恭을 조나라의 수도 한단邯鄲에 인질로 보내게 되었다. 출발하기에 앞서 방공이 위나라 왕에게 이렇게 말했다.

"지금 어떤 한 사람이 뛰어와서 시장에 호랑이가 나타났다고 보고하면 믿으시겠습니까?"

왕이 고개를 흔들며 말했다.

"믿지 못하겠소. 시장에 어떻게 호랑이가 나타난단 말이오?"

"이어서 두 번째 사람이 달려와 시장에서 호랑이를 발견했다고 한다면 믿으시겠습니까?"

왕은 망설임 끝에 여전히 고개를 흔들며 못 믿겠다고 말했다.

방공이 다시 물었다.

"금방 또 세 번째 사람이 달려와 시장에서 호랑이가 나타났다고 한다면 믿으시겠습니까?"

왕은 고개를 끄덕이며 말했다.

"그렇다면 믿을 것이다. 세 사람이나 그렇게 말한다면 거짓일 리가 없겠지."

방공이 일어나 말했다.

"그렇습니다. 시장에 호랑이가 나타날 리 없다는 것은 누구나 알고 있는 명백한 사실입니다. 그러나 세 사람이 말하여 호랑이가 나타난 것을 왕께서 믿으신 것입니다. 위나라에서 한단과의 거리가 여기서 시장보다 훨씬 더 멀고 따라서 제가 없는 동안 저에 대하여 이러쿵저러쿵 논의하는 자는 세 사람이 넘을 것입니다. 그러니 이 점을 충분히 주의해 주시기 바랍니다."

과연 방공이 짐작한 대로 그가 떠나자 왕 앞에서 많은 사람들이 근거 없는 소문을 퍼뜨렸다. 그가 한단에서 돌아온 후에도 위나라 왕은 여러 신하의 말에 현혹되어 끝내 그를 부르지 않았다.

헛소문도 여러 번 말하면 사실이 된다. 역사상 야심가나 음모꾼들이 신조처럼 여기는 말이다. 자기를 내세우고 착한 사람들을 모함하여 윗사람을 기만하고 군중을 속이는 사람들은 주로 사용하는 것이 이와 같이 남을 중상모략하고 헛소문을 날조하는 것이다. 이러한 중상모략을 밝히고 알아내기 위해서는 이야기 속의 왕처럼 한길에 분명히 호랑이가 없는데도 세 사람의 말만으로 가벼이 믿을 것이 아니라 깊이 조사하고 연구하며 사실을 근거하여 냉정하게 분석하고 판단해야 한다. '헛소문은 지혜로운 사람에 의해서 드러나는' 법이다.

## 인재를 구하기는 어렵지 않으나, 이를 부리기는 어렵다

　제나라 환공 때 진나라에서 사신이 왔다. 접대관원은 환공에게 사신을 어떻게 대우할 것이지 지시를 내려 달라고 청했다. 그러자 환공은 중부에게 물어보라고 대답했는데, 담당자들이 교대로 들어와서 지시할 것을 청했으나 세 번 모두 같은 대답을 들었다. 이때 곁에 있던 광대가 말했다.

　"군주란 참으로 평안한 지위입니다. 하나도 중부, 둘도 중부라고 하시니 말입니다."

　"듣건대 군주는 자기를 도울 인재를 구하는 데는 고생을 하지만, 그를 부리는 데는 고생될 것이 없다고 한다. 과인은 중부와 같은 인물을 얻기 위해 많은 애를 썼지만, 그를 얻은 후로는 이렇게 평안할 수가 없구나."

　어떤 사람은 말했다.

　"환공이 광대에게 한 답변은 군주 된 사람이 할 말이 못 된다. 환공은 인재를 구하는 데 고생을 했다고 하는데, 그러나 인재를 구하는 것은 그다지 고생스러운 일이 아니다. 이윤은 스스로 요리사가 되어 탕왕에게 등용되기를 원했고, 백리해는 스스로 노예가 되어 진나라의 목공에게 중용되기를 원했다.

　노예나 요리사는 누구나 수치스러워하는 천한 지위이다. 그러나 두 사람이 수치를 무릅쓰고 군주를 섬기고자 한 것은 현자로서의 세상의 어지러움을 근심했기 때문이다. 그러므로 군주는 그러한 현자를 물리치지 않으면 될 뿐이다. 그러니 어찌 현자를 찾는 일이 고생스럽다고 하겠는가?

또 관직은 현자를 등용하기 위해 있는 것이며, 작록은 공로를 포상하기 위해 있는 것이다. 관직을 준비해 놓고, 작록을 갖추어 두면 인재는 스스로 찾아들게 마련이다. 그러니 어찌 사람을 구하는 일을 고생스럽다고 하겠는가? 또 사람을 부리는 것은 결코 쉬운 일이 아니다. 군주는 사람을 부림에 있어 반드시 법규에 따라 다루어야 하고, 그의 진언과 성과를 비교하여 참작하고, 진언이 법에 맞으면 실행하되 법에 맞지 않으면 제지해야 하는 것이다. 실행한 뒤의 결과가 진언과 일치했을 경우에는 이를 포상해야 하고, 그렇지 않을 경우에는 처벌해야 한다."

이와 같이 진언과 공을 조사하는 것에 의해 신하를 다스리고, 법규에 의해 신하를 단속한다. 이와 같으니 어찌 군주가 사람을 부리는 일을 쉽다고 할 수 있겠는가?

그러므로 인재를 구하기는 어렵지 않으나 이를 부리는 데는 어려운 것이다. 그런데도 환공은 인재를 구하기까지는 수고스러우나 인재를 얻은 후에는 평안하다고 말하고 있는데, 이는 당치 않은 소리이다.

또 환공이 관중을 얻은 것은 그렇게 어려운 일이 아니었다. 관중은 자기가 섬기는 군주와 같이 죽지 않고 그 적인 환공에게 귀복했고, 포숙은 전부터 관중의 능력을 알고 있었으므로 재상의 자리를 양보하여 관중을 재상으로 임명케 했던 것이다. 그러니 환공이 관중을 얻는 데 애를 쓰지 않았다는 것은 분명하다.

그런데 관중을 얻은 후에는 결코 평안하지 못했다. 관중은 비범한 인물이기는 했지만, 옛날의 성인 주공단과는 비교할 수 없는 사람이다. 주공단은 당시 나이 어린 성왕의 숙부로서 7년간 섭정했으나, 성왕이 장성하자 자기는 물러앉고 왕으로 하여금 천하 정사를 맡게 했던 것이다. 이는 천하를 위해서 한 일이 아니라 자기의 의무를 다하기 위해서였던 것이다.

관중은 공자 규의 신하였다. 그는 공자 규를 위해 환공을 죽이려고 했으나 뜻을 이루지 못했고, 그가 섬겼던 규가 죽자 환공의 신하가 된 것이다. 그러한 점으로 미루어 관중의 취사선택은 주공단과 견줄 수 없다. 그의 왕위에 대한 본심은 정확히 꿰뚫어 볼 수가 없다.

만약 관중이 뛰어난 현자였다면 옛날 탕왕이나 무왕이 천하를 취하는 것과 같은 일을 해냈을 것이다. 탕왕은 걸왕의 신하이며, 무왕은 주왕의 신하였지만, 걸과 주의 행동이 포학했기 때문에 탕과 무는 그 지위를 빼앗은 것이다. 이제 환공이 편안히 관중을 지배하며 마치 걸과 주 같은 소행을 저질렀다면, 관중이 탕과 무와 다른 인물이 아닌 이상 실로 환공은 위태로운 지위에 있는 셈이다.

또 관중이 탕왕이나 무왕 같은 인물이 못 되고 미욱한 인물이었다면, 전상과 같은 자가 되었을 것이다. 전상은 간공의 신하였지만, 그 군주를 죽이고 군위를 탈취해 버렸다. 이제 환공이 편안하게 관중 위에 앉아 있는 것은, 마치 간공이 평안하게 전상의 위에 앉아 있었던 것과 같다. 이렇듯 환공은 매우 위태로운 입장이었던 것이다.

관중이 주공단과 같은 인물이 아니라는 점은 이미 알고 있는 사실이다. 그러나 탕과 무가 될 것인지 전상이 될 것인지는 알 수 없는 일이다. 탕과 무가 된다면 환공에게는 걸과 주의 위태로움이 있고, 전상이 된다면 간공의 재난이 있는 것이다. 관중을 중부로서 대접한다고 하여 환공의 마음이 어찌 편할 수가 있겠는가?

만약 환공이 관중을 중용한 이유가 절대 자기를 속이지 않으리라고 믿었기 때문이라면, 환공은 군주를 속이지 않는 신하를 알고 있었다는 말이 된다. 그런데 환공은 관중이 죽자 수조와 역아에게 정무를 모두 맡기고 그 결과 그들의 반란으로 인해 목숨을 잃었으며, 그 시체에서 벌레가 나올 때가지 매장되지도 못했던 것이다.

그러나 환공이 군주를 속이는 신하와 속이지 않는 신하를 알지 못했다는 것은 명백한 사실이다. 그런데도 신하인 관중에게 정무를 일임하고 있었던 것이다. 그래서 환공을 어두운 군주라고 생각하는 것이다.

탕왕은 걸왕을 멸망시켰지만, 천하 사람들이 자신을 탐욕스럽다고 욕할 것을 두려워해 무광에게 천하를 양보하기로 했다. 그러나 한편으로는 무광이 정말로 천하를 받을까 보아 걱정이 되었다. 그러자 사람들이 무광에게 말했다.

"탕왕은 군주를 시해한 오명을 당신에게 전가하기 위해 천하를 양보한다고 한 것입니다."

그러자 무광은 황하에 몸을 던져 죽었다.

위나라 혜왕이 구리 땅에서 제후들과 회맹을 열고 새로운 천자 자리에 앉히려고 했다. 이때 팽희가 한나라 왕에게 말했다.

"왕께서는 그의 말을 듣지 마십시오. 큰 나라는 천자가 있는 것을 싫어하고, 서꾸로 삭은 나라는 그것이 유리하다고 생각합니다. 만일 왕께서 큰 나라와 더불어 그 제의를 따르지 않는다면, 위나라가 어찌 작은 나라와 함께 천자를 세울 수 있겠습니까?"

승후와 악래는 은나라의 주왕을 따랐기 때문에 붙지 않아도 처벌받지 않을 것은 알았지만, 주왕이 주나라의 무왕에게 멸망당할 줄은 몰랐다. 비간과 오자서는 자신의 군주가 반드시 망할 것은 알았지만 자신들이 죽게 될 줄은 몰랐다. 그래서 말했다.

"숭후와 악래는 군주의 마음을 알 수 있었지만 일의 형세는 알지 못했고, 비간과 오자서는 일의 형세는 알았지만 군주의 마음은 몰랐다. 그러나 성인은 이 두 가지를 다 갖추고 있다."

## 사물을 밝게 판단하지 못하면 지혜로운 군주라 할 수 없다

소대가 제나라를 위해 연나라에 사신으로 갔다. 그는 연나라 재상 자지에게 이익을 주지 않으면 반드시 일을 이루지 못하고 돌아올 것이며, 포상 또한 나오지 않을 것을 알았다. 그래서 자지를 위하고자 생각하여 제나라 왕을 극구 칭찬하니, 연나라 왕이 물었다.

"제나라의 왕은 어쩌면 그렇게도 현명하신가? 그런 태도라면 장차 반드시 천하의 패왕이 되실 것이다."

"아니옵니다. 제나라 왕의 현명함으로도 자칫 나라의 쇠망을 구제할 수 없을 지경인데 패왕이란 생각조차 할 수 없는 일입니다."

"왜 그런가?"

"총애하는 신하에게 국사를 일임할 만큼 신임하지는 못하시기 때문입니다."

"총애하는 신하를 신임하려면 어떻게 해야 하는가?"

"옛날 제나라 환공은 관중을 사랑한 나머지 이를 세워 중부라 하시고 아버지와 같이 존경했습니다. 그런데 내정과 외교의 모든 일이 그에 의하여 처리되었습니다. 그리하여 환공은 그의 힘에 의해 천하를 통일하고 제후를 연합시킬 수 있었던 것입니다. 그러나 지금의 제나라 왕은 앞서 말한 대로 신하를 신임하지 않으시니, 그 앞날이 어찌 될지 대략 짐작할 수 있습니다."

연나라 왕은 매우 좋은 말을 들었다고 생각하고, 이튿날 모든 신하를 조정에 소집하여 앞으로는 정무 일체를 자지에게 맡기겠다는 뜻을 선언했다.

이때 반수란 자가 연나라 왕에게 말했다.

"왕께서는 차제에 이 나라를 자지에게 양위하는 것이 좋을 듯싶습니다. 세상 사람들이 요임금을 현자라고 하는 까닭은 천하를 허유에게 양도하려고 했기 때문입니다. 그러나 허유가 사양하며 받지 않았으므로 요임금은 허유에게 천하를 양도했다는 아름다운 명성을 얻었고 아무것도 잃지는 않았던 것입니다. 지금 왕께서 나라를 자지에게 양위하신다고 말씀하셔도 자지는 반드시 이를 받지 않을 것입니다. 그러니 왕께서는 자지에게 나라를 양위했다는 아름다운 명성을 얻고 요임금과 같이 나라를 잃는 일은 없을 것입니다."

그래서 연나라 왕은 그 말을 따라 국정을 모두 자지에게 위임했고, 자지의 권세는 더욱 커졌다.

또 방오자라는 사람이 말하기를,

"들건대 고례에 의하면 군주와 같은 복장을 한 자와는 수레에 동승하지 않으며, 군주는 종친이라 하더라도 같은 곳에 거주하지 않는다고 한다. 이와 같을진대 군주 된 사람이 그 상벌권을 신하에게 대하여 스스로 권세를 버린다는 것이 말이나 되는가?"

라고 했다. 오장이 한나라 선왕에게 말했다.

"군주는 무슨 일이 있어도 누군가를 사랑하는 태도를 보여서는 안 됩니다. 만약 그런 태도를 보이면 그는 세력을 만들어 버리므로, 후일 못마땅한 일이 있어 그를 미워하고자 해도 어렵게 되고 마는 것입니다. 또 군주는 누군가를 미워하는 태도를 보여서는 안 됩니다.

그렇지 않으면 사람들도 모두 그를 미워하게 되므로 나중에 그 사람에게 취할 바가 있어 사랑하려고 해도 새삼스럽게 그럴 수가 없게 되는 것입니다.

군주가 신하에 대하여 미워하든지 사랑하는 징조를 보이게 되면, 군주에게 아첨하는 자는 그것을 이용하여 군주가 미워하는 자를 계획적으로 깎아내리거나, 그 사랑하는 자를 칭찬하거나 할 것입니다. 그렇게 되면 군주가 아무리 현명하다 하더라도 다시 수습하기는 어려운 일입니다. 그러니 어찌 애증의 감정을 신하에게 보일 수가 있겠습니까?"

어느 날 조나라 왕이 정원에서 노닐고 있었다. 마침 사육사가 호랑에게 토끼를 주려다가 멈추자, 왕이 바라보니 호랑이는 분노의 기색을 띠고 노려보고 있었다. 그것을 보고 왕이 말했다.

"호랑이의 눈빛이 너무도 사납구나."

그러자 주위에 있는 신하들이 말했다.

"평양군의 눈은 호랑이보다 훨씬 더 사납습니다. 왜냐하면 이 호랑이의 눈을 보더라도 해로움을 입지 않지만, 평양군에게 거슬려 저러한 눈을 보게 된 자는 반드시 죽음을 당하게 될 것입니다."

다음 날 평양군이 이 말을 듣고 사람을 시켜 그 근신을 살해했다. 그러나 왕은 평양군의 세력이 지나치게 컸으므로 그를 벌할 수가 없었다.

위나라 군주가 주나라 조정으로 들어갔다. 주나라의 접대관이 그 이름을 묻자 이렇게 대답했다.

"위나라 제후 벽강입니다."

그러자 주나라 접대관이 그를 제지하며 말했다.

"벽강은 국토를 확장한다는 뜻으로서 오직 천자만이 쓸 수 있는 칭호인데, 제후로서 천자와 같은 칭호를 사용하다니, 안 됩니다."

이에 위나라 군주는 스스로 이름을 바꿔서 말했다.

"제후의 한 사람인 훼입니다."

그제에서야 접대관은 이것을 접수하고 궁 안으로 들어가게 됐다. 공자가 이 말을 듣고 말했다.

"신하는 신하 된 자로서의 예를 지키며 천자 흉내 내는 일이 없도록 엄하게 다스리지 않으면 안 된다. 명의조차 대여해서는 안 될 일인데, 하물며 상벌권을 빌려 주게 된다면 후일 결코 수습할 수 없는 일이 어찌 벌어지지 않겠는가?"

## 거짓과 관련된 세상 이야기

엄수가 한나라 변방의 작은 제후국인 주나라의 왕을 좋아하지 않자, 주나라 왕이 이를 걱정했다. 그러자 풍저가 말했다.

"엄수는 재상이 되려고 합니다. 그런데 재상인 한괴가 애후의 총애를 받고 있으니 자객을 보내 그를 죽이는 것이 좋습니다. 그러면 애후는 반드시 엄수의 짓이라고 생각할 것입니다."

장견이 한나라의 재상으로 있었는데, 병으로 위독했다. 공승무정이 황금 삼십 근을 가지고 병문안을 갔다. 한 달이 지나자, 왕이 직접 장견을 찾아와 말했다.

"만일 그대가 죽는다면 장차 누가 당신을 대신할 수 있겠소?"

그러자 장견이 대답했다.

"공승무정은 법도를 중시하고 왕을 경외합니다. 그렇지만 공자 이

아가 백성들의 마음을 얻고 있는 것만은 못합니다."

장견이 죽자, 왕은 공승무정을 재상으로 삼았다.

악양이 위나라의 장수가 되어 중산을 공격할 때, 그의 아들이 중산에 있었다. 중산의 왕은 그의 아들을 삶아 국을 만들어 보냈다. 악양은 막사 안에 앉아 국 한 그릇을 아주 맛있게 먹었다. 위나라의 문후가 도사찬에게 말했다.

"악양은 나 때문에 자기 아들의 살점을 먹었소."

도사찬이 대답했다.

"자기 자식을 먹었으니, 또 누군들 먹지 못하겠습니까?"

악양이 중산을 멸망시키고 돌아오자, 문후는 그의 공에 상을 내렸지만, 그의 마음은 의심했다.

맹손이 어린 사슴을 사냥해 가신인 진서파에게 그것을 가지고 돌아가도록 했다. 그런데 사슴의 어미가 따라오면서 울부짖는 것이었다. 진서파는 참을 수가 없어서 새끼를 어미에게 주었다. 맹손이 돌아와서 사슴을 찾자 진서파는 대답했다.

"제가 차마 견딜 수가 없어서 사슴의 어미에게 주었습니다."

맹손은 매우 노여워해 그를 내쫓았다. 석 달이 지나자 맹손은 다시 그를 불러 자식의 스승으로 삼았다. 맹손의 수레를 모는 자가 물었다.

"지난번에는 죄를 주더니, 오늘은 불러서 자식의 스승으로 삼는 것은 무엇 때문입니까?"

맹손이 말했다.

"어린 사슴의 고통도 참지 못했으니, 또한 내 아들의 고통을 견디겠소?"

그러므로 다음과 같이 말했다.

"교묘하게 속이는 것은 우직하고 참된 것만 못하다."

악양은 공이 있었지만 의심을 받았고, 진서파는 잘못을 했지만 더욱 신임을 받았다.

증종자는 칼을 감정하는 데 뛰어난 사람이다. 위나라 왕이 오나라 왕을 미워하고 있었는데, 증종자가 위나라 왕에게 말했다.

"오나라 왕은 칼을 좋아하는데, 신은 칼을 감정하는 사람입니다. 신이 오나라 왕을 위해 칼을 감정해 준다고 하고, 칼을 뽑아 보이다 왕을 위해서 그를 찌르겠습니다."

위나라 왕이 말했다.

"그대가 이 일을 하는 것은 정의를 따른 것이 아니라 이익 때문이다. 오나라는 강하고 부유하며, 위나라는 약하고 가난하다. 그러니 그대는 반드시 오나라로 갈 것이다. 나는 그대가 오나라 왕을 위해 이것을 나에게 사용할까 두렵도다."

그러고는 그를 내쫓았다.

요가 천하를 허유에게 양보하려고 하자, 허유는 달아나 다른 사람의 집에 머물렀다. 그런데 그 집주인은 허유가 가죽 모자를 훔쳐갈까 두려워 감췄다. 허유는 천하를 버렸건만 그 집주인은 가죽 모자를 감추었으니 허유를 제대로 알지 못한 사람이다.

## 25
# 한비자가 남긴 역사적 의의

 

 

한비자는 혼란하고 양육강식의 다원화된 춘추전국시대에서 이 혼란한 시대를 가장 효과적으로 해결하기 위해서는 선왕의 도가 필요한 것이 아니라 법·술·세에 의한 통치방법이 필요하다고 보았다. 물론 인의나 도덕에 의한 사회의 질서 유지는 고금을 통해 전해져 오던 진리이다. 그러나 현실을 떠난 인의 도덕의 공소空疎한 설교보다는 현실적이고 적절한 법이 세워지고, 그것이 만인에게 공정하게 되기를 바라는 것이 사실이다. 춘추전국시대의 제자백가 가운데 현실에 가장 적중했던 이론은 한비자로 대표하는 법가의 이론이다.

진나라가 중국을 통일하고 전국시대를 마감한 것은 법가의 이론에 힘입은 바가 컸기 때문이다. 그의 법에 의한 통치는 인간의 성품은 태어날 때부터 이기적이고 악하다는 순자의 성악설의 영향을 받았다는 역사관을 근거로 하고 있다.

인간은 근본적으로 자기를 위하여 계산하는 이기심을 가지고 있기 때문에 인간의 본성에 따라 그대로 놓아두면 사회는 온갖 종류의 소란과 무질서로 혼란해질 것이라고 보았다. 따라서 엄격한 법과 가혹한 처벌의 통제 아래서만 사람들이 안정되고 평안하게 살 수 있다는 법치를 주장하였다.

법치의 실질적인 내용은 법과 세와 술로 삼위일체를 이룬다. 법은 성문화하여 공포된 법령으로 군주가 통치하는 도구로써 신하와 백성을 제한하여 국가의 질서를 바로잡는 데 그 목적이 있다. 세는 군주의 통치권으로 상벌을 이병二柄으로 하는 권세와 지위를 의미한다. 술은 군주가 신하를 통제하는 데 사용하는 법술로서 군주의 지위를 유지하기 위하여 간신들의 모략을 막는 데 필요한 책략 또는 정치술을 의미한다.

이러한 법가의 주장은 법에 의한 통치로 왕권을 강화하여 절대 군주적 정치제도를 확립하는 데 그 궁극적 목적이 있었으며, 그것은 한비자에 의해 체계화되었다.

그러나 진나라가 중국을 통일한 이후 형벌을 받은 사람이 어느 정도로 많았는가는 다음 두 가지 사례로부터 짐작할 수 있다. 하나는 "형을 받은 자는 길 가는 사람의 반에 해당하고 죽은 사람은 날마다 저자에 쌓였다"는 내용이다. 길 가는 사람의 절반이 형벌을 받은 사람이었고, 또 매일 죽은 사람이 저자에 쌓였다는 것이다.

또 하나는 진나라의 만리장성을 쌓는 데에 동원된 노예들이 바로 범법자라는 사실이다. 아방궁과 려산의 진시황 묘를 짓는 일에 궁형을 당하고 도형을 받은 자가 70여 만이었다고 한다. 한漢나라 사람들의 연구에 따르면 이 점이 진나라가 금방 멸망하게 된 주요한 원인이라고 진단하였다. 다시 말하면, 형벌을 많이 내리고 인애를 적게 베풀었음을 말하는 것이다.

진나라 이후 법가사상은 유가의 덕치주의나 윤리사상과 아주 잘 결합하여 전제 군주제를 유지하는 데 중요한 역할을 하게 되었다. 한비자의 법치주의의 가치와 의의는 과학과 기술의 발전으로 사람들은 유용하고 편리한 삶을 영위하게 되었고, 그에 따라 국가와 사회는 더욱 다원화하여 복잡해질수록 인의와 같은 윤리도덕을 강조하는 덕치주의로는 통치가 불가능해졌기 때문이다.

그러므로 한비자의 사상이 실질적으로 진나라가 중국을 통일하고 전국시대를 마감하는 데 기여를 하였다 하더라도, 인간의 자유와 자발성에 근거하지 않고 법이라는 외적 강제를 통하여 질서를 유지하려고 했던 한계를 지닐 수밖에 없었다. 왜냐하면 전국시대와 같은 혼란한 사회에서라는 외적인 강제가 가능했지만, 법치로 왕권을 강화하여 절대 군주적 정치제도가 확립되면서 더 이상 현실적인 적합성을 가질 수가 없었던 것이다. 이러한 그의 생각은 유가의 인정仁政이나 덕치와는 아주 다른 입장이다. 사마천은 『사기』에서 다음과 같이 말했다.

"한비자는 도덕을 법률에 맞추도록 하되, 마치 먹줄을 친 것처럼 한 치의 어긋남도 없이 그 줄을 벗어나지 않도록 할 것을 주장하였다. 이는 인정에 비추어 생각할 때 절박한 것이며, 잘못을 분명히 가리자는 것은 좋으나 결과적으로 인간의 따뜻한 아름다움을 없애는 것이다."

이처럼 법가는 단지 법제만을 중시하였기 때문에 윤리도덕의 교육은 중시하지 않아 결국 문학과 예술이 인간의 성정에 미치는 정서도 중시하지 않았다. 다만, 법제를 단호히 시행하는 것만이 나라를 잘 다스릴 수 있고 백성들을 이롭게 할 수 있다고 본 것이다.

하지만 이것은 인간의 성정을 전혀 무시한 논리이다. 법제로 상벌을 정하여 상을 후하게 주고 벌을 엄히 다스렸다고 하더라도 실제로 상을 받은 자는 적었고, 엄한 벌을 받은 사람이 많았기 때문이다. 오늘날과 같은 사회에서도 법 앞에서의 만인의 평등이 제대로 실현되지 않는데 봉건사회에서 실현될 수 있다고 생각한 것은 잘못이다. 단지 통치자들은 법을 불평등한 통치를 강화하는 데 이용하였을 뿐이다. 거기에 한비자의 한계가 있다. 그럼에도 불구하고 그의 현실에 바탕을 둔 과학적인 사고방식은 충분히 존중할 만한 가치가 있음은 틀림없는 사실이다.

변원종 ─────────────────────────────────────────

    한남대학교 철학과 졸업
    한남대학교 대학원 동양철학과 철학박사
    한국방송통신대학교 상담원
    한남대학교 인문과학연구소 전임연구원
    한국학술진흥재단 박사 후 연구원
    한남대학교 철학과 강의 전담교수
    현) 한남대학교 철학과 출강

    『朱子의 哲學』(공저)
    『朱子學의 形成과 論辨의 思惟構造』
    『朱子學과 陸王學』
    『東洋의 智慧源流』
    『동양의 삶과 지혜』
    『역주, 예송논쟁』

    「朱子의 格物致知에 관한 研究」
    「本末終始論과 修己를 통한 格致論」
    「고봉 기대승의 윤리관」
    외 다수

세상의 이치를 담은

# 한비자 韓非子

초 판 인 쇄 | 2012년 12월 28일
초 판 발 행 | 2012년 12월 28일

지 은 이 | 변원종
펴 낸 이 | 채종준
펴 낸 곳 | 한국학술정보㈜
주    소 | 경기도 파주시 문발동 파주출판문화정보산업단지 513-5
전    화 | 031) 908-3181(대표)
팩    스 | 031) 908-3189
홈 페 이 지 | http://ebook.kstudy.com
E - m a i l | 출판사업부  publish@kstudy.com
등    록 | 제일산-115호(2000. 6. 19)

ISBN      978-89-268-4008-5 03150 (Paper Book)
          978-89-268-4009-2 05150 (e-Book)

이담
Books  는 한국학술정보(주)의 지식실용서 브랜드입니다.